从理论到实战，从产品到服务，从经营到管理，这里应有尽有！

从现象到本质，全方位、多角度透视
海底捞的管理圣经，你学得会！

HAIDILAO
MOGUIGUANLIDE18TANGKE

屈玉蓉◎著

餐饮界的黑马，助你突破管理困境
18堂课，带你解锁海底捞成功密码

f HAIDILAO　　MOGUIGUANLI　　18TANGKE

图书在版编目（CIP）数据

海底捞魔鬼管理的18堂课 / 屈玉蓉著. -- 北京：中国文史出版社，2013.2(2021.2重印)

ISBN 978-7-5034-4040-3

Ⅰ. ①海… Ⅱ. ①屈… Ⅲ. ①饮食业－商业管理－经验－中国 Ⅳ. ①F719.3

中国版本图书馆CIP数据核字(2020)第240525号

责任编辑：詹红旗

封面设计：孙希前

出版发行：中国文史出版社

社　　址：北京市海淀区八里庄路69号　邮编：100036

电　　话：010-81136606　81136602　81136603（发行部）

传　　真：010-81136655

印　　装：三河市华晨印务有限公司

经　　销：全国新华书店

开　　本：787毫米×1092毫米　1/16

印　　张：21　　字数：220千字

版　　次：2013年10月北京第1版

印　　次：2021年2月第2次印刷

定　　价：45.00元

前言

海底捞，是一个网络点击率正在不断攀升的名词，同时也是一家全国连锁火锅企业的品牌。该品牌自 1994 年创立之日起，一直在火锅业界乃至整个餐饮行业内刷新着自己的神话，其优质而又略显夸张的服务理念，引起无数网民热议。

海底捞火锅的董事长张勇，这个从巴山蜀水中走出来的四川人，可以算是老板中的“另类”。1994 年，他在四川简阳起步的海底捞火锅不过是 4 张餐桌的小店。15 年后，它已经在北京、上海、西安、郑州等地拥有 36 家分店，成为全国知名火锅品牌之一。

在成为中国餐饮百强之前，即使是作为“火锅之乡”的川渝本地人，也很少听说过四川有一家知名火锅叫“海底捞”。直到它在京沪两地红透半边天、媒体长篇累牍地报道、各种研究文章充斥人们眼球之前，它不过是四川简阳的一家极普通的火锅店。

在很多人看来，海底捞有点像“暴发户”，却很少有人知道，它已经在“服务胜于产品”这条道路上默默坚持了 15 年。

海底捞的核心竞争力究竟是什么，是环境、口味、食品安全还是服务品质？我想了很多，发现这些到最后都不能形成核心竞争力。我觉得人力资源体系对餐饮企业是至关重要的。如果我们能把这个人力资源体系打造好的话，它会形成一种自下而上的文化。我认为这个可能会成为海底捞未来的一个核心竞争力。对外，张勇是海底捞的老大，领导的是整个海底捞火锅店企业，对内，他又是大家长，需要照顾海底捞所有员工的生活状况。张勇的人格魅力，经营手段是高明而善良的。在海底捞员工的眼里，海底捞是他们的家，当“家”的理念扎根在他们的心里的时候，这个企业，就达到了其他企业无法企及的高度。

没有好的管理，就没有好的效益。任何公司在运行过程中，不论大小，都必须有游戏规则，没有完善的游戏规则，就没有正常的游戏运作，所以企业需要完善的管理制度。规则制定后，还要有切实的执行，这又要求完善的管理活动。公司要想求生存，求发展，无论是管理制度，还是管理活动，都要严谨完备，精益求精。

餐饮管理，千头万绪，纷繁复杂。“向管理要效益”，如果经营管理者不能有效地应对和解决餐饮企业在运营中遇到的各类问题，达不到消费者的期望，那么，餐饮企业就无法在激烈的市场竞争中争得一席之地，其长远发展更无从谈起。管理好才能出好效益，在入世后竞争激烈的今天。管理显得尤为重要。特别是私营公司，由于资金少，技术差，管理经验不足，稍有不慎就会满盘皆输。所以，学习优秀企业的管理经验对于私营公司改进管理、提高效益的意义显得十分重大。管理也需要服务思维，把对员工的服务做好了，员工就会透过他们的愉悦和服务把企业的价值理念传递给顾客。

海底捞作为一个成功的案例，它究竟有什么管理秘笈值得大家去学习？作为一个餐饮业的奇迹，海底捞的快乐高效是如何炼成的？海底捞的员工为何成为焦点，等等，本书共分为18堂课，分别从海底捞的创业之路、管理智慧、用人法则、团队精神等方面入手，为你揭开海底捞神秘的面纱，破译海底捞成功的密码。

本书通过真实的案例解析，为你呈现海底捞非同寻常的管理经验和经营智慧。学习海底捞的魔鬼管理课，让海底捞的成功模式在您的企业生根发芽！

目录

海底捞你学的会

年轻的梦想

激情创造事业，事业激发激情，时刻保持一种不断进取的激情态度，最大限度地发挥自己的创造潜力。那么，你离成功创业就不远了！海底捞火锅的创始人张勇的故事告诉我们，我们只要拥有梦想、激情和不断努力，我们才能到达成功的彼岸。

海底捞你学的会

“餐饮王国”的成长经

一个企业想要壮大，就应该像人一样循序渐进地成长——如果成长过快，可能会适得其反。因为，当你自身还没有足够完善时，就想着迅速壮大，开更多的店，接待更多的顾客，获得更多的利润，这对企业品牌是一种打击。

海底捞你学的会

海底捞是如何练就的

企业文化是企业的核心竞争力所在，是推动企业发张的不竭动力，是企业管理最重要的内容。有什么样的企业文化，就会塑造什么样的企业。海底捞能做到从最底层培养起属于自己的“职业经理人”，这归功于海底捞重视人才，但更得力于海底捞会自己培养人才，在工作中创造人才。

海底捞你学的会

一流的服务,百分百的满意

海底捞的员工真是深刻理解了服务的内涵。这能让员工把好的服务作为留住顾客的一种手段,也是为企业赢得利润的重要手段。这是海底捞的聪明之处,反之,一味地以追求利润的最大化为目标,忽略了顾客的感受,可能会让你丧失顾客,影响了企业的盈利。

海底捞你学的会

细节决定成败

我们要知道,现代人消费,不只是为了吃,更需要的是舒心、愉快。只有给顾客创造愉悦的心情,才会赢得消费者的心,企业的经营才会长久。作为来店消费的顾客,每一位都深刻地体验到了海底捞的细节服务。正是这些细节,奠定了其在餐饮行业中难以撼动的江湖地位。

海底捞你学的会

巨头的前景思考

世上无完人，做企业也是一样。海底捞尽管有很多优点，但是张勇也常常感觉危机四伏。其实这是做企业的人的一种常态。“人无远虑，必有近忧”。在这个竞争残酷的时代，一切都是瞬息万变的，任何企业都不能保证自己在任何时候都立于不败之地。居安思危、未雨绸缪才是高明之举。

第一堂

一个川娃子的创业梦

张勇:海底捞的甩手掌柜

张勇 1971 年出生在四川简阳的一个小镇上。他们一家共六口,父亲在拖拉机厂上班,当厨师;他的母亲在当地一所小学教书,张勇在家是长子,下面有两个弟弟,家里面还有一个年迈的奶奶。当时,张勇一家六口人是与五户人家共同住在一间大杂院里，而张勇家隔壁的邻居是大杂院中最富裕的一户——男主人在当地县城一家国营企业当经理。就在那个时候,贫穷的生活激励了张勇,而物质的缺乏使张勇明白了生活的艰难和日子的困苦。因此,张勇暗自发誓要用自己的双手去改变命运,靠勤奋去创造梦想,而这也成了张勇人生中一直信奉的价值理念。

在 14 岁那年,张勇遭遇了人生中的第一次沉重打击。在这青春期的年龄里,一个男孩变成男人是要经过一个生理发育期,这期间也正是男孩渴望被异性注意的时候,但不知为何,张勇的这个生理发育期却非常的漫长艰辛,在不到两年的时间里,他说话时,声音都不男不女,为此,因为害羞,公鸭嗓的张勇几乎没在女孩面前说过话,因为他很害怕受到女孩们的讥笑,也害怕别人在自己背后说三道四。于是,张勇总是处处提防着别人,生怕别人嘲笑他,也很少与别人交流。

在上世纪 80 年代,四川简阳开办了一家免费的图书馆。平时没事时,张勇就躲在这间图书馆里看书,整整一年时间,阅读似乎成了解除他内心自卑的最有效方式。在图书馆里,他浏览了很多书,包括各种言情、武侠小说,尼采、孟德斯鸠、泰戈尔等西方哲学家的书,甚至还有兴趣地看完了《仲夏夜之梦》和《亨利四世》这样的书。到80年代中期，中国正实行改革开放，报纸上经常刊登着各种自由主义思潮的文字。于是，张勇闲暇时的必修课就是阅读各种各种的报纸。

张勇博览群书，知识渊博，渐渐地成为了伙伴中的领头人物，长大以后他也总是这样说："从小时候开始，别人总是会听我的。"显然，张勇是一个有底气和风范的领袖人物。但是，尽管小时候的张勇酷爱书籍，但他的成绩往往不理想，在班里也算不上是好学生。初中毕业后，张勇没能继续升入高中，而是在简阳的一所可以保证分配工作的技校学习电焊技术（在那个时代，长辈们总是认为读书出来不好就业，还不如学一门手艺更实在），但张勇却不喜欢电焊这个行业。他总是把学校给发的各种电焊资料送给同学，而他除了看书、读报纸外，就是逃课。幸好他平时的人缘好，也结交了一群铁哥们，每当考试的时候，这些哥们总是可以替他解围，这样，张勇在毕业的时候顺利地拿到了证书。

18岁那年，张勇从技校毕业后被分配到父亲任厨师的那家国营企业上，做了一名电焊工。但是，由于张勇在学校时没有用心学习电焊技术，只是空拿了一张文凭，可以毫不夸张地说，他对电焊知识一点儿都不了解。于是他整天游手好闲，成了工厂里面一个整天无所事事的闲人，迟到早退以及经常旷工就成了张勇工作的"正餐"。虽然张勇的父亲看到儿子这样，非常的无奈，但唯一能够使他父亲感到欣慰的是，张勇从不去惹事，在工厂里还算本分，这倒让父亲省了不少心。

在拖拉机厂，张勇几乎荒废了两年的美好时光。终于在1990年，张勇有了想做生意的念头，不论走到哪里，他都会寻找各种机会，去仔细观察周围的一切事情。直到有一天，在成都的大街上，张勇看到了很多人围在一起，走近一看，原来他们都在玩一种名为"押大小"的游戏。这是一种扑克机游戏，一大群人围着一台机器，争先恐后地把大把大把的钱压在这台机器上。突然，张勇眼前一亮，俏皮的眼睛转了几圈，他暗地里在想："我何不做这种小生意，对，就做这个。"

张勇想，如果我自己买一台扑克游戏机，放到简阳，有这么多人每天来押钱，岂不是每天都有白哗哗的钞票塞进我的口袋。可是，问题出

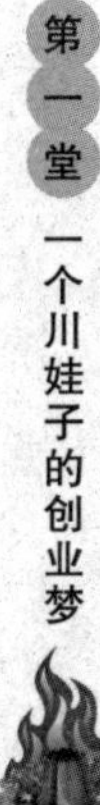

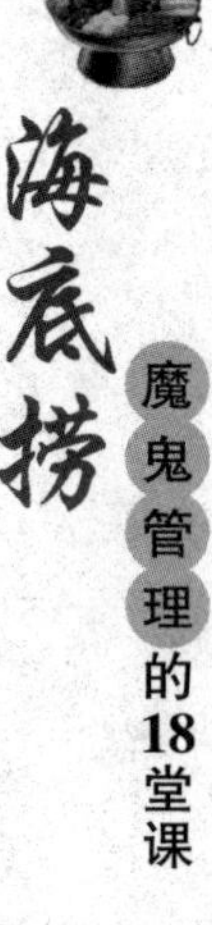

现了，要到哪里才能买到这种扑克游戏机呢？张勇心里也很清楚，这种游戏机属于赌博工具，商贩子一般不会公开销售这种扑克游戏机的。

于是，张勇开始四处打听，甚至在各种报纸上仔细搜索着有关扑克游戏机的信息。最终，苍天不负有心人，他在报纸上的边沿接缝处，发现了一则广告消息，而这则广告信息就是关于哪儿出售扑克游戏机的。于是，他在成都的大街小巷四处打听，终于找到了报纸上刊登的这家秘密销售扑克游戏机的人。

销售扑克游戏机的是一位中年男人，留着长长的头发，他上下仔细打量了张勇一番，眼睛里流露出了好奇与不解，因为买这种赌博机器的人，多半是同行，当然也有经过熟人介绍的，很少有像张勇这样主动找上门来购买的。

经过一番了解，张勇知道这个出售扑克游戏机的男人是福建的，其他的则一无所知。

张勇："这一台机器多少钱呢？"

福建人说："低于 7000 元，免谈。"

张勇有点害怕了，心想："天哪，这机器咋这么贵呢！简直是天价。"

事实上，在同龄人的眼中，张勇还算是有钱的——他在技校时，就比较精打细算，考虑着将来要做一番大生意，而做生意是要投入本钱的。因此，从上班开始的第一个月，张勇就把每月领到的工资全部上交给母亲，让她攒起来。没有特殊情况，他从来都不舍得花一粒钱，就算裤子破了，他也会缝了再穿，破了再缝，从不会在乎别人的看法。因而，在国营企业工作的两年时间里，张勇一共攒了整整 2000 元钱。在 80 年代，这个数目可不是一笔小数目。

见张勇犹豫不决，沉默了，福建男人急忙说："小伙子，从你的长相上看，我觉得在不久的将来，你一定能干出一番伟大的事业。因此，我决定给你优惠 1000 元，机器只售你 5000 元。"

据心理学家统计，正常人都是自恋的，每一个人都喜欢受到别人的夸奖，哪怕对方的夸奖不是真心的。而对于夸奖自己并愿意优惠 1000 元价钱的福建人，张勇感激不尽地说："好，那就这么定了，你等着，我马上回家拿钱。”

尽管二十多年过去了,成功的张勇在跟朋友谈起这件事时,依然遮不住满脸的喜悦:“那个人说我将来一定能成就大事, 居然真的被他言中了。”

回到家的张勇东凑西借,连同他自己存下的2000元,终于凑齐了5000元整。待他将整整的5000元钱装在一个铝饭盒里,将盖子盖得密不透风,便踏上了去成都的长途汽车。

坐在汽车上,张勇想着自己马上就要赚大钱了,内心无比激动。车子刚开出不久,一位藏民模样的人因为需要钱救急,愿意低价卖掉手上的金表。车上的人都伸长了脖子,围观藏民手上的那块“金表”。最后,藏民和一位小伙子以最低价1200元成交,而那位小伙子正是怀揣着5000元钱的张勇。

付钱交表以后,那位藏民在下一站匆忙下车。车子又开动了起来,当张勇正在欣赏手腕上的“金表”时,车厢中不知道是谁说了一句:“小伙子,你可能上当了。”听到这话,张勇一下子愣了,脸上笑容全无,脸色铁青。足足一分钟之后,他看了看手上的金表,又猛然掀开车窗的窗帘往外看,哪里还有藏民的影子。

一路上,张勇内心忐忑不安,当车子终于到达成都后,他急忙下车朝就近的一家表店奔去……而从表店出来的张勇则一副灰心丧气的表情。他捧着一块假金表和只装有3800元的铝饭盒,蹲在路边发呆,买扑克游戏机的商业计划就这样破产了。

上当受骗之后, 张勇一连几天都将自己关在屋子里不吃也不喝地反思。他反思的结果是:世界上什么样的人最容易上当?答案是想占别人便宜的人。世界上什么样的人容易亏钱?答案是想发财又有钱的人。而当时张勇在汽车上两个条件都占齐了,于是他不惜花1200元买了一块假金表。许多年以后,张勇在回忆此事时这样说道:“我想,如果当时我拿着剩下的3800元去见那个福建人,他很可能也会把扑克游戏机卖给我。”从商的第一课以失败告终之后,张勇深深地懂得了一个道理:无

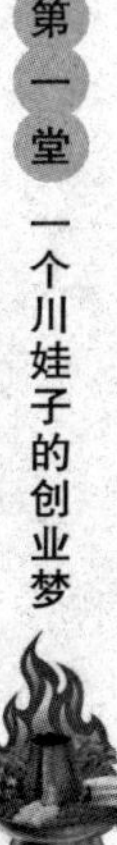

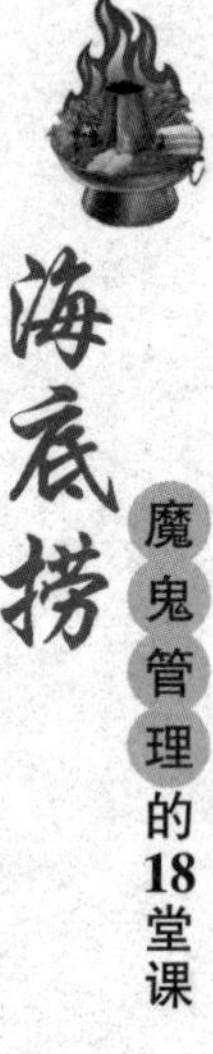

论何时何地，都不能抱着一种占便宜的心理，因为有此想法只会得不偿失。由于张勇是一个善于排解烦恼和解决问题的人，所以他很快就走出了第一次出师不利的沮丧，又在开始琢磨着其他方面的生意。

在 20 世纪 80 年代时，中国的汽车还是一种计划控制的资源，张勇却看到了其中隐藏的商机——如果能从一些公家驾驶员的手中买到油票，再转手卖给其他的私人司机，不就可以赚到钱吗？于是他找来一块薄木板，正面写着“收油”，反面写着“卖油”，然后他就开始举着牌子站在成都到简阳的公路上，等待业务。

只要有汽车通过，他便立即迎上去高举“收油”的牌子。头一天一无所获，连个打开车窗的驾驶员也没有碰到。直到第二天傍晚时分，一辆全新的解放牌汽车终于停了下来，驾驶员还打开了车窗，张勇满怀希望地迎了上去。驾驶员是一个和张勇年龄相当的男人，只是令张勇万万没有想到的是，这个驾驶员等张勇一靠近车身，突然“呸”地一声就朝张勇的脸上吐了一口吐沫。等张勇反应过来，驾驶员已经踩着油门绝尘而去。于是，他擦了擦脸，放弃了这个可以说是有些“投机取巧”的赚钱想法。

一晃几年过去以后，张勇在回忆起这段经历时说：“我也是后来才知道原来收油也是要靠关系的，但那时我什么也不懂，腰酸背痛地在马路旁边足足站了两天，除了吃进了一肚子灰和一脸吐沫，一无所获。”

其实，张勇收油的故事本身没有什么值得惊奇的地方，因为在 90 年代初期的中国，一个满脑子全是想着要如何发财的年轻人，什么事都敢去尝试，什么事也都可能会遇到。只是，张勇被那个司机吐一脸吐沫时的平静表情和二十几年以后他在叙述这件事情时的语气不免让人感到惊讶。因为，按理来说，遇上这样的事，肯定会极其愤怒，又或者将那个司机大骂一顿，以解心头之恨。然而，张勇没有这样做，即便是在 20 年以后再谈起这件事情时，他讲述的语气也像是在诉说别人的故事，语调很平静，没有激烈、没有愤怒，也没有屈辱。有的人甚至觉得，张勇的屈辱神经是不是被麻痹了。否则，他可真算得上是与众不同了。

对于这个疑问，用张勇自己的话说："我觉得为别人所犯的错误生气，就是在错误地惩罚自己，这是一种愚蠢的行为。"

魔鬼管理训练课

海底捞点燃火锅市场的成功给了我们许多启迪和思考：企业完全可以实现跳跃式发展，也许机会就在身边，关键是我们是否拥有把握机会的能力。

靠双手改变命运

虽然张勇的创业之路充满艰辛，但张勇始终抱有用双手改变命运的梦想，所以，他认为只有不断努力，不断尝试，才有机会达到成功的彼岸。

从1994年的第一家火锅店，到2011年的56家直营店，海底捞在十几年的风雨历程中由一家名不见经传的火锅店发展到了全国知名的火锅连锁。如果问海底捞成功靠的是什么，除了用心服务的经营理念，更有双手改变命运的核心价值。

在海底捞的价值体系中，信奉双手改变命运是其中的一个重要信条。而在海底捞的一万多名员工中，唯一的副总经理正是一名出身于服务员的年轻女性，而她正是靠双手改变命运的一个最好的佐证。

在海底捞开办初期的一天，张勇在简阳的一个餐厅吃饭，他无意中发现了一个服务员非常用心，便留下了自己的联系方式，许诺了其高出现在工资一倍的薪酬水平准备挖她，而那个女孩当时并不在意。

几个月后，女孩所在餐厅的老板关店走人了，女孩想起了张勇，找到了海底捞，由此成为了海底捞的服务员。

虽然工资相比之前增长了一倍，但是一个星期下来，女孩疲惫至极，为了替父母还债，她还是坚持了下来。

18岁进入海底捞的她，19岁成为了海底捞第一家店的店经理，而在两年后，她被张勇派驻西安，成为了海底捞第一家分店的店长。

她就是杨小丽，海底捞唯一的副总经理，一个猎头用年薪百万都挖不走的张勇的铁杆粉丝。其实在海底捞，也有很多像杨小丽这样从基层做到管理层的人。

37岁的谢英是北京海底捞的一个小区经理，手下管理着6家火锅门店，员工近千人。英雄莫问出处，谢英曾经也是一位地地道道的农村妇女。

谢英刚到海底捞的时候当过传菜员、做过员工餐，每次在完成了自己的工作之后，谢英总要帮助同事完成很多额外的工作。用谢英的话讲："凡是我能做的我都帮着做。"

两年后，受到张勇赏识的谢英成为了大堂经理，如今这位曾经的农村妇女依靠自己的双手，将家安在了北京。

在海底捞，创始人张勇认为：人是海底捞的生意基石。在海底捞的内刊上，有两行让人印象深刻的字：倡双手改变命运之理，树公司公平公正之风。海底捞的三大公司目标中，"将海底捞开向全国"只排到第3位，而"创造一个公平公正的工作环境"，"致力于双手改变命运的价值观在海底捞变成现实"则排在前两位。尊重人、相信人是海底捞的核心价值观。

海底捞成功地创造了一种家的文化，解除了员工的后顾之忧，使员工能全身心投入到工作中去。海底捞在简阳建了一所私立寄宿制学校，海底捞员工的孩子可以免费在那里上学，只需要交书本费。海底捞里除了工程部、物流中心和财务部里有外来的干部外，整个体系崇尚内部培养提拔，特别是管理门店的干部都是从基层干起来的。海底捞新店的扩张为员工在海底捞的发展提供了职业发展空间，也为员工在海底捞的长期发展提供了平台。

"心连心，一起度过艰难，手拉手，分秒并肩作战，创造奇迹拥有梦想，知恩图报，双手创造未来！"这首歌的歌名叫《携手明天》，是海底捞的店歌，更是海底捞精神的真实写照。

魔鬼管理训练课

正是这种通过自己的双手改变自己的命运的强烈愿望促使这些员工在这个底层、辛苦、卑微、枯燥的火锅服务行业创造了惊人的奇迹。所以，老板们在造人的时候，一定要会激发人的欲望，特别是那种强烈改变自己命运的欲望。

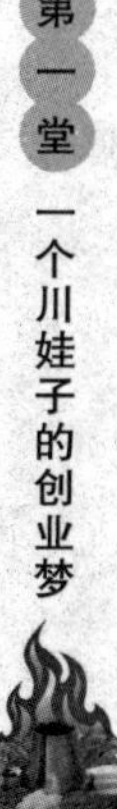

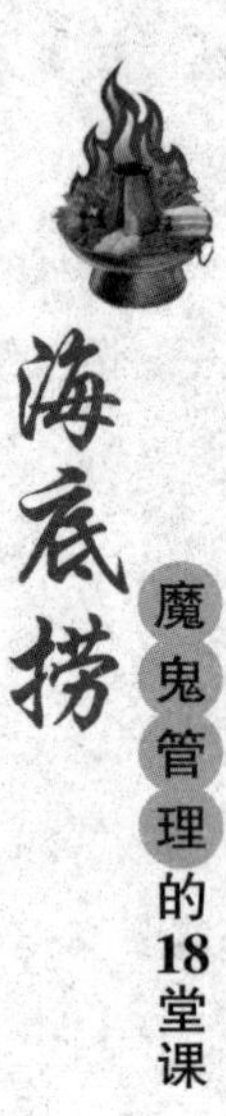

想好了就去做

从金表受骗到倒卖汽油失败的经历中，当时只有22岁的张勇开始将眼光放低。事实上，张勇此前在成都找扑克游戏机期间，还发现了成都人很喜吃小火锅，而各种各样的小火锅店也颇受当地人喜爱。于是，张勇决定了人生中的第三次创业——开火锅店。

张勇在四川简阳找了一间不足20平米的临街店面。他找到房东，房东告诉他每月租金180元，少一分也不行。张勇觉得租金不贵，很合适，于是他一口就应承了下来。然而，“金表”的教训似乎并没有让张勇变得聪明起来，又或者说他这个人对别人天生就没有防备心理。他从家里搬来了桌子、板凳、柜子，以及锅碗瓢盆等东西，而且还给这间小火锅店取了一个响当当的名字——“小辣椒”。在小辣椒火锅店开业的第二天，张勇才听旁边杂货店的老板说，他每月的租金只是“小辣椒”的一半，即每月90元。

张勇虽然心中为房东的敲诈感到无比气愤，但他只有短暂的懊悔，因为小辣椒火锅店的生意开业以后就相当红火，每天来店里吃火锅的人络绎不绝。看到张勇的火锅生意火暴，旁边杂货店的老板也开始转行，跟着张勇的脚步做起了小火锅生意。后来，张勇听杂货店的老板说，自从做了火锅生意之后，他的店铺的租金也涨到了每月180元。原来，房东在出租店铺时，也会根据租店铺者所要从事的行业来定租金，而租给做餐饮业的人时，房租会高出许多。因为，餐饮业不像其他行业，当租店铺的人停业退租以后，房东对店铺的清扫工作要繁杂很多。

“小辣椒”开业半年后，张勇算了一笔账，靠着2毛钱一串的麻辣烫生意，他净赚了一万多元钱。就在张勇的“小辣椒”越做越红火时，一个美丽的女孩出现了，她就是后来张勇的妻子舒萍。

舒萍是小辣椒火锅店对面一家美发店的员工，因为她本人平时非常喜欢吃火锅，而“小辣椒”火锅的味道又特别好，一来二去，两个人便互生爱慕。当感情冲出暗涌，浮出水面后，舒萍就占据了张勇的全部精力，以致初恋的疯狂让事业才刚刚起步的张勇把红火的“小辣椒”关闭了，做了一回典型的“爱美人不爱江山”的男人。

“小辣椒”关闭以后不久，长期不到单位上班的张勇也终于被拖拉机厂除名了。在那个年代，拥有一份国营企业的正式工作似乎代表着一个人的社会地位，当张勇除了舒萍以外一无所有的时候，他父母面对他的脸色也愈渐难看。半年之后，张勇和舒萍的恋爱保鲜期结束，张勇开火锅店存下来的钱也花光了。而此时，张勇也终于想清楚了一件事情——像他这样从未上过大学，一无金钱，二无背景的人，只有一条路可以走，那就是不怕苦、不怕累、不怕侍候人，用自己的双手改变自己的人生和命运。于是，张勇经过反复思考，决定重操旧业——开火锅店。

魔鬼管理训练课

其实创业的路上是不会一马平川的，而是会不满荆棘，甚至泥泞难行，所以，能否持之以恒地坚持一下，就需要“永不放弃”的精神。

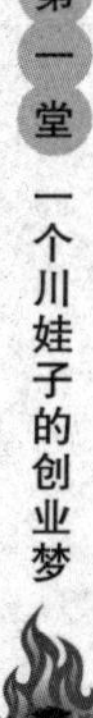

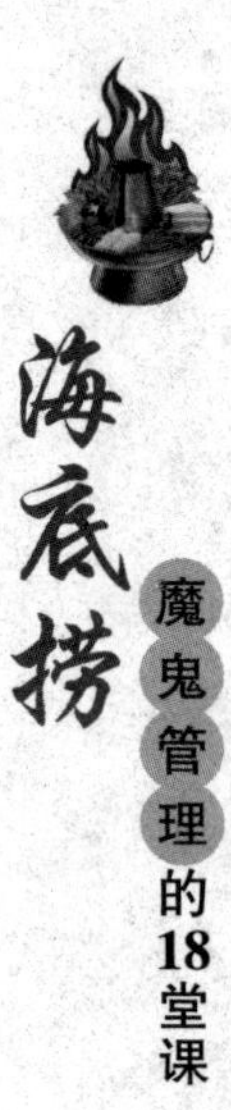

海底捞的“遵义会议”

下定开火锅店的决心后，张勇找到自己身边的三个死党，一个是他的女友也是后来的妻子舒萍，一个是他技校的同班同学兼好友施永宏，还有一个也就是施永宏的女友李海燕。当时，张勇可以说是身无分文，口袋空空，但他却信心满怀地说：“我想开一家正规的火锅店，愿意跟着我干的，就把口袋中所有的钱都拿出来吧！”张勇发现自己的号召力还真的很大，他一分钱都拿不出来，倒是其他三个人东拼西凑了8000元。于是在1994年3月，第一家海底捞火锅店便正式开业了，而他们四个人就是这间火锅店的股东，各占四分之一的股份，由张勇给这家火锅店取名“海底捞”。

在这里不得不提到“海底捞”这三个字的由来。很多人都想知道，张勇为什么将火锅店命名为“海底捞”。其实，这与四川人的一个休闲活动有关，即打麻将。很多人都清楚，四川人尤其喜欢在闲余时间用打麻将来打发时间。而麻将中最后一张和牌就被称为海底捞。

事情是这样的，在创立第一家海底捞之前，张勇去过一次北京，偶然看到过一个名叫“大三元”的酒店。酒店门庭若市，且外观看上去相当上档次，以致使他对此印象十分深刻。于是，在开火锅店的时候，张勇想，店名不如就叫“三元会”吧，但是其他三个股东说这名字听上去感觉不太好，不像一个餐饮店的名字。于是，张勇又开始想店名。一天，张勇正在为火锅店取什么名字冥思苦想时，正巧舒萍在旁边打麻将时和了一把牌，正是最后一张和牌，于是赢的钱翻了好几倍。至此愁眉苦脸的张勇顿时喜形于色，他猛地一拍手说："好，咱们的火锅店名字就叫海底捞。"也有人说，"海底捞"或许指的是在无边无际的大海里捞取无数的宝藏，而从这个名字即可以看出，张勇的心胸很宽广，野心也很大。但不管这个名字的由来是什么，可以肯定的是，这个名字的确给张勇带来了好运。

一直以来，张勇都是一个追求完美的人。因此，即便目前的这家火锅店再小，张勇也要求必须定制四张正规的吃火锅的桌子。其实，在那个时代，所谓正规的火锅桌子，无非是把桌子的中间挖一个可以放得下火锅盆的窟窿。这种正规的火锅桌在那个时候是需要特别定制的，所以价钱自然也就要贵一些。最后，张勇和定制这种火锅桌的老板以每张桌子 440 元的价格成交。然而，付钱交货后，张勇才意外地发现自己又被人当羊似的"宰"了一回，而且是狠狠地"宰"了一回——黑心的老板每张桌子居然多收了他 300 元钱。

由此可见，从金表被骗取 1200 元钱，到"小辣椒"租金比旁边店铺高出一倍，再到每张桌子又被"诈"300 元，可以看出张勇并不是一个精明的商人，甚至可以说他是一个不精于商道的人。在他的性格中似乎有着不对人设防的软肋，因此他才会屡次被骗。虽然如此，但张勇经商的毅力和头脑却非一般。

"海底捞"第一家火锅店刚开业时，张勇连炒料都不懂。他只好买回诸多有关餐饮火锅方面的专业书籍学习，通常都是左手拿着书，右手炒着料，就这样一边学一边炒，一边炒一边学。可想而知，这样炒出来的火锅料味道当然不会很好。

张勇后来回忆时说，创业之初，"海底捞"的生意可以说很不好，门庭冷落持续了很长时间。然而，有一天，店里突然迎来了第一批客人。当时，他们几乎高兴得傻了眼，以致几秒钟才反应过来，而对于开业的第一拨客人，张勇和其他三位股东可谓是热情似火、关怀备至——在客人快要吃完的时候，张勇吩咐舒萍给客人赠送了一盘点心；结账时，张勇又主动给客人优惠了 10 元钱。而几位客人都一致评价道：味道真不错！

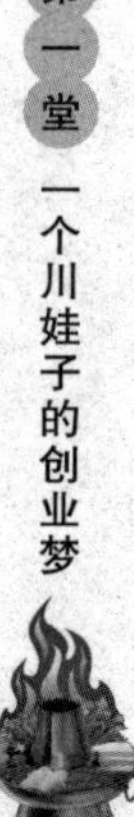

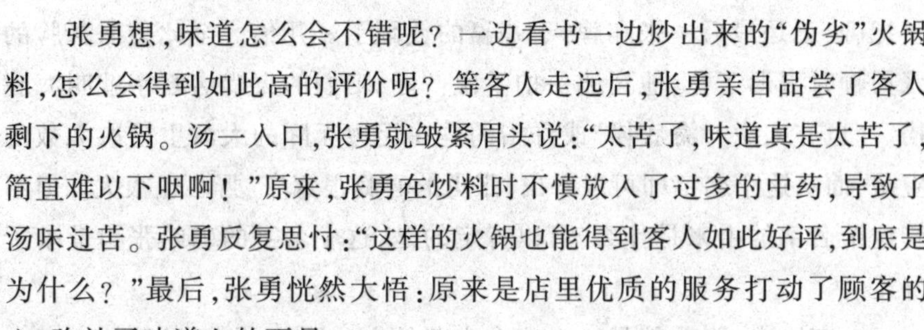

张勇想，味道怎么会不错呢？一边看书一边炒出来的“伪劣”火锅料，怎么会得到如此高的评价呢？等客人走远后，张勇亲自品尝了客人剩下的火锅。汤一入口，张勇就皱紧眉头说：“太苦了，味道真是太苦了，简直难以下咽啊！”原来，张勇在炒料时不慎放入了过多的中药，导致了汤味过苦。张勇反复思忖：“这样的火锅也能得到客人如此好评，到底是为什么？”最后，张勇恍然大悟：原来是店里优质的服务打动了顾客的心，弥补了味道上的不足。

从此之后，张勇明白了一个道理：实力大小固然是关键，但却不是最重要的，最重要的是服务。张勇认为，海底捞想要继续在餐饮行业发展下去，就必须有自己独立的一套征服顾客的服务法宝。于是，张勇提出，海底捞火锅店服务必须要好，态度必须要好，速度必须要快，有什么顾客不满意的地方，赔礼道歉一定要诚恳。渐渐地，张勇发现，优质的服务的确能够给自己带来更多的顾客和赢利。因此，张勇的服务工作更加卖力了，而且他还主动帮吃火锅的客人拎包、带孩子，甚至于擦鞋……总之，无论客人有什么需求，只要他能办到的，从来不会说一个“不”字，总是尽量一一满足，并争取做得更好。

张勇还特别创造了一个海底捞招牌式的接待动作：右手抚心，面带自然微笑，微微弯腰，左手自然向前作请状。而今天，这样的动作在所有的海底捞火锅店门前仍然可以见到。

当时，海底捞只有四个股东，四个股东即四个员工，内部的管理可以说比家族企业还家族式——海底捞经营的前两年一直没有一个明确的财务形式。当时海底捞的大总管是施永宏，他既负责海底捞前台收银又负责后勤的物品采购。虽然每个月大家都在一起结一次账，但凭的都不是明确有效的账目，而是良心。

以张勇在内的四个股东既充当老板的角色，又充当员工的角色，顾客来了，他们便自觉性地干活，没有顾客的时候，他们就喝茶水、聊天或打麻将打发时间。看着眼前这支忠诚却极度散漫的队伍，张勇发自内心地觉得这根本就不是干一番事业的作为。于是，他向其他三位股东提出：“一家正规的公司，哪怕是像我们这样的一家火锅店，也必须要有一个经理，一个领导人，一个核心人物。同时，我希望这个人是我，即由我来带领我们的这个团队。”

一听这话，舒萍便撅着嘴，不以为然地说：“一家四个人的火锅店，还需要什么经理？”张勇听后，十分生气，狠狠地将舒萍训斥了一顿，最后舒萍哭着跑走了，但张勇没有像往常那样去追，而是静静地等待剩余的两个股东的答复。施永宏和女友李海燕都没有吱声，后来点头表示默认。为什么？因为平常店里的一切大小事务都是张勇说了算。

这一次可谓是海底捞的“遵义会议”。经过这次，张勇在其他三个股东的心里奠定了一种绝对发言权的优势。同时，张勇也给三位股东承诺：“我一定会用5年的时间把海底捞的资产提高到15万，如果我做不到，我按这个数字赔偿你们。”张勇说：“他们几个当时被我吓坏了，因为在1994年，15万对于像我们这样二十多岁的年轻人而言，无疑是一个天文的数字。”

魔鬼管理训练课

其实张勇的成功不在于他的幸运，而在于他的闯劲。“坚持下去，用双手改变命运”成为了张勇及海底捞员工的座右铭。

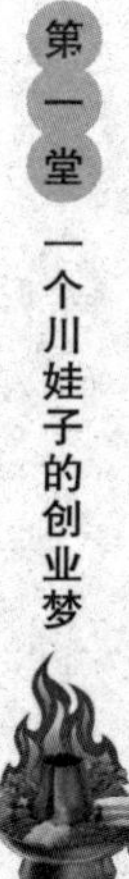

第二堂 以德服人，一个人打不了江山

稳健的扩张之路

在张勇的领导下,海底捞的其他三个股工都相当努力。尤其是海底捞当时的大总管施永宏,他通常是凌晨2点钟就起床,跟踪给海底捞供应鸭血的小商贩,看他们进的货新鲜与否。同时,为检验商贩的话是否真实可信,他总是把手伸到鸭肚子里面,试一试鸭子的体温。因此,在当时,第一家海底捞在简阳的店面虽然很小,但凭借新鲜美味的原料和体贴入微的优质化服务,在做了几年以后,海底捞在简阳家喻户晓了。

由于海底捞生意异常红火,店里赚了不少钱,大家都很兴奋,都说张勇有先见之明,幸好当时跟了张勇干,要不然也不会有今天。于是,张勇顺势提出,用赚来的钱装修店面,要把周围的火锅店铺都给“吃”下来。当时,包括舒萍在内的三个股东都说张勇疯了,怎么能把辛辛苦苦挣来的钱用在装修店面上呢?但是张勇坚持这样做,而李海燕则说出了自己心中的想法:“现在火锅业竞争如此激烈,如果做赔了,我们不是一无所有了。”张勇突然掀翻一张桌子,厉声说:“如果我们做生意总是抱着一种怕赔钱的心理,那我们当初就不应该做。既然做了,况且现在做得这么好,为什么不将它努力做得更大、更好呢?”张勇又补充说:“正因为竞争如此激烈,我们才更要将店面装修好,这就好比一个人的形象问题。试想,如果一个人形象不佳,谁还会搭理他?你会吗?”

最后,张勇力驳众议,三个股东虽然心里仍有些不愿意,但也只能选择继续支持张勇和跟着他干下去。事实证明,张勇果断的决定是正确的——海底捞的店面装修好几个月以后,生意更加红火了,而且这不仅体现在顾客越来越多上,还体现在了一些“大”顾客的光顾上。所谓的大顾客即一些政界有权有势的人物。

张勇说:“其实,我也没有把握更没有料到海底捞的生意会那么好,也没有想到客户对海底捞的服务满意度会那么高,更没有料到很多顾客都会将我当做朋友对待。仅仅用了几个月的时间,海底捞就已经成为简阳最大的火锅店。那个时候,简阳几乎人人都知道海底捞,上到市长,下到皮鞋匠的儿子。因为市长经常来我店里吃火锅,而皮鞋匠的儿子就在我店里上班。”

就这样,张勇从一家只有四张桌子的小火锅店,发展到了后来买下了一层楼,并将之装修成了简阳市最好的火锅餐厅,并且在餐厅内使用了那个年代鲜有人使用的昂贵的空调。张勇说:“我从不心疼钱,因为一个人的心胸将决定一个人对事业、金钱和人生的态度,也将决定一个人的命运。我只知道,我要将海底捞做到更大、更好,我更明白,要将海底捞做到更大、更好,就必须承担更大、更多的风险。因此,对于和店里面几个股东意识上的冲突,我总是坚持我自己的观点,并为之投入最大的精力。我想,这应该就是一个企业家的精神。”张勇还补充说,从海底捞一路走来,他始终没有错过。当然,他还有一个理想,那就是把海底捞做成一个餐饮界的品牌,一定要将之发展到北京、全国,甚至更远。

1999 年,张勇决定让“海底捞”的牌子走出简阳,到更多的地方去。因此,第二家海底捞选址选在了西安。之所以会选择西安,一方面是因为西安方面有人愿意和海底捞合作,另一方面西安的饮食文化也相当盛行。

踌躇满志的张勇将自己的得力助手杨小丽派往西安。然而,出人意料的是,残酷的现实给了张勇沉重的一击,一向果敢泼辣的杨小丽到西安后不久,居然向张勇提出了辞职。杨小丽的理由是,张勇在西安方面的合作伙伴对店里的一分一毫都斤斤计较,而海底捞在简阳优质服务模式也被全部放弃了。由于杨小丽没有股权,位低权小,做事处处受束缚,因此她不得不向张勇提出辞职。

正因为如此,初到西安扎根的海底捞自开业以后,不仅没有取得张勇预期的良好业绩,甚至还出现了接连亏损,几乎快把海底捞几年内积攒下来的钱亏空了。与此同时,施永宏在内的三个股东似乎对张勇失去

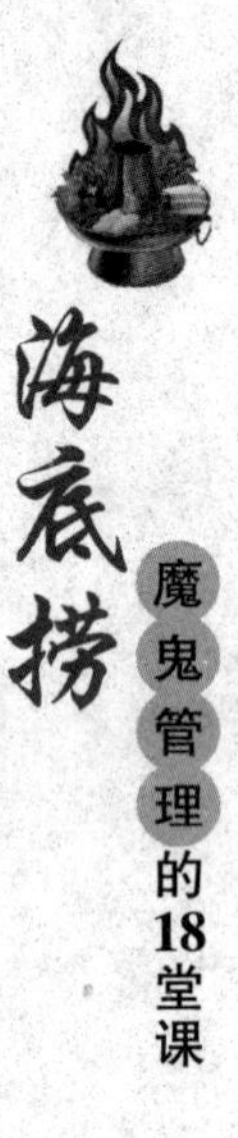

了往日的耐心,也对海底捞失去了信心。于是,他们频频指责张勇,比如"不应该去人生地不熟的西安开店"、"张勇心太高,野心太大"、"张勇不愿听取意见,独断专行"等等。

而张勇并没有回击他们,因为对于大家现在的心情,张勇很能够理解。但张勇心里很清楚,自己不能和他们一样沮丧下去,人生有成功就有失败,成功了不骄傲,失败了更不气馁,努力找出失败的原因才是至关重要的。张勇潜心总结了海底捞在西安失败的原因,而最大的原因就出在海底捞的管理问题上。在经过反复的思考和分析之后,张勇果断地做出了决定:让西安合伙人撤资,将西安的海底捞交由杨小丽全权负责,并委以杨小丽重任,企图将海底捞从西安这片"大海"中重新捞起来,并树立起海底捞传统的服务核心理念——服务高于一切。

杨小丽在得到张勇的充分授权后,她开始了免费向顾客提供大量"特色服务"的经营路线,比如给顾客送点心、水果、菜肴以及帮助顾客解决用餐期间所有力所能及的问题。即杨小丽让西安海底捞的每一个店员充分发挥出了超乎寻常的热情、真诚和耐心。而凭借这样一种"高成本"的经营理念和方式,在张勇的悉心引导下,杨小丽将西安的海底捞经营得声名鹊起。短短的两个月时间,西安的海底捞就已经扭亏为盈,并且生意异常火暴。

然而,所有的事业都不可能一帆风顺,红红火火的海底捞也不例外。2003年,"非典"肆意横行,人们很少出外活动,出去了也总是戴着厚厚的口罩,几乎对所有的人和食物都抱着一种防备心理。因此,全国各地的餐饮业都陷入了低谷,而海底捞也无法幸免。昔日宾客满座的店内冷清寂寥,营业额当然也就直线下降,身为西安分店经理的杨小丽整日坐立不安。张勇也一样,整日寻思着海底捞的应对策略。一天,他脑袋里灵光一闪:既然客人因为害怕不愿意出门就餐,那我们何不将食物给客人送到家里去。

于是,张勇让杨小丽在各种报纸上刊发了一则关于海底捞免费送外卖上门的消息。不想,送火锅上门的消息才刚刚刊登出去,海底捞的订餐电话随即就响个不停,几乎都到了必须有一个人固守在电话机旁,因为随时都会有顾客的订餐电话打进来。为了送货轻巧方便,海底捞将传统的煤气罐火锅换成了轻便环保的电磁炉。实行前一天订餐、送餐,第二天服务员再返回顾客家中将火锅设备取回。张勇的这一套可谓火暴的“火锅外卖”方法,还被当时的《焦点方谈》栏目作为餐饮行业在“非典”时期的最大、最好的创新进行了一系列的专题报道。无疑,这个专题报道给海底捞带去了无数的顾客和业务,加强了海底捞的知名度。而“非典”过后,海底捞的生意就自然不用说有多红火了。

在当时乃至于现在的西安,有太多太多的火锅店,但若是论到家喻户晓,那一定就是海底捞火锅店了。在海底捞的等候区,随时都可以看到等候在那里的顾客人群,通常都是一等就是一个多小时,但顾客们总是一副乐此不疲的神情。因为在海底捞的排队等候区中,不仅有舒适的座椅、各种各样免费的饮料、零食、点心提供,还为顾客提供美甲、擦鞋等“特色服务”,争取为等候的顾客们打发无聊的时间,而这也是一种对待需要等候用餐的顾客的一种致歉方式……当然,顾客们宁愿排队等候一个甚至两个小时也要在海底捞就餐,并不是因为海底捞排队等候区的这些耳目一新的服务,而是源于海底捞每一位员工那种“顾客至上”真诚贴心的服务。它甚至可以让你感觉到一种“不在海底捞吃饭都不好意思”的发自内心的感觉。而去过海底捞的食客就这样点评道:“因为现在的社会都人人平等了,因此海底捞的服务让我们很不好意思。”但他们又不得不承认,海底捞贴心入微的服务已经征服了绝大多数来海底捞的食客。而顾客们也总是会不厌其烦地将在海底捞每次的就餐经历屡次发布到网上。无疑,这已经为海底捞形成了一种口碑宣传,而且这种宣传快速且效果显著。总之,海底捞的顾客等候区让顾客找到了真正的“上帝的感觉”,而且每个去过海底捞的人都会被那里各种各样体贴入微的服务所打动,成为海底捞的回头客。

魔鬼管理训练课

对于创业者而言,在迈入创业之初,绝对不能太急进,而应该利用你现有的资源,根据自己的实际情况,踏踏实实做好一项工作才是正道。

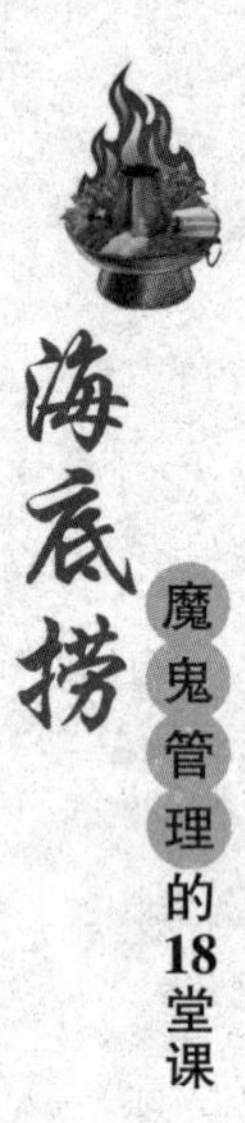

坚信自己在做什么

有这样一个故事：

在一个炎热的夏天，一个父亲带着儿子和一头驴走在墨西哥城肮脏的大街上，父亲骑在驴背上，边走边哼着歌儿，儿子牵着驴，没精打采地走在路上。

"真是可怜的孩子啊。"一位过路人望着儿子说，"瞧他的小短腿，怎能跟得上驴子的步伐呢？他父亲懒洋洋地骑在驴背上，让孩子吃力地在地上走，怎么忍心啊！世界上也有这样的父亲！"

父亲听见过路人的话，感到很惭愧，赶紧从驴背上跳了下来，让儿子骑上去。可是，没走多远，又有一位路人指着他们说："真是丢人啊！这小兔崽子骑在驴背上，神气活现的，他可怜的老父却艰难地步行着。"

过路人的这句话深深地刺伤了儿子的心，于是他请父亲也爬上驴背，坐在他后面，两人一起坐在驴背上，赶着驴子前进。

然而，没过一会儿，一个女人的声音传进他们的耳朵："你们见过这种事吗？多残忍啊！这可怜的驴，背都压弯了，可这老饭桶和他儿子却悠闲自得地骑在上面，就像坐在软椅上似的——哎，这可怜的生灵啊！"

父子俩一听，发现自己成了人们攻击的靶子。于是，爷儿俩二话没说，赶紧跳下驴背。

可是，没走几步，有个家伙就笑话起他们来了："感谢真主，我没他们这么愚蠢，为什么你们放着这头不驮东西的驴不骑，却用脚走路，哪怕骑上一个人也好啊！”

父亲听了后，若有所悟地对儿子说：“不管我们怎样做人，都会有人反对。我想：我们应该自己考虑考虑，到底怎样做才对。考虑好后，就应该坚信自己在做什么。”

故事中的这对父子就是两个不知道自己在做什么的人，他们总是受他人之词的影响，不时地变换着自己的做法。可是，不管他们怎么做，最终都无法尽如人意。上面这个故事虽短，却告诉我们一个做人的道理：他人之词，可信可无，我们应该坚信自己在做什么。

“不管我们怎样做人，都会有人反对。我想：我们应该自己考虑考虑，到底怎样做才对。考虑好后，就应该坚信自己在做什么。”故事中那位父亲最后作出的这句总结给创业者带来了很大的启示：如果创业者过于在乎他人的意见，被他人的意见所左右，不能坚信自己在做的事，那么不管做什么事，他都会陷入进退两难的境地，弄得自己烦恼不已，从而半途而废。

但丁在《神曲》中说：“走自己的路，让别人去说吧！”在这个世界上，有人爱议论长短，有人爱搬弄是非，有人工于心计，有人意图不轨，有人为了个人利益不惜中伤他人……因此，海底捞董事长张勇认为：创业者在面对他人的言论时，一定要明辨是非，故意诽谤你的言词，故意挑剔的话语，你没有必要记在心里，完全可以采取充耳不闻的方式，做好自己决定要做的事就可以了；对于那些好的批评、好的建议，你则要虚心接受，改正自己的缺点，不断完善自己，不断取得进步。

众所周知，马云之所以能够创建中国最大的网络公司，一个重要的原因就是他坚信自己在做什么。我们来看看马云的故事：

马云从美国回来后，已经认识到互联网会改变人类，会影响人类生活的各个方面。因此，他立即把24位朋友请到家里。大家都到齐后，马云对大家说：“我准备从大学里辞职，我要做一个互联网。”

当时，根本没有人懂网络。24位朋友都瞠目结舌地瞪着他，久久无语，而马云却滔滔不绝地向大家介绍互联网。然而，两小时后，大家投票表决，其中，23个人持反对态度，只有何一冰一个人支持。

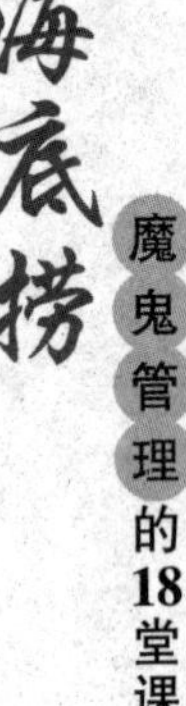

在一片反对的意见中，马云坚信自己要做的事。因此，他毅然决定干。一个星期后，马云、张英(马云夫人)、何一冰3个人一起创办了浙江海博网络技术有限公司，公司的实体就是中国第一家商业网站——中国黄页。

马云在创办中国黄页时，只是想把中国企业的资料收集起来，翻译成英文，快递到美国，然后再让美国朋友把那些资料做成网页放在网上，以此来搭建一个向世界宣传中国企业的机会。可是，他并不知道中国黄页会朝着哪个方向发展，他只是坚信互联网一定有用。

在马云感到迷茫的时刻，不仅没有得到大家的鼓励与支持，还受到大家一致的反对。当时，连网易CEO丁磊也不看好他。然而，马云并没有感到灰心丧气，依然我行我素。

当马云向人们推销互联网时，因为人们的不解，他们便误认为马云是“疯子”，是“骗子”……尽管如此，马云仍然坚信自己的选择没有错，坚信自己正在做的事，坚定不移地坚持了下来。因此，在朋友的一片反对声中，马云在这个行业中摸爬滚打，越行越远，越攀越高。

后来，马云创办阿里巴巴时，提出了独特的B28模式。马云刚提出这种模式，各种质疑的声音又在马云的耳朵边响起。当时有人这样说：“如果阿里巴巴能成功，无疑是把一艘万吨轮抬到喜马拉雅山顶峰上面。”

马云这样回答道：“我们的任务是把这艘轮从山顶上抬到山脚下。”后来，他又告诫他的员工：“别人怎么说，那是没办法的事，你自己要明白，我要去哪里，我能对社会创造什么样的价值。我希望我们能创造一个真正由中国人创办的全世界感到骄傲的伟大的公司，那是我们这一代的梦想。”

在马云及其团队的努力下，不被大家看好的B28模式却使阿里巴巴成为中国互联网上第一个盈利的企业。

马云坚信自己所做的，并为此积极地行动起来，不管受到他人怎样的质疑，他都坚信自己正在做一件对中国人民有益的事，并且坚信自己一定会成功。皇天不负有心人，他最终取得了卓越的成就。

马云坚信自己在做什么是一种自信的表现，而自信又是对自我能力与自我价值的一种肯定。同时，坚信自己在做什么，不轻易放弃也是一种敬业的表现。对创业者来说，不能坚信自己在做什么，那么势必会半途而废。

魔鬼管理训练课

坚信自己在做什么，不轻易放弃也是一种敬业的表现。对创业者来说，不能坚信自己在做什么，那么势必会半途而废。

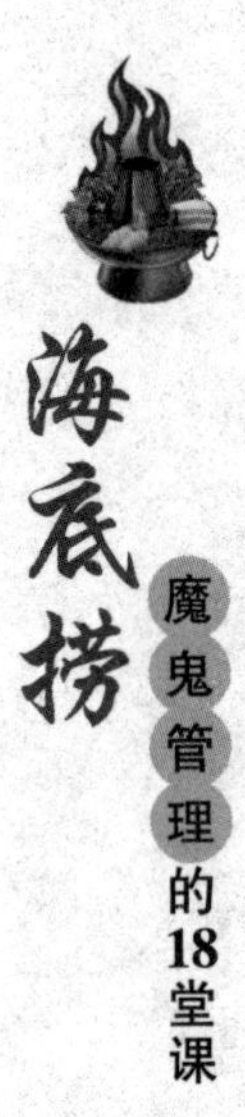

爱拼才会赢——海底捞勇闯京城

2004年上半年,张勇准备让海底捞进军中国的首都。但这个打算进军北京的消息受到了包括施永宏在内的三个股东的反对，因为他们坚决不同意张勇拿着大笔的资金去北京开连锁店。他们的理由很简单:北京是什么地方啊？寸土寸金,北京是我们这些人想都不敢想的。

大家都知道,北京是中国政治和文化的中心,也是中国的火锅餐饮中心。四川人是有名的喜欢吃火锅,北京人也是出了名的喜欢吃火锅。在北京的火锅中,除了传统风味的涮羊肉之外,自中国改革开放以来,北京的火锅商们就把全国各地的火锅都引到了北京城。比如内蒙古肥牛、港式海鲜、重庆麻辣和贵州酸鱼等,各式各样的火锅应有尽有。据不完全统计表明,北京城的火锅店至少不下于4000家。照此数据看来,真可谓是得北京火锅食客者,得天下啊!

北京火锅激烈的竞争让北京爱好吃火锅的人们笑了,因为竞争激烈,许多火锅店常年打着羊肉15元一盘、啤酒免费的广告。总之,各种各样的竞争手段,让北京的火锅商们心绷得紧紧的,丝毫不敢松懈。据业内人士提供的消息说,北京很多家火锅店的寿命不过短短的三年时间。

张勇何尝不知道北京火锅业竞争激烈，但他和施永宏他们看待问题的角度不同。他认为,正是因为北京大、北京寸土寸金、北京的火锅行业竞争激烈,才更应该让海底捞进军北京。因为越是竞争激烈的地方,说明那里才更有商机,发展空间也就更大。张勇将这个道理反复讲给其他三个股东听，但无论张勇怎么说、怎么解释，他们像是经过商量似的，一致持反对意见。

面对这样的局势，张勇烦恼无比。他烦恼的是不知道要怎样才能说服他们，但有一点他很清楚，那就是不管他们同不同意，他是铁了心要去北京开连锁店。要知道，当一个事业目标在一个有超强事业心的人的脑海中形成的时候，它就像是一个无比坚定的信念，是任何人也无法动摇的。

能用的方法都用了，张勇就差点给他们跪下了，但他们这次却好像铁了心似的，坚决不同意张勇去北京开连锁店。而理由始终都是，北京寸土寸金，没有什么是不需要钱开支的，况且那么多火锅店竞争，海底捞想要在北京做成功简直比登天还难。

到这个时候，张勇才深切地感受到，家族企业所存在的弊端。此时此刻，张勇已经顾不得那么多了，因为他觉得自己的决定没有错，他应该大胆地闯一回，就像那首老歌一样“爱拼才会赢”。否则，海底捞只会在原地踏步，永远也不要梦想取得多么大的成就。倘若要走出这一步，要将海底捞做成一个全国知名餐饮品牌，就必须打破这种家族企业的模式。

之后，张勇做了一个连他自己也觉得很为难的决定：他将自己的妻子舒萍（当时已与张勇完婚）和死党的妻子李海燕辞退回家了，理由是她们越来越不符合海底捞的各种要求。最后只剩下了施永宏与张勇一对一，无奈之下，施永宏只得同意张勇去北京开“海底捞”。

2004 年，海底捞火锅店也赶来京城凑热闹了。初期，海底捞像所有前来北京发展的新火锅店一样，根本没有引起食客们的注意，因为在北京生活的人们对于新火锅店的开业已经司空见惯了。

然而，几个月后，海底捞慢慢地引起了食客们的关注，而且来海底捞吃火锅的人也愈渐多了起来。当然，海底捞也引起了北京同行们的注意。渐渐地，何止是注意，海底捞简直成了北京火锅爱好者与同行们的焦点。可以说，北京火锅店的老板们几乎都去海底捞吃过火锅。他们为什么去？当然不为吃，主要还是偷师学艺。

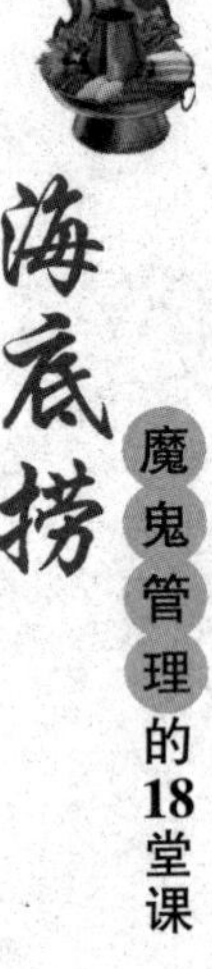

不仅是同行，连北京各大媒体也开始对海底捞格外关注起来，中央电视台和北京各大报社都相继采访并报道了海底捞火锅店。与此同时，在餐饮网站“大众点评网”上，由顾客打分排在前三名的北京火锅店就有海底捞，且之后连续三年海底捞都排名前三位。

即便是在北京的三伏天，食客们也都排着队等着在海底捞用餐。在北京待过的人都知道，北京的三伏天温度可是高达30多摄氏度啊，而此时通常都是火锅业的淡季，很多的火锅店要么提供别的菜式，要么便是让员工回家歇着。但是唯有海底捞与众不同，在三伏天海底捞平均每天也要“翻三次台”，以便容纳新的顾客，这不能不说是北京火锅乃至全国各地三伏天火锅中的奇迹。

有人不禁会问，海底捞在偌大的北京城为什么能产生这么大的影响和轰动？三伏天为什么还有人在海底捞排着队等着吃火锅？对于这两个问题，顾客的回答应该是最好的答案。

来海底捞吃过火锅的客人，有的说：“我就喜欢来海底捞，从第一脚走进海底捞到离开，这里的服务都相当令人满意，即便是在排队等候区的时候，不仅有各种各样免费的零食、点心和果盘供应，还有人免费给女士美甲，给男士免费擦鞋等‘特色服务’。”有的说：“虽然海底捞的服务近乎‘变态’，但你又不得不承认海底捞服务的绝对真诚。”

的确，海底捞有着绝大多数火锅店没有的服务，尤其是海底捞排队等候区的服务，客人们可以自由地享用各种零食、小吃以及玩象棋和扑克牌等。难道，这些在海底捞等候一两个小时的顾客，就是冲着这些“特色服务”，不惜在三伏天排队去吃火锅的吗？当然不是，有的客人说：“海底捞火锅的味道很好，价钱也更公道，且数量足，甚至还可以点半份菜。”有的客人则说：“海底捞的卫生条件特别好，桌子从来不会让顾客感觉到油腻和肮脏，甚至擦得比普通人家里还要干净；为了方便顾客，卫生间也有好几个，且都十分干净；厨房看了更是让人省心，用餐更放心！”也有的说：“这个店就是与众不同，对于戴眼镜的顾客，吃火锅时还有供给你擦眼镜的绒布；对于长头发的女性，他们会给你系头发的橡皮套，还是漂亮的粉红色；还有专门给顾客包手机的塑料套，以防食物、水和油沾到手机上。”还有人说：“那里的服务员非常可爱认真，我第二次去海底捞，那几个服务员都能准确地叫出我的名字，而第三次去的时候，他们居然知道了我喜欢吃什么菜以及我的口味！”有的干脆说：“我就喜欢吃海底捞火锅，吃着开心，他们的服务员随时都是乐呵呵的。”

的确，在张勇的理念中，海底捞虽然只是火锅餐饮业中的一种，但海底捞的核心业务却不在餐饮上——其核心在于服务。张勇在带领所有员工将积极主动的优质服务发挥到极致时，海底捞的特色也日益丰富起来。由于海底捞开始走上了一条传统的单一化、标准化服务的颠覆路线，因此，在海底捞也出现了一些专属的名词，并出现了一系列“肉麻”式服务、“变态”式服务，让顾客切实感受到了一种“顾客至上，宾至如归”的感觉。

魔鬼管理训练课

海底捞以人为本的服务细节，海底捞以人为本的管理制度，使得海底捞在粗线条的运作中立于不败之地。

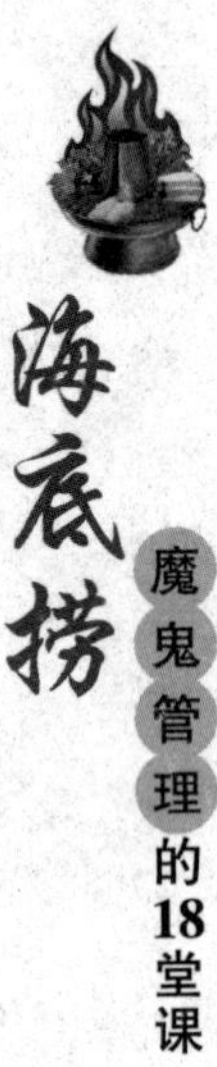

准备越充分，胜利的机会越大

曾经看过这样一个故事：由于冬天快到了，蚂蚁和蟋蟀都应该为过冬准备充足的食物。蚂蚁一直从早忙到晚，一刻不闲地搬运食物，但是蟋蟀则整天悠悠哉哉，不停地歌唱，全然不关心食物储备的事情。蚂蚁提醒蟋蟀："你应该赶紧为过冬的食物做准备了。"不料，蟋蟀却回答说："你没听见我正在唱歌吗？"蚂蚁又说："可是，你如果不为过冬准备食物，你就会被饿死，到时候你还怎么唱歌呢？"蟋蟀昂着头，一副不以为然的样子，继续唱着。

结果可想而知，蟋蟀在食物还没有准备充分之前，寒冷就不期而至。没过几天，蟋蟀就因为没有充足的食物而被饿死了。而蚂蚁却在自己的洞穴里，一边听着外面的北风呼啸，一边享受着自己准备的丰盛食物，安全温暖地度过了整个寒冷的冬天。蚂蚁和蟋蟀各自的结局告诉人们，准备越充分就越容易获得胜利。

在商业领域中，越是准备充分的人越容易获得成功——这同样也是海底捞董事长张勇的语录。换句话说，播种的工作做足之后，未来的收获也就不是一件难事了。在餐饮业，海底捞之所以如此成功，也正是因为海底捞在管理、服务和经营方面做足了充分的准备。经营企业就跟读书一样，应该一鼓作气，在企业建立初期能为顾客提供多少服务就提供多少，能为顾客创造出多少价值就创造出多少价值——如此一来，无论企业何时进入最佳状态，都是顾客心目中的"宠儿"。

俗话说："好的将军不打无准备之仗。"这句话用在餐饮企业同样适用。从经营的角度来分析,一个企业想要获得成功,就必须充分了解市场,也就是明确消费者的需求,同时还要注重精细化的管理经营理念。现代化的商业游戏规则已经发生了巨大的变化,尤其是餐饮企业,已经不再是单纯的味道好或者疯狂打折就能赢得顾客青睐,那么简单了。随着人们物质生活水平的不断提高,在外用餐已经成为人们生活中的一大现象,同时消费者也已经不再满足于餐厅味道好和装饰等方面,而是更加注重用餐时心情的愉悦和享受。值得餐饮企业注意的是,这已经成为人们用餐时的一种精神需求。

海底捞就正好抓住了时下顾客的这一精神需求,从而制定了一系列精细化的服务来赢得顾客的青睐,为企业未来长期更好地发展奠定了坚实的基础,做出了最好、最充分的准备。海底捞对于顾客精细化的服务有以下几方面的内容:

顾客停车精细化

随着越来越多的顾客开车前来用餐,海底捞每一家店都有一个固定的停车场,且停车场还有专人师傅引导顾客停车。

用餐场所安全精细化

"安全"一直都是人们生活中最为关注的一个问题。作为餐饮场所,顾客前来用餐,企业有义务保证顾客的人身和财产安全。如果一个餐饮场所存在着种种安全隐患,顾客怎么能安心用餐?如果用餐场所小偷成群结队频频光顾,还有顾客愿意来吗?因此,海底捞在用餐场所安全方面下了很大一番功夫。

导示系统精细化

海底捞标准、明确且精致的点菜导示系统不仅给顾客提供了方便,更重要的是为餐厅节省了时间,又让顾客在最短的时间内享受到了美食和服务,并了解了餐厅的品牌定位,进而体现出了餐厅与众不同的服务与管理。

服务设施精细化

同样是为了给顾客提供方便的宗旨,海底捞餐厅提供了设备完好且精致的各种设施,并定期进行维保。而对一些容易发生故障或破损的设

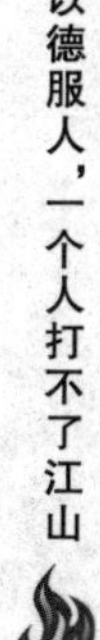

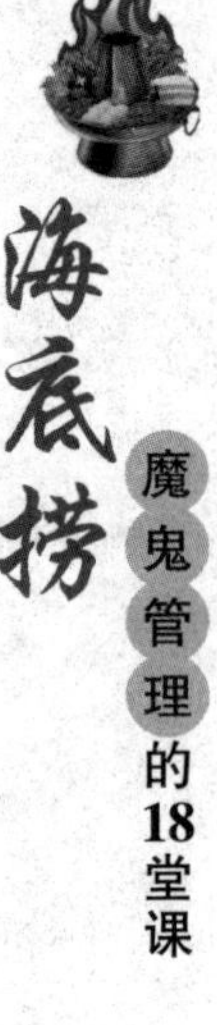

施，海底捞都备有可以取代的设施。试想，如果顾客在用餐的过程中发生了设施故障的情况，在无法及时得到更换的情况下，顾客会怎样想？

顾客服务精细化

海底捞一直保持“以客为尊”的服务理念，为顾客营造出了一个新形式服务的用餐氛围。除了对顾客使用最基本的礼貌用语和行为外，大力提倡亲情化、贴心化的服务。总之，每一个服务员都会自主自发地为顾客着想，帮助顾客解决用餐过程中的一切难题。就此而论，有太多的例子，曾经有一位在海底捞用餐的顾客突然想吃冰激凌，一名服务员立马跑到外面的商店掏钱给顾客买了回来。可以想象，一个“以人为本”的企业，又怎能做到不“以客为尊”呢！

一个企业精细化的服务说起来很容易，尝试一下也不难，难就难在坚持不懈、持之以恒。有太多的企业高谈阔论“企业精细化的管理是必要也是必须的”，然而，又有多少企业真正并立即行动了起来，迈出了企业精细化管理的第一步呢？正如海底捞的一名管理人员所言：“这是一项长期而又艰巨的工作，需要企业各级人员做好充分的准备，才能在企业发展的过程中不断地改进和推进。”

在餐饮企业长期的发展过程中，精细化的服务是一个主攻方向。但想要让企业所有人员参与到企业精细化服务中来，企业领导人与中高级管理层还必须做足以下几个方面的准备，而这也是海底捞一直坚持的核心内容：

第一，理念引导

正确的理念对于企业的经营和发展是至关重要的，那些能够做大、做强且持续发展的企业无一不是利用理念来引导企业的行为的。海底捞便是将“用自己的双手改变命运”作为企业和员工的价值理念的，而这即是海底捞创始人张勇对人生经验的总结，更是他鼓舞员工努力工作的原动力。像海底捞北京和上海区域的经理、管理着 15 家海底捞分店的袁华强就是“靠双手改变命运”的最好证明。

理念让海底捞的企业有了不屈的灵魂，让员工有了不灭的力量——不仅要活着，还要为更好的生存、发展和梦想而奋斗。其实，他们也相信，用自己的双手可以改变自己的命运，而顾客对他们的好评更让他们懂得：只要付出真心的服务，就能为顾客、企业和自身创造出更多的价值。显然，这就是人性的公正，更是商业的文明。

第二，榜样的力量

榜样的力量是巨大的，而周围人的榜样力量更是巨大无穷的。当员工看到与自己背景相似的同事靠自己勤奋的双手改变了命运时，这无疑会对员工产生巨大的激励和推动作用。在经营海底捞的过程中，张勇将榜样力量看做是最好的领导方式。其实，一个好的榜样就是企业的旗帜和方向。

了解的人都很清楚，海底捞绝大多数的店长、区域经理以及经理人等中高级管理人员都是从基层员工提升起来的。海底捞副总经理杨小丽、区域经理袁华强就是典型，也是海底捞员工心目中的榜样人物。张勇认为，每个人的心目中都应该有一个好的榜样，以此来引导员工、引导企业。同时，每个人也都应该具有成为别人的榜样的至高理想和追求。

第四，授权管理

每个人都渴望自己有自主决定的愿望。在海底捞看来，授权不仅仅是调动员工积极主动意识的重要举措，还是提高企业高效运营的重要途径。张勇认为，一个企业没有授权，就无法形成企业核心团队，没有团队就无法形成企业的凝聚力，企业连凝聚力都没有，又如何谈企业的创新和发展？因此，张勇将企业充分授权看做是企业发展的基本条件。

然而，很多企业老板都不愿意授权给员工，更别说像海底捞的这种充分授权了。他们总是担心员工权力大了会很腐败，会假公济私，与其将权力下放给员工，还不如行使权力监督员工，这样更省事、更安全。其

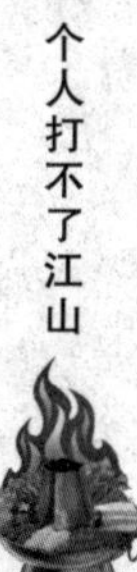

实,这是绝大多数企业老板普遍都有的一种心理,听上去似乎也可以理解。但是,授权给员工与行使权力监督员工却是完全不同的两种性质——授权是一个胸襟的问题,行使权力是一个能力的问题,能否包容员工的缺点是一个气度的问题。相对于有能力的老板,优秀的员工更愿意选择既有胸襟又有气度的老板,并忠实为之效劳。权衡利弊,相信企业老板不难做出选择。

海底捞对员工授权的广度和力度让很多企业老板和经理人都感到匪夷所思,但海底捞成功的实践却向无数人证明:企业想要获得成功,尤其是餐饮服务企业,赋予员工必要的决策权,即便企业为此会承担一定的风险,也是值得的。

第五,满意度管理

海底捞企业总部对每家分店的考核只有两个指标:员工满意度和顾客满意度。而很多企业颇为注重的销售额、销售增长率、企业赢利等财务指标,海底捞却显得对它们不够重视。是海底捞认为公司盈利不重要吗?当然不是。用张勇的话来回答:"企业追求赢利是理所当然、天经地义的,但是优秀的企业更应该明白:把眼光放在企业赢利上根本没有用,只会让企业变得急功近利和浮躁。"

于餐馆服务行业而言,员工和顾客的满意度是企业赢利的前提条件。设想,没有对企业满意的顾客和员工,企业用什么来实现利益的增长?企业何来发展?可见,餐饮企业乃至于任何一种企业,员工和顾客都是企业的根基,只有把这两项服务好了,企业赢利自然源源而来。

可见,一个企业想要获得持续性的发展和成功,就必须根据企业的性质结合实际性的内容,对企业做出相应的规划和准备。因此,也就不难解释海底捞为什么会"火",为什么会"红"的秘密了。用海底捞副总经理杨小丽的话来说:"海底捞没有可以值得炫耀的创新,更没有做出什么惊天动地的举措,它仅仅只是遵循了企业经营的基本道理,做到了持之以恒,兑现了对员工和顾客的承诺,仅此而已。"

事实上，海底捞能够做到的，其他每一个企业都能做到，或者说还能够超越海底捞。在中国这片肥沃的土地上，应该有成千上万像海底捞这样的优秀企业，让每一个劳动者创造出自身的价值，并充分享受价值的喜悦，让人性的亮点和商业的文明交相辉映。

魔鬼管理训练课

海底捞没有可以值得炫耀的创新，更没有做出什么惊天动地的举措，它仅仅只是遵循了企业经营的基本道理，做到了持之以恒，兑现了对员工和顾客的承诺，仅此而已。

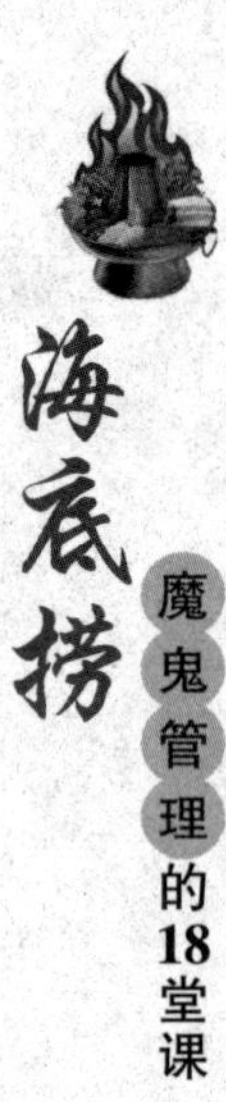

德行天下是企业笼络人心的资本

企业是一个营利性组织,同时也具有社会公民的身份。“社会公民”的道德水平影响企业的经营理念和企业哲学的定位, 从本质上决定企业的经营方向。企业的德包含着许多内容:尊重人权,任何制度的制定及完善都重视人性;注重对产品质量的不懈追求,充分考虑用户利益;只追求合理平均水平,诚信经营;积极采取对社会有益的行为,主动承担起社会责任。正是这些品德,聚拢了企业内外的人心。海底捞把“德”作为企业文化的精髓,“小胜凭智,大赢靠德”的思维在海底捞方方面面都得到体现。有德必有得,德为海底捞聚拢了员工的心、供应商的心、客户的心、消费者的心,推动着海底捞层层递进,步步扎实地描绘出了海底捞的高速发展轨迹。

海底捞的人心经营是其“德”文化的宗旨。经营人心在企业内部的表现是向下经营,而不是向上经营。尊重关心下属是首要的,财散人聚,财聚人散。聚的时候,先聚心,后聚人;散的时候,也是先散心,后散人。张勇说,这个世界不是有钱人的,也不是有权人的,而是有心人的。

日本有一家企业,老板每天只做两件事情,就将企业经营得井井有条。第一件事,早晚在员工上下班的时候,他一定准时站在门口,向经过的每一名员工鞠躬问候;第二件事,在钓鱼休闲之后,到中午回到单位,将钓到的鱼拿来为员工改善伙食。这位“偷懒”的老板,掌握了经营的秘诀:让员工尽职尽责,发挥潜能,比自己一人累死累活去干,创造的价值更多。归根结底，经营人心，得人心者得天下。

企业信誉是企业形象的核心内容，它不但是企业和员工对国家、对社会、对消费者以及用户的承诺和应尽的责任，又是为企业带来显著效益的无形资产。企业信誉是企业赢得市场，提高市场占有率的一项重要战略，也是企业道德建设的一项重要内容。

众所周知，中国企业界的蒙牛集团把诚信作为企业文化的核心内容，正是其赢得良好信誉的基础。对乳农讲信用，以“强乳兴农”为己任，帮助乳农养牛致富，从不拖欠奶款，赢得了乳农的心，蒙牛因此建立起了稳定优质的奶源；对员工有信用——关心员工发展，让员工51%为自己干，虏获了员工的心，蒙牛因此拥有了一个凝聚力、执行力一流的员工团队；对顾客讲信用——严把产品质量关，把产品当做人品，获取了客户的心，蒙牛因此提升了产品的美誉度，建立起顾客对品牌的忠诚；对合作伙伴有信用——让他们从蒙牛的发展中获利，博得了合伙人的心，蒙牛因此吸引到了国际投资方的信赖，招来更多的资金注入和合作机会。

商业经营，信誉为第一重要处，失掉了信誉，就失去了生命力。中国传统的老字号，都把商业道德放在经商谋事的第一位上，把信誉和品牌看做比金钱更宝贵的财富。很多人往往是集其毕生之力来塑造品牌。信誉往往是品牌价值中最为珍视的部分，这与海底捞的“产品就是人品”的思想不谋而合。

索尼公司提出：“以提高索尼集团的企业价值作为经营的根本，把自主性和自律性的道德标准作为企业的重要组成部分。”公司通过企业道德产生的强大向心力，建立了“统一和分散型”的经营模式，使企业内部的经营资源能够相互作用，创造出新的价值。美国强生公司也得益于企业严格的道德规范，在一项有关公司形象和发展的民意调查中拔得了头筹。

市场秩序杜绝不正当竞争，更要求讲诚信，没有诚信就没有品牌，没有品牌就没有市场竞争力，没有市场竞争力，就没有企业的生命力。在现代企业的经营管理中，企业道德、企业伦理、企业精神越来越被广泛地重视。企业之德，不容忽视。企业信誉、企业道德的建设也是拢聚人心，经营人心的过程。

日本企业家松下幸之助曾经说过：“经营事业非私人之事，乃公众之事，企业是社会的公器。所以，我认为即使是私人企业，也不应该仅仅站在私人的立场考虑，一定要经常想到它是否对人类共同生活的提升有所裨益。”企业的资产可能是私人的，但是，当它作为企业经营时，它就成为一个社会性的实体。任何一个企业都必须赢得社会的认可，必须拢聚大众的心，你提供的产品或服务才能取得收益，同时才能从市场取得相应的生产资料而进行生产，这些都需要以德为基，修炼企业的信誉，德行天下，才是企业拢聚人心的根本所在。

魔鬼管理训练课

企业管理者必须走出那种“捞一把是一把”的功利思想，不断提升企业的精细化程度，给客户提供无懈可击的服务，才能在充分竞争的市场中生存下来，从而获得发展。

第三堂 把员工当家人

对待员工像家人一样好

想要让顾客在海底捞感到幸福，就必须先让海底捞的员工幸福。

海底捞的董事长张勇说："要想让员工对待顾客像家人一样好，你就必须对待员工像家人一样好。"

张勇对人性的洞察是深刻的。

要让员工对公司死心踏地，对组织忠诚，就要研究他们的心理和需求，真切地明白他们最需要的是什么。餐饮业服务员大部分来自农村，而且家境不太富裕，受教育程度不高，他们出来打工，为的就是能够找份安稳的工作，多挣一点工资好用来养活家中的老小。至于吃饭和住宿，当然是没有奢望太多。

但海底捞做的比任何一个员工想象的还要周到。海底捞的工资在行业内算是高的，虽然可能也比其他公司辛苦一些，但海底捞为员工做的远远不止是在工资方面。

其他餐饮行业的服务员一般都住在比较差的宿舍，甚至是地下室，而海底捞则为员工专门租住正规的楼房公寓。为了解除员工乘车或坐地铁上班的麻烦，海底捞的员工公寓一般都找在距离海底捞饭店不到15分钟步行路程的地方，海底捞所在的地段繁华程度可想而知，而员工的宿舍也就在繁华地区的中高档小区。

伙食上面，其他饭店的伙食一般都是一天三顿，菜品也较单一，海底捞则聘请专门的宿管阿姨为员工做饭，几乎每天都不重样儿地做。而海底捞考虑到员工晚上下班时间较晚，还特地加了一顿夜宵，实在是用心良苦，体贴入微。

海底捞的员工一般都是上有老下有小。为了替员工解除家里的后顾之忧，海底捞每个月特地往员工的老家寄几百元钱，一是作为对表现优异的员工的奖励，二是为员工在家乡也能争个好脸面。除此之外，海底捞还每年拨出上万元的款项，专门用来补贴需要治大病的员工父母。农民工出来打工，孩子留守家中，无法顺利上学接受教育，海底捞特地在四川多地出资建设“海底捞希望小学”，让海底捞员工的孩子有学可上，有书可读。

海底捞为员工所做的这一切，都只是为了一个目的，那就是让员工感到幸福，从而带动他们的工作积极性，为海底捞的顾客带来幸福。事实证明，效果显著。

工资、住宿、生病、父母或是员工的子女教育等等可能引起员工担忧的一切问题，海底捞全部都想到位，而且超过员工的预期，彻底解决员工的后顾之忧，给员工安全感。只有员工在组织里拥有了安全感，幸福感就会增强，心就会稳定下来，就开始对组织忠诚。张勇常对媒体说的一句话是：“从农村出来的人，你要把他们当人看！”这就是海底捞人性化管理的最直接写照。

海底捞制造出了一个传播幸福的工作磁场，员工在充满安全、信任的环境里，热情地工作，把对待家人般的爱传递给了顾客，顾客的幸福感又传递给了海底捞的员工，员工感受到了工作的意义和快乐，让工作变成了使命而不是任务，从而产生了极大的幸福感。员工肯用心去工作，这是天下所有老板都可望而不可及的梦想，在海底捞这里，梦想终于成为了现实。

每一个去过海底捞吃饭的人都无法忽视洋溢其中的热情和人情味儿，没有人能不被服务员脸上真挚的笑容所感染，没有人能够否认这是个神奇的饭店，因为里面飘着的，除了饭菜的香味，还有人世间最宝贵的味道，那就是幸福的味道。

魔鬼管理训练课

海底捞的董事长张勇说：“要想让员工对待顾客像家人一样好，你就必须对待员工像家人一样好。”可见，张勇对人性的洞察是深刻的。

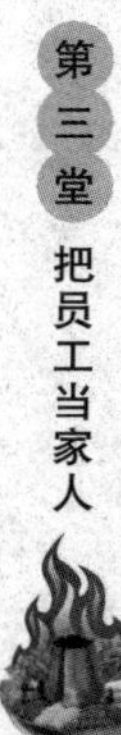

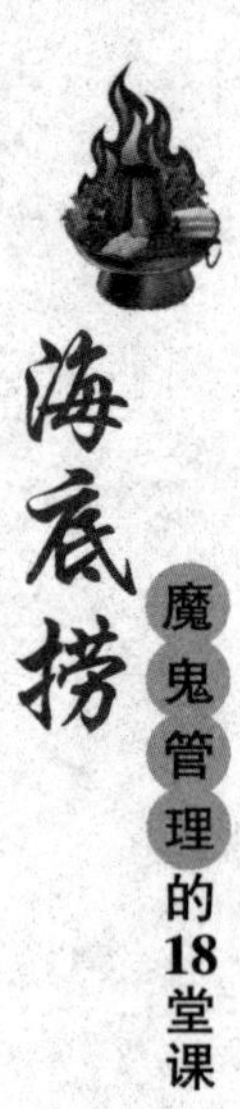

多进行感情投资

张勇在家乡四川投入千万元建立通才学校，让员工的子女免费上学；而即使在北京这样的城市，员工宿舍也一定是正式住宅小区而非地下室；且离工作地点不会超过20分钟；配备空调，有专人保洁、洗衣服；公寓甚至配备了上网电脑；对那些夫妻员工，还考虑给单独房间。据说，员工的家人一旦因为大病无钱医治，公司还会负责到底。

这使得海底捞的人工成本远高于同类企业。光是员工的住宿费用，一个门店一年就要花掉50万。凡此种种，使张勇被认为是个乌托邦的理想主义者。

的确是。正因为他对员工好，员工才对企业好，对顾客好，由此才有了海底捞服务的扬名。最有力的证明莫过于北大光华管理学院两位教授对海底捞为时一年多的深入研究，在甚至派人“卧底”当服务员后，他们惊讶地发现：海底捞服务员对职业的认同感，竟远远高于他们所带的MBA班学生。海底捞有一万名员工，流动率一直保持在10%左右，远低于中国餐饮业28.6%的平均流动率。

再来看看日本的麦当劳公司是怎么做的。日本麦当劳有一项自创的制度，就是把员工的生日定为个人的公休日，让每位职工在自己生日当天和家人一同庆祝。对麦当劳的从业人员来说，生日是自己的喜日，也是休息的日子，在生日当天，员工和家人尽情欢度美好的一天，养足了精神，第二天又精力充沛地投入到工作当中。

在每一位员工的太太过生日时，会收到董事长藤田田让礼仪小姐从花店送来的鲜花。事实上，这束鲜花的价钱并不昂贵，然而太太们心里却很高兴，“连我先生都忘了我的生日，想不到董事长却惦记着送鲜花给我。”藤田田经常会收到类似的感谢函及电话。

日本的麦当劳除了6月底和年底发放奖金外，每年4月，再加发一次奖金。这个月的奖金并不交给员工，而是发给员工的太太们，先生们不能经手，员工们把这奖金戏称为“太太奖金”。

除此之外，日本麦当劳每年都在大饭店举行一次联欢会，所有已婚的员工必须带着“另一半”出席。席间，除了表彰优秀的员工外，董事长藤田田还郑重其事地对太太们说：“各位太太们，你们的先生为公司作了很大的贡献，我已经做了各方面的奖励。但有一件事我还要各位太太们帮忙，那就是好好照顾先生的健康。我希望把你们的先生培养成为一流的人才，帮助他们实现人生的梦想，从而发展你们家庭的和睦，可是我无法更多地、更细致地兼顾他们的健康，因此我把照顾先生们身体健康的重任交给了你们。”

听了这番话，哪一位太太不心存感激呢？而这种感激对一个家庭又意味着什么呢？显然，这种感情投资极大地起到了激励员工、凝聚员工的作用。

优秀的管理者应该懂得对员工进行感情上的投资。为员工多花一点钱做感情投资，所得到的回报将远远大于付出，绝对值得一试。感情投资的成本不高，但换来的员工的积极性却可以产生巨大的创造力，这是任何其他投资都无法换得的。只有真正获得了员工的心，员工才会全心全意地为企业奉献自己的全部力量。

海底捞对于员工的投资可能比大多数同行成本都要高，但无疑，海底捞的投资是有效的，是物超所值的。

魔鬼管理训练课

海底捞对于员工的投资可能比大多数同行成本都要高，但无疑，海底捞的投资是有效的，是物超所值的。

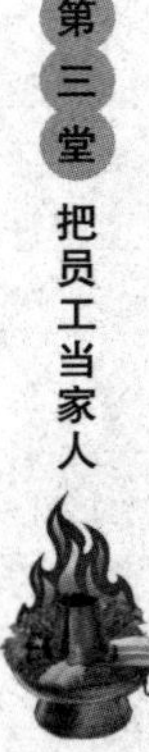

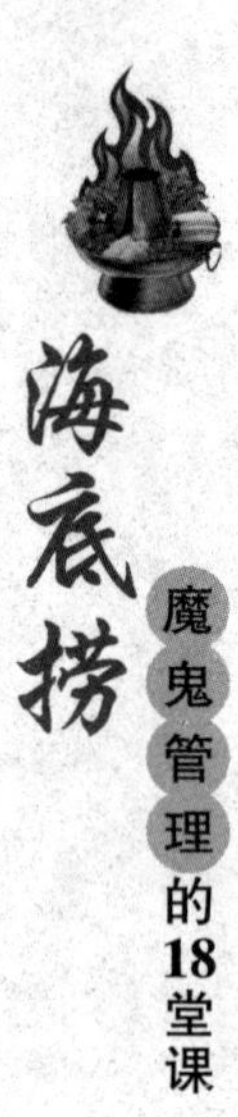

海底捞就是员工的家

海底捞人常挂在嘴边的一个词就是“家”。中国人爱家、恋家,出来打工的人无时无刻不在想着家,海底捞员工口中的这个“家”除了自己的“小家”之外,还指的是海底捞这个“大家”。

“这是我们家新推出的小菜,您尝尝香不香？”“咱家的汤分量多,您要是怕喝不完，我们就先给您上半份。”“咱家的煤气灶都是全封闭式的,既环保又安全,您放一百个心！”这都是在海底捞可以经常听到的亲切话语,一口一个“家”,说得连顾客都被感染到了,都不由得想起自己的家了。

海底捞做生意总不忘先做足人情,给每位员工家的温馨感,是海底捞始终贯彻的不变原则。海底捞不光只是为员工营造一个家的感觉,还为员工做了许多只有家人才会做的事情。

海底捞有一个家访制度。家访谁？当然是员工！海底捞的员工大多来自农村,这些农村的孩子刚刚成年就来到大城市打工,背井离乡,想家是肯定的,但是在外工作不允许时刻回家探亲,许多员工家里还有生病的父母、年幼的孩子。海底捞的张勇也是农村出身,他带起来的副总和经理们也都个个是农村出来的,这样的草根企业不可能会忘本。

海底捞每年都会分片区抽调店长以上干部，安排时间去做员工的家访。曾做过员工家访的西安经理杨华曾说,做员工家访,不仅能够给员工和员工的家人送去温暖，还会对我们管理层的干部起到很好的教育作用。

杨华谈起一次做家访的经历，是去一位张姓员工的家里。杨华一行几人驾车到了小张家所在的县城后，就发现原来的水泥路已经变成了坎坷不平的土路，再往村落里走，连车都很难通过了，他们只好下车提着礼物步行，在连翻过了几座小山之后，才到了小张的家中。眼前的村落极小，只有几户人家，小张家里还有年迈的奶奶，奶奶行动不便，还是叫来邻居给杨华一行人做了一顿简单的饭菜，在临走时，杨华曾几度落泪。

事后杨华说，“通过那次家访，我更加理解了海底捞存在的意义，只有在海底捞好好干，将生意做好做大，才可能带领这些大山里出来的员工改变他们的命运。”

企业不论大小，都应当善待自己的员工。福特汽车公司的社会部长马金接到了福特工厂的一个分厂的报告，报告上面说，公司有一个名叫乔治的上了年纪的黑人员工在公司的停车场工作，他已经 70 多岁了，视力也在逐渐衰退，但是由于他的家庭经济条件很困难，所以他始终要求坚持工作，然而这样坚持工作下去是很容易发生危险的，问公司可否给他发放养老金，让他退休回家休息。

马金立即吩咐一个年轻的下属：“你辛苦一下，亲自到那部门去看看吧。”

调查结果，乔治的视力已经严重退化，几乎已经失明。

“这个员工的家庭条件怎么样呢？”马金博士问道。

“他的太太还可以工作，她说如果有适当机会的话，她很想工作。他们家住的房子还有几间是空着的。另外，他太太还带来了一个 25 岁的孩子，在别的工厂里工作的，每周的工资是 25 美元。”“那就好，我们有解决问题的办法了。”马金决定，先把他们的那个孩子叫到福特工厂里来上班，每天的工资是 6 美元，但是条件是他必须要负责赡养年老的父母。

员工家里空着的房间，马金吩咐下属代为寻找适当的房客，他太太可以做一些洗衣服的工作，而老人可以在他家的附近给别人家看看房门。这样的工作很轻松，他做起来完全没有什么问题。

就这样，在马金的关心下，这位福特员工家里的每个人都有了工

作，家庭收入很快就增加了两倍以上，在这位老员工最后的一段日子里，自己效劳多年的公司给了这位老员工全家的幸福。

海底捞也曾做过类似的事，海底捞一直鼓励老员工介绍自己的同乡来工作，甚至自己的家人也可以。许多海底捞的员工看到在这里吃得好住得好，就会想到让自己的家人也能来海底捞一起工作，海底捞义不容辞地满足了员工的这一愿望，让相隔千里的家人在海底捞相聚。正是有了这样人性化的管理，才有了开头的那一幕，每个员工都无不感到："海底捞就是我们的家！"

魔鬼管理训练课

海底捞做生意总不忘先做足人情，给每位员工家的温馨感，是海底捞始终贯彻的不变原则。海底捞不光只是为员工营造一个家的感觉，还为员工做了许多只有家人才会做的事情。

树立榜样，提升员工幸福指数

榜样的力量是巨大的，身边榜样的力量更巨大。当看到与自己背景相似的同事靠自己的勤奋改变了命运，无疑，海底捞的每个员工就会被强烈地刺激一下。在经营企业过程中，树立榜样也是很好的领导方法。榜样就是旗帜，榜样就是动力。榜样就是员工努力的目标和方向，有了这个方向，员工的幸福指数就会大大提升。

海底捞的大部分经理，包括店长、区域经理这样对综合素质要求比较高的经理人都是从基层员工提拔起来的。袁华强是海底捞代表性人物，也是员工心目中榜样式人物。

每个人的心中应该有榜样。企业也应该有意识地为员工树立学习的榜样，以榜样来引导员工，让大家对未来充满信心。那些渴望做出杰出成绩的的企业和员工更应该具有成为别人学习榜样的理想和追求。

张勇管理的艺术就在于：用人不疑，疑人不用，我充分相信他们。他们谈不下来的合同，我也谈不下来。

就是因为张勇这样的领导，才成就了海底捞无数的“先进人物”。一个榜样站起来了，于是更多的人也跟着成长起来了。海底捞的人个个精神抖擞，干劲十足。很多人最快乐的时光是每月发工资那几天。你可能会发现，已经很少有人会把工作与”快乐”、“幸福”联系在一起，但与海底捞普通员工聊天，他们会时不时地蹦出这些天真烂漫的词儿来。海底捞每开一家新分店，都需要事先储备好扩张所需的合格员工，而不是不挂不顾地盲目扩张。比如杭州分店，2010 年 10 月份开张，所有的管理层及普通员工均是从北京门店调派空降而来，几个月立稳脚跟之后才开始招兵买马。这样步步为营的团队建设自然不是匆匆上岗所能比拟的。

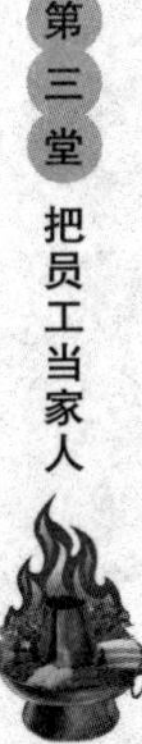

在海底捞，服务为王，撑起服务的就是一线的员工。

"幸福"这个词也是海底捞的特殊岗位员工骆凤丹用来形容自己工作体验的一个词。这个来自重庆的小姑娘曾经在电子厂工作，已经习惯了与冰冷的机器和一成不变的流水线打交道。她之前对自己的评价是"性格很内向，有时候一天也不说一句话。"

但当她来到海底捞，成为一名美甲员工之后，突然变得活泼起来了。"单位为我们提供住宿，而且都有专门的阿姨帮我们打扫，生病了还会有人来看望，送上营养品。"骆凤丹兴奋地说着公司为她做的一切，"所以我工作的时候特别有激情，因为我能看到榜样，让我对海底捞、对自己充满希望；因为有这样好的'待遇'，我心里很幸福，我希望每个客人都能和我一样幸福。"

海底捞成名后，不少大学生慕名而来希望求得一个职位。但面对如何挑选员工的问题，海底捞董事长张勇坦诚地说，餐饮业工作简单，但量大压力大，从来都是员工挑企业，而不是企业挑员工。但这并不代表张勇不在乎员工，常常，即使是下夜班的员工还能享受到夜宵服务。

家是一个人奋斗的最大动力。当海底捞努力为顾客提供家庭聚会的优质服务的同时，也在为员工提供家长式的全方位关心、理解和照顾。除去员工本人，海底捞还优先解决配偶及亲戚的工作机会。

"员工比顾客重要"，张勇从不考察分店的营业额，他只关心员工的满意度和幸福感。他把两眼只盯着利润的企业家称为糊涂，不过他不重视利润并不代表不能获得。海底捞的利润有目共睹，相对于顾客付出的金钱与时间，海底捞不但依靠优质服务为其营造轻松悠闲的就餐体验，更重要的是通过菜品创新为顾客提供味觉享受，这才是餐饮业为顾客提供的根本价值。而所有这些价值，取决于它们的直接传递者：员工。

魔鬼管理训练课

在经营企业过程中，树立榜样也是很好的领导方法。榜样就是旗帜，榜样就是动力。榜样就是员工努力的目标和方向，有了这个方向，员工的幸福指数就会大大提升。

第四堂

从小到大，从少到多的火锅店

用心创造差异化

1994年，还是四川拖拉机厂电焊工的张勇在家乡简阳支起了4张桌子，利用业余时间卖起了麻辣烫。“我不会装修，不会炒料，店址选在了街的背面，刚开始连毛肚是什么都不知道，想要生存下去只能态度好些，别人要什么快一点，有什么不满意多陪笑脸。刚开张时，不知道窍门，经常出错，为了让客人满意，送的比卖的还多。”张勇回忆道，“结果大家都说我的东西不好吃，却又都愿意过来。”半年下来，一毛钱一串的麻辣烫让张勇赚了一万块钱。这家麻辣烫就是海底捞的前身。

“客人吃得开心，就会夸你味道好，但要是觉得你态度冷淡，就会说好难吃啊。”从做麻辣烫起，张勇就意识到，做餐饮，服务是取胜的关键。麻辣烫变成正式的火锅店之后，生意因为与众不同的服务很快红火起来。

1999年的一天，张勇的火锅店来了一位西安客人，觉得味道很好，吃完后对张勇说：“到西安开一家吧，西安爱吃火锅的人多。”张勇就这样开了第二家店，海底捞从此走出四川。14年过去，海底捞在全国6个省市开了30多家店，拥有6000余名员工。

张勇从麻辣烫和第一个火锅店的经营中悟出来，火锅生意不同于其他餐馆生意，在这里每个客人都是半个大厨，不仅自己配调料，还亲自根据自己的口味煮各种食品，因此吃火锅的客人需要更多的服务。此外，由于四川火锅浓重的麻辣刺激，吃到最后绝大多数客人实际上已分不出不同火锅店的口味。因此，在地点、价钱和环境相似的情况下，服务好坏是食客是否回头的最重要因素。

管理真是一门实践的艺术，没读过大学，没受过任何正式管理教育的张勇，在根本不知道竞争差异化是何物时，竟在偏僻的四川简阳创造出自己的服务差异化战略，而且把这个战略成功灌输给了所有一线员工。

怎么才能让顾客体会到差异？就是要超出客人的期望，让他们在海底捞享受在其他火锅店里享受不到的服务。要做到这一点不能仅靠标准化的服务，更要根据每个客人的喜好提供创造性的个性服务。从洗菜、点菜、传菜、做火锅底料、帮客人煮菜、清洁到结账，做过火锅店每一个岗位的张勇深知，客人的需求五花八门，单是用流程和制度培训出来的服务员最多能达到及格的水平。制度与流程对保证产品和服务质量的作用毋庸置疑，但同时也压抑了人性，因为它们忽视了员工最有价值的部位——大脑。让雇员严格遵守制度和流程，等于只雇了他的双手。这是最亏本的生意，因为人的双手是最劣等的机器，论力气和每个动作之间的偏差，根本比不过机械。人最值钱的是大脑，因为它有创造力。

服务的目的是让客人满意，可是客人的要求不尽相同。有人要标准的调料，有人喜欢自己配；有人需要两份调料，有人连半份都用不了；有人喜欢自己涮，有人喜欢服务员给他涮。有人不喜欢免费的酸梅汤，能不能让他免费喝一碗本该收费的豆浆？碰到牙口不好的老人，能不能送碗鸡蛋羹？让客人满意不可能完全靠标准化的流程和制度，只能靠一线服务员临场根据自己的判断完成。如果碰到流程和制度没有规定的问题，就需要大脑去创造了。比如客人想吃冰淇淋，服务员要不要到外边给他买？

大脑在什么情况下才能创造？心理学证明，当人用心的时候，大脑的创造力最强。于是，让海底捞的服务员都能像自己一样用心服务就变成张勇的基本经营理念。

魔鬼管理训练课

心理学证明，当人用心的时候，大脑的创造力最强。于是，让海底捞的服务员都能像自己一样用心服务就变成张勇的基本经营理念。

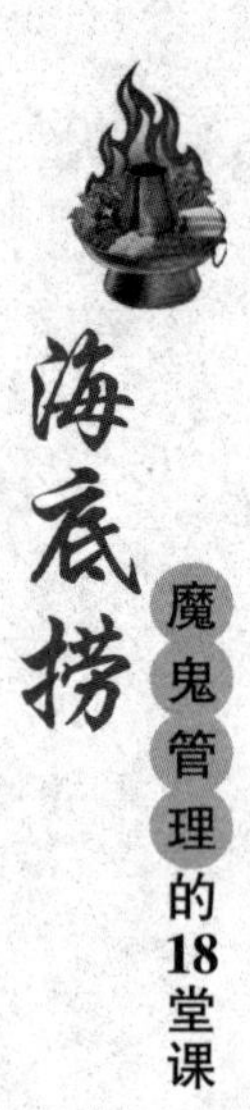

店不在多，而在于精

事实上，海底捞自1994年成立以来，一直保持着谨慎扩张店铺数量的态度，并拒绝引进投资和加盟国，坚持直营。海底捞自成立的17年间，仅在北京、西安、天津、上海、南京、郑州、四川、沈阳等地拥有60家连锁店，以及一个原料生产基地和四个大型的现代化物流配送基地。这个数目与小肥羊、呷哺呷哺等众多火锅企业相比，海底捞在企业扩张方面并不算“疯狂”，甚至可以说是很慢的。

在海底捞，经常会有店长或经理催促董事长张勇说“咱们海底捞发展是否太慢了”或者“我们明年准备开多少家分店”之类的扩张想法，而张勇的回答却是：“开店的数量多少不是关键，最关键的是餐厅的品质。”

在全国各地，海底捞的每一家店都会按照实际需求的110%配备人员，从而为优质的服务和质量的扩张提供足够的人员保障。同时，为了保证服务质量的统一性和连续性，每一家店都必须保证有30%左右的老员工坐镇引导，尤其是新开的分店，每一家新开设的店都必须配备符合所有要求的店长、大堂经理、领班以及相关人员。张勇说：“如果人员不到位或是不符合要求，即便是新店已经装修完毕，我们宁可停开，也要等相关人员经过考核，符合要求之后才正式开张营业。”

张勇认为，如果一个企业扩张太快，不能更好地通过制度、流程和业绩把企业文化贯彻下去，那这个企业迟早会面临危险的局面。就此而论，张勇这样说道：“其实，一个餐饮企业就像人一样，需要一个健康的身体。如果这个人只是心脏好,其他的部位不健康,或许暂时不会有什么大的问题,但时间一长肯定会出大问题。一个企业想要壮大,就应该像人一样循序渐进地成长——如果成长过快,可能会适得其反。因为,当你自身还没有足够完善时,就想着迅速壮大,开更多的店,接待更多的顾客,获得更多的利润,这对企业品牌是一种打击。”

餐饮企业不应该拘于店铺数量的多少,不要被店铺的数量蒙蔽了眼睛,应该用长远的眼光看待问题,质量第一、数量次之。在餐厅数量不出现很大落差的前提下,不要和对手打阵地战、持久战和消耗战,不要和对手比开店的数量,真正应该较量的是餐厅的品质,而比的应该是口味和服务,因为这才是制胜的关键所在。

然而,在现实中,一些餐饮连锁企业却一味地强调数量上的扩张,为了扩充餐饮连锁店的数量,他们是招商也好、联营也罢,加盟也可以。总之,只要能将连锁店的数量扩大就可以。

殊不知,在餐饮企业扩张连锁店数量之前,必须也是首先要具备的便是餐饮企业的质量。而餐饮连锁店质量和数量这两个问题,一直以来都是一个矛盾体,一些急功近利的餐饮业老板总是在强调数量的扩张,他们的主观愿望是很好的,但结果往往却是数量和质量都跟不上。而海底捞之所以做得如此好,便是因为采取了“质量为主,数量次之”这一战术,舍弃了餐饮连锁店的数量,争取时间、以退为进,以品质赢得企业的发展和利润,保存企业足够的有生力量,从质量上赢得市场和顾客,最终达到质量与数量的并重。

当然,这并不是意味着就完全不考虑餐饮连锁店的数量,而是说在数量没有太大落差的情况下,将餐饮品质放在经营的第一位。因为,只有餐饮企业的品质得到了市场的认可、顾客的青睐,日后在数量上的扩张才更有利于企业的发展。

因此,立足于餐饮企业的根本还在于企业的质量上,而这也是海底捞成功的关键。所以,在打造餐饮企业的品质时,一定要全力以赴,使企业本身的产品生产加工、经营管理、服务等各个方面,都实现标准化。对此,海底捞董事长张勇说:“餐饮企业主要是根据菜品、服务以及企业文

化来打造企业品质的。对于餐饮企业而言，实现标准化，是至关重要的。餐饮企业标准化的经营和服务是提升企业品质的关键，最大的受益者是顾客，事实是也实现了企业和顾客双赢的局面。”

的确，标准化是餐饮企业发展过程中的技术保证。然而，绝大多数的餐饮企业都存在着一个共同的现象：餐厅前线的服务标准化、规范化，餐桌之间的距离规范到了厘米为单位，传菜的速度标准到了以分钟计算，然而后台的操作却模糊化、随性化。菜品的制作和美观全凭主厨师傅们的直觉和灵感。这就造成了顾客到同一家餐厅就餐，不同时间吃到的菜品味道和质量都不一样，甚至口感差距很大，而这不仅影响了餐厅本身的声誉，更不利于餐厅未来的发展，也就更不要谈餐厅进行大规模的扩张了。

因此，餐饮企业在实现标准化时，必须保证菜品的质量以及独有的风味特色，同时有必要制定出一套严格的操作标准和规范示意图，要摒弃传统操作过程中“一汤匙”、“少许”等模糊的概念，采取标准化的计量方法，杜绝因时间、地点、师傅的变化而产生的食品味道、质量的差异化。

自从海底捞进入餐饮业以来，着实让从事餐饮企业的同行们长了一番不小的见识，领略到了火锅的无穷魅力以及餐饮企业的无限商机。因此，海底捞的标准化也逐渐被更多的同行效仿和推行。在实现餐饮标准化的过程中，从海底捞的角度来讲，张勇认为，有四个方面的内容是必须保证的：

第一，菜品的标准化

菜品的标准化是指每一个菜品的主料、配料以及调料；制作方法；工艺加工；装盘和盘饰要求；菜品成型后的色、香、味、型的要求；菜品原材料和成品的价格；菜品成品零售价以及成本毛利率等。

第二，调味料标准化

调味料标准化是指一种复合型加工的主料、配料以及调料的比例分配、用途、储藏、制作方法和成本价格；以及使用有效期等等。

第三，服务标准化

服务标准化是指每一个服务人员的用语、行为；服务顾客点菜、传菜、托盘等等一系列的服务的规范使用。

第四，厨房标准化

一般来讲，餐饮企业中的核心部门便是厨房，因为厨房正是餐饮企业所有菜品的生产车间，如果没有厨房，就没有菜品，没有菜品餐饮企业的一切就无从谈起。因此，这样的生产车间是必须受到重视的，而厨房标准化也是必须的。它包括厨房人员、设备、工艺，以及与内部各级人员的协调配合等等。

与此同时，倡导和实践餐饮企业科技、绿色、低碳也是海底捞一直在努力做的。在饮食已经成为"食文化"的今天，餐饮企业科技、绿色、低碳是必要也是必须的，餐饮企业都应该朝着这个方向去发展和发扬中国食文化。

在谈到海底捞未来发展时，张勇表态："海底捞现阶段不会追求太快速的连锁店扩张发展，也不会为了企业赢利而去做一些不合理的事情，海底捞的目标也正是海底捞面临的巨大挑战——建立起一个制度化、流程化、规范化的服务管理体系，以便适应海底捞未来更好的发展。"

的确，作为一个大企业的领导人，能够意识到这一点，是非常难能可贵的。因为，在如今这样一个竞争残酷的时代中，能把一个企业的品质看得比企业赢利还要重要的人，需要一种企业精神和一种真正的企业家精神。

张勇认为如果餐饮企业只是一味地凭借味道好或者装修好来谋求发展，是绝对不行的。要想立足于强大乃至立于不败之地，光靠哪一个方面是做不到的，必须双管齐下。而餐饮企业的重中之重，首选的便是企业的品质。

魔鬼管理训练课

一个企业想要壮大，就应该像人一样循序渐进地成长——如果成长过快，可能会适得其反。因为，当你自身还没有足够完善时，就想着迅速壮大，开更多的店，接待更多的顾客，获得更多的利润，这对企业品牌是一种打击。

海底捞的定价策略:厚利法则

定价策略,决定餐饮企业的生存空间和发展速度。与很多人推崇的薄利法则不同,海底捞推崇厚利法则。真正的品牌之路应该尊崇厚利法则。薄利经营只是勉强糊口,拼尽老命依然完不成原始资本的积累。看看餐饮行业的薄利经营者,有几人凭借自己的发展实现了当初的梦想?

一般的餐饮企业,对于大众比较熟悉的敏感类商品采取低毛利定价,而对于大众不熟悉的非敏感类商品采取高毛利定价。这种定价策略的目的是,把顾客对熟悉商品的低价好感,转移到企业的大多数产品的放心采购。在海底捞的菜单中,排位在前单独列出的蔬菜滑(26 元/份)、荆沙鱼糕(26 元/份)就属于大众不熟悉的非敏感商品。非敏感商品一般采取高毛利定价方法。在餐饮行业纵横捭阖了 17 年之久的张勇,肯定深谙此道。这两个品种,应该是海底捞提高销售额和毛利率的急先锋。

有餐饮同行到海底捞考察后非常疑惑:海底捞的价格不便宜呀。顾客在海底捞结账后也会暗自感慨:海底捞的人均消费至少需要 80 元。看完这个消费分析表就会明白,海底捞走的是厚利经营的路子。

因为拥有大批高获利能力的菜品,海底捞才能在大方赠送的同时,获取丰厚利润。所以,海底捞对单体店的考核,才可以不去关注销售额,也不用去关注毛利率,而只去考察顾客满意度和员工满意度。厚利经营是海底捞模式的精髓,也是海底捞赖以不断发展的物质基础。

任何企业,只有厚利经营才能快速发展。跳出餐饮行业,让我们看

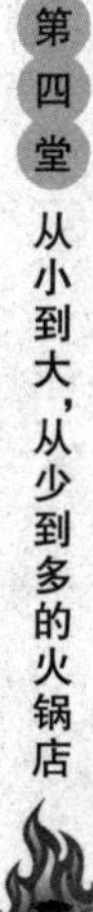

看世界范围内的企业发展规律。微软、苹果、星巴克、可口可乐、安利、耐克、脑白金、百度、农夫山泉、康师傅、万科、味千拉面、移动通讯,这些像野草一样呈几何级数疯狂成长的企业,哪一个不是以厚利经营著称。用不着羞羞答答不愿意承认自己的企业崇尚厚利,在已经完全市场化了的行业环境里,能够做到厚利经营的企业,还真不是寻常人所能驾驭得了的。传统的华人经商,一直以薄利多销为根本,信守一分利商业精神,认同货真价实。现在看来,这样的经商方式维持温饱尚可,但要建立一个商业帝国则显得有些拘泥保守和无能为力。现代商业领袖,哪一个不是搜索枯肠绞尽脑汁塑造产品价值,以期扩大产品毛利。这是商业发展的大趋势。

魔鬼管理训练课

定价策略,决定餐饮企业的生存空间和发展速度。与很多人推崇的薄利法则不同,海底捞推崇厚利发法则。真正的品牌之路应该尊崇厚利法则。

创新服务能创造利润

第一次被朋友介绍去吃了海底捞之后，李芬此后一周带不同的朋友分别在北京的 3 个海底捞吃了 5 次，尽管其中有 4 次在门口排队等待时间超过了 1 个小时。

她发现如果在吃饭的时间点，几乎每家海底捞都是类似的情形：等待区里人声鼎沸，手持号码等待就餐的顾客可自取免费的水果、饮料和零食；如果是三五个朋友一起，服务员还会主动送上扑克牌、跳棋等，或是建议女士做个免费的美甲、手机美容或者擦皮鞋。待你坐定点餐时，皮筋、手机袋、围裙已经一一奉送到手边了，就餐完毕后还会送上口香糖。

这样的服务，只要去过一次海底捞的人，就很难忘记，也很难抵挡住再去体验的诱惑。“海底捞”对服务意识的重视始于创始人张勇。当年不懂生意的他利用业余时间卖起了麻辣烫，只能态度好些，别人要什么快一点，有什么不满意多陪笑脸。虽然他的麻辣烫不见得比别人家好吃，客人们却都愿意吃。

那时，张勇就意识到，如果客人觉得服务好，就会吃得开心，就会夸你味道好；而如果觉得你冷淡，就会说好难吃啊。做好餐饮行业，争取更多回头客经常光顾，服务才是取胜的关键。

“提供满足客户需要的高水平服务，对提升客户忠诚度尤为重要。”市场研究机构益普索(Ipsos)满意度与忠诚度研究全球首席策略官及高级副总裁 Timothy Keiningham 认同张勇的观点，他在调研中发现，在不

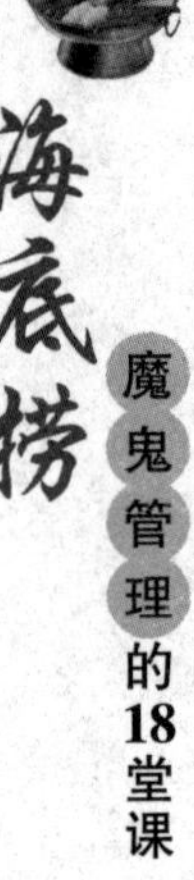

同领域的公司，虽然使客户产生忠诚度的具体原因不一样，但是，与其说大多数公司是因为产品的特点而使客户产生忠诚度，不如说是由于高质量超水平的服务。

就像火锅行业，在我国的餐饮市场中至少已经经历了十多年的火热发展，但火锅本身对食物的烹饪要求相对较低，缺乏差异化让火锅业竞争激烈，经营者们往往通过尽量降低运营成本或价格来与竞争对手较量。海底捞的菜品在顾客中以干净、新鲜著称，而海底捞能使顾客盈门的特别之处就在于它的贴心服务。

事实上，餐饮行业的营销过程不仅是一次简单的交易过程，而且要通过超值服务，提高顾客的满意度，从而换来顾客的长期忠诚，把更多的客户变成回头客和传播者。试想，如果您有一次让顾客满意的服务，他是不是会用自己的关系网为你介绍更多的顾客来啊，这其实是个隐藏的商机。以此类推，企业就会获得更多的利润。如此，服务好，顾客多，商机不断；商机不断，自然财源滚滚来。这就是我们向海底捞学习的。

在大众点评网、饭桶网等网站上，海底捞一直牢牢占据着几大城市"服务最佳"榜单的前列，一些知名商学院专门把它当做案例研究，百胜也曾把自己的年会聚餐放在海底捞。

网友们甚至总结出在海底捞的各种礼遇：如果你点的菜太多，服务员会善意地提醒你已经够吃；随行的人数较少，他们还会建议你点半份；服务员手脚麻利，有问必答；假如你是在包间用餐，会有一名固定的服务生为你服务；同行里面有位孕妇，海底捞的服务员注意到后，会特意送一坛泡菜给孕妇，分量还不少；某位顾客特别喜欢店内的免费食物，服务员也会单独打包一份让其带走……这些貌似过于"殷勤"的服务，使海底捞得到的回报不菲——2009 年营业额 9.6 亿元。

事实上，餐饮业竞争激烈，众口难调，要给顾客不可替代的满意体验，持续光顾不是件容易的事情。然而海底捞的上述服务，或许超越了食客对餐厅的餐饮需求和服务的基本期望，是一种超出客户期望且满足客户潜在需求的服务，而且这种服务是差异化的"客户惊喜"。

在 Timothy 看来，如果客户的满意度高，说明公司的产品能符合客户避免风险的心理，而如果客户感到惊喜，则公司的产品完全符合他的需求，包括潜在需求。

Timothy 认为，当惊喜因素随着市场情况而发生变化时，它也受到服务方式的生命周期与竞争对手服务方式的影响。当惊喜因素提供的时间太长，或者对手模仿你的时候，它就不能再使客户获得惊喜感，这可能就演变成基本的服务和品质了。不断改善用户体验，才能让顾客不断惊喜和不断忠诚“回头”，而这，也恰恰是海底捞服务创新的原动力所在。

魔鬼管理训练课

不断改善用户体验，才能让顾客不断惊喜和不断忠诚“回头”，而这，也恰恰是海底捞服务创新的原动力所在。

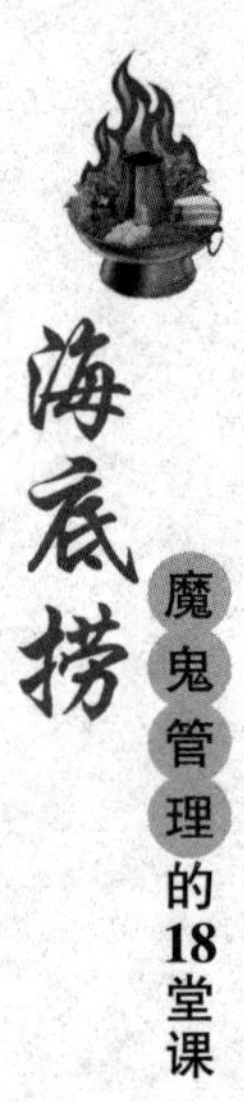

海底捞的秘密

但凡做餐饮的人都知道，开一家不容易，开两家难，如果三家不死，便是神仙。但是，海底捞却创造了“奇迹”，从2004年到现在，竟然一口气在北京开了20几家火锅店：每家都火爆到要排队，于是很多同行慕名前去，希望探个究竟。

一名来自百胜中国的区域经理将年会前聚餐的地点选在了海底捞位于北京牡丹园的分店，这顿饭的目的是“参观和学习，提升管理水平”。

按照张勇的话说，“这简直是大象向蚂蚁的学习”。这个比喻不无道理，饭桌前的每个百胜区域经理手中都有至少36家门店，而当时海底捞全国的门店数加在一起，也没多少。追问者不只是百胜。从2010年开始，以人力资源为研究方向的北京理工大学工商管理系副教授王奋到海底捞的目的，也从“吃火锅”变成了“敬业度调查”，让她好奇的是，海底捞服务员对职业的认同感，竟远远高于她所带的MBA班学生。

嗅觉敏锐的投资公司也闻风而至，IDG、国金证券、老虎基金先后找到了张勇，希望注资这家在全国6个区域拥有23家门店的连锁餐饮企业，以帮助其加速发展。

人均消费不到70元、服务却周到得几近“变态”的海底捞，一时间成为业内关注的焦点。想在海底捞吃一顿晚饭，基本的做法是提前2—3天订座，如果你需要的是包厢，那么订座的时间还要提前到2周。

每一家海底捞门店都有专门的泊车服务生，主动代客泊车，停放妥当后将钥匙交给客人，等到客人结帐时，泊车服务生会主动询问："是否需要帮忙提车？"如果客人需要，立即提车到店门前，客人只需要在店前稍作等待。如果你选择在周一到周五中午去用餐的话，海底捞还会提供免费擦车服务。按照网友的话说，"泊车小弟的笑容也很温暖，完全不以车型来决定笑容的真诚与温暖程度"。

如果没有事先预订，你很可能会面对漫长的等待，不过过程也许不像你想象的那么糟糕。晚饭时间，北京任何一家海底捞的等候区里都可以看到如下的景象：大屏幕上不断打出最新的座位信息，几十位排号的顾客吃着水果，喝着饮料，享受店内提供的免费上网、擦皮鞋和美甲服务，如果是和一帮朋友在等待，服务员还会拿出扑克牌和跳棋供你打发时间，以减轻大家等待的焦躁。

大堂里，女服务员会为长发的女士扎起头发，并提供小发夹夹住前面的刘海，防止头发垂到食物里；戴眼镜的朋友可以得到擦镜布；放在桌上的手机会被小塑料袋装起以防油腻，每隔 15 分钟，就会有服务员主动更换你面前的热毛巾，如果你带了小孩子，服务员还会帮你喂孩子吃饭，陪他/她在儿童天地做游戏。

抻面是很多海底捞老客户必点的食物，不为了吃，就为了看。年轻的师傅会把 4 元一根的抻面舞得像艺术体操的缎带，还不时抛向某个客人，表演欲极强。

餐后，服务员马上送上口香糖，一路遇到的所有服务员都会向你微笑道别。

有这么一个流传甚广的故事是，一个顾客结完账，临走时随口问了一句："有冰激凌送吗？"服务员回答："请你们等一下。"5 分钟后，这个服务员拿着"可爱多"气喘吁吁地跑回来："小姐，你们的冰激凌，让你们久等了，这是刚从易初莲花超市买来的。"

"超越客户期望"的服务为张勇赢来了客户。在大众点评网北京、上海、郑州、西安的"服务最佳"榜单上，海底捞从未跌出前 2 位。北京分店平均单店每天接待顾客 2000 人，单店日营业额达到了 10 万。

与引入 3i 与普凯 2500 万美元资金、高调赴港上市、凭借标准化管

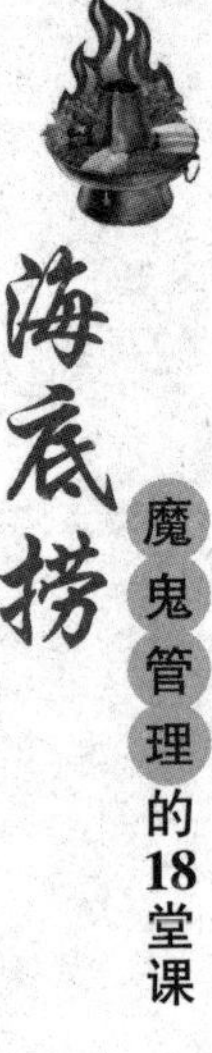

理迅速扩张门店数的同行——小肥羊火锅连锁不同的是，在张勇口中，你很少听到“标准化”、“资金”、“加速扩张”这类字眼。张勇甚至对这些字眼非常抵触，并因此拒绝了所有向他抛出橄榄枝的风投。

他们要买股份，还要求制定发展计划书，规定第一年要发展到什么水平，第二年要发展到什么水平。然而张勇却说：“该吃饭吃饭，该睡觉睡觉是人生的一个境界，做企业也是一样，明年该怎么发展怎么发展。”他认为，以海底捞目前的市场，只要把价格上调一点，工资压低一点，就能够达到风投要求的利润，但他不愿意为了资金改变自己的节奏，因为他觉得支撑海底捞发展的根本，从来不是钱。他说：“现在时机并没有到。”

张勇所说的时机，指的是拥有足够满足扩张需要的合格员工，在此之前拿钱拼店数，可能是让海底捞品牌消失的最快死法。而如何储备更多拥有“海底捞”思维的管理者和一线员工，占据了他如今绝大部分精力。

“我们培训有很多种方式，一种是理论培训，一个老师讲，N 个学生听，还有一种在现实生活中摸索，一个师傅带一个徒弟。”张勇介绍到，目前，他正在寻找合适的人力资源公司来辅助海底捞进行人员招聘，并参与培训体系的建立和教材的编写。但是，在张勇看来，“制造”海底捞员工的真正关键并不在培训，而在于创造让员工愿意留下的工作环境，要让员工觉得自己是一个人，一个正常的人。

“餐饮业是低附加值、劳动密集型的行业，怎么点火、怎么开门并不需要反复教育，最重要的是如何让员工喜欢这份工作，愿意干下去，只要愿意干，就不会干不好。”张勇直言，“标准化固然重要，但是笑容是没有办法标准化的。”

在张勇看来，顾客在海底捞感受到的标准化服务，只不过是因为他在一楼遇到的服务员愿意在海底捞工作，在二楼遇到的服务员也愿意在海底捞工作罢了。

北京冬天典型的阴冷天气，海底捞白家庄店的每把茶壶都灌满了煮沸的黑豆浆，音乐舒缓，一天的忙碌即将开始。吧台里几个穿着亮绿色工服的年轻服务员正悄声讨论什么才是接听订餐电话的最好方式，一个四川口音颇为浓重的女孩儿不断重申“甜美、清脆、简洁”的重要性以及不应该说“喂”的理由。

之后，原北京大慧寺店店长李丽彬，被海底捞北京区总经理袁华强抽调过来筹备这家新店，如今，一切已经初上轨道。

李丽彬至今都还记得在海底捞领第二个月工资时的情形，当时负责拖地的她意外地在信封里发现了一张写着“希望你向管理层发展”的纸条，留纸条的人正是当时监管门店的施正红副总经理。在海底捞工作的7年里，李丽彬曾担任过四川、陕西、郑州、北京4个区域7家门店的店长，在去年张勇奖励工作满5年的员工时，得到了一个小小的纯金元宝。

在白家庄店，像李丽彬这样从海底捞各个门店抽调过来的老员工达到了80多人，新人只有20人左右。

餐饮看似简单，其实不然。餐饮的服务是系统工程，从采购、后厨、前厅、门迎、保洁、收银也要环环相扣；张勇认为，好的员工要有好的培训，好的服务必须要做到无缝对接，在分工的前提下，互相协作配合。

海底捞成功了。海底捞这种以人为本、稳扎稳打的发展战略值得不少中国企业借鉴。因此，我们企业在管理的时候，是不是还该多一点打麻将的精神。海底捞上海五店的夏鹏飞这样解析过打麻将和企业管理的关系：

1.大家在一起玩牌，如果一个人把牌掉了，会很快有人捡起来，因为早开局，就能早点玩，也能早赢钱。任何工作都不是一个人单打独斗，要的是集体配合。海底捞是大家的家，一个人错了，实际和大家都有关系。

2.打麻将的人不迟到，说好8点，可是刚到7点，3个人就先到了，即使最后来的一个人也会抱歉地说“不好意思，迟到了。”如果说好12点收局，没到12点前，一定有人举手要求‘加班’。工作中，我们是不是也应该少抱怨一点：“昨天又加了一个夜班”。

3.打麻将的人不会抱怨环境，他们夏天光着膀子，冬天捂着被子，拿箱子当麻将桌，洗脸盆当凳子……麻将照样打得热火朝天，但是工作中人们却对环境诸多挑剔。

4.打麻将的人用心，能轻松地摸出九万和七万，尽管差别很小，主要是他们用心了。如果在工作中能用一点心，是不是能达到事半功倍的效果呢？

5.打麻将的人不推脱责任，不抱怨别人，即使自己输了也只是说自己点背。工作中遭遇不顺，是不是应该先找找自己的问题呢？这都是海底捞独具特色的企业精神，这样的创新成就了今天与众不同的海底捞。于是张勇从容地说："我从不去考察竞争对手的经营情况，但会派属下干部去。我不是一门心思扑在工作上，一个月只会开几次会，平时在家休息带小孩，有空去旅游，你要是坐在我的职位上，会觉得做董事长真轻松真好。"

魔鬼管理训练课

在张勇看来，"制造"海底捞员工的真正关键并不在培训，而在于创造让员工愿意留下的工作环境，要让员工觉得自己是一个人，一个正常的人。

不走寻常路的营销技巧

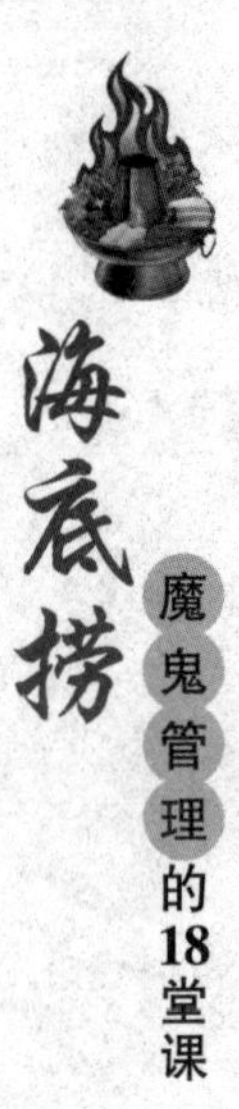

服务员还是营销员

海底捞初创的时候，张勇既是管理者又是服务员，“客人是一桌一桌抓的”是他的名言，规模大了，自然不能再自己一桌一桌地抓客人了，要让别人来一桌一桌地抓客人。

张勇懂得海底捞卖的是服务，服务是由服务员来做的，海底捞的服务员不是简单意义上的服务员，确切地说是销售员。这个定位，让他抓到了管理的核心，就是不是雇佣他的双手，而是雇佣他的大脑，把顾客满意度当做管理的目标，抓住了营销管理的本质。

所以，张勇要求海底捞所有的员工必须从服务员做起，其实就是从营销的基础做起。营销提高效益，管理提高效率。

要想给顾客有到家的感觉，服务员自己必须把店当做自己家才行，这就不难理解张勇为什么要把员工当做家里人了。张勇说：“我觉得人心都是肉长的，你对人家好，人家也就对你好；只要想办法让员工把公司当成家，员工就会把心放在顾客身上。”

海底捞为员工租的房子都是正规住宅，有空调暖气，可免费上网，步行20分钟到工作地点。不仅如此，还有专人负责打扫宿舍卫生。除此之外，海底捞在四川简阳建了海底捞寄宿学校，为员工解决子女的教育问题。海底捞还想到了员工的父母，优良员工的一部分奖金，每月由公司直接寄给在故乡的父母。员工的服装是好服装，鞋是名牌运动鞋；为夫妻员工提供公司补贴的夫妻房；员工春节享受7天有薪年假。这些都是海底捞为员工提供的福利，而当做家里人最重要的是受到信任，在海底捞，信任的标志就是授权。店长就有3万元签字权，更让同行匪夷所思的是即使是一线普通员工有给客人先斩后奏的打折和免单权。只要员工认为有充分理由就可以给客人免菜或加菜，甚至免单，这等于海底捞的服务员都是经理。张勇的好心获得了好报，海底捞的店平均一年半收回投资，海底捞很赚钱！

那么，你知道是谁在为海底捞赚钱吗？

海底捞的服务员其实也是“推销员”。

推销员首先必须对自己的产品有足够的了解，在客人对你所推销的东西提出问题时，你要能够立即而准确地做出回答，否则将难以说服客人——你都不清楚，怎么能肯定一定适合我呢？

其次，做推销要有良好的语言表达能力，能对自己的产品进行生动的描述，即使客人不饿，如果服务员说得形象、真切，也能勾起客人的食欲。

在推销时，海底捞的员工们都很好地把握了以下几个原则：

(1)对客人的消费能力和用餐目的进行判断，介绍菜品和酒水时由高渐低(指价格)，把握客人的心理活动，向其推荐适合的菜品和酒水。在这里一定要注意，不可利用客人的面子强行推销，要在客人愿意接受的范围内进行推荐。

(2)一般情况下，家宴要推销经济实惠、物美价廉的菜品和酒水，在点菜时可以多征询老人和小孩子的意见。

(3)重要的接待不仅要推销昂贵的菜肴和酒水，还要向客人推荐色彩艳丽、造型美观的菜肴，以达到烘托气氛的作用。

(4) 客人犹豫时，可以用语言鼓励其快刀斩乱麻，“那就帮您点上了×××，您放心，您品尝之后肯定会喜欢的！”

(5)借用别人之口，如“李市长就特别喜欢我们这儿的×××菜，要不您也尝一尝？”

(6)对于论“位”的菜品，如鱼翅、炖盅等，一定要和客人讲明单价和单位，以免到结账时发生麻烦。

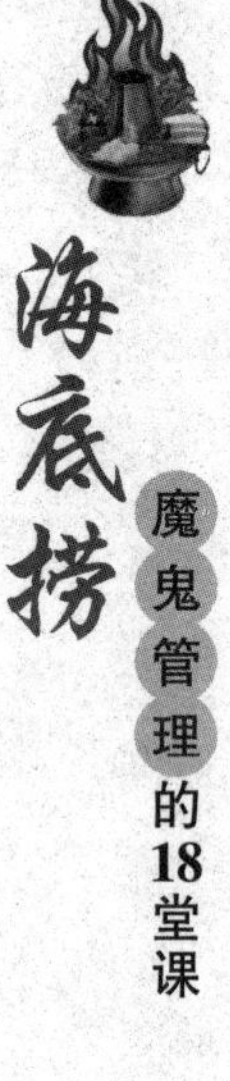

某餐饮店的员工小张讲起了前几天发生的一件事：

这天中午，我的包间来了几位客人，一看就是农村人。为首的是个约莫60岁的老大爷，黑红的脸膛，粗糙的双手，一身崭新但却并不合身的灰色西服，脚蹬一对干净的白边布鞋。其他几个客人的衣着打扮与他也如出一辙，但是一个个却显得很"粗气"，也许是乡下的村干部吧，我暗暗地想。

客人们坐下了，我把菜谱递给为首的老大爷，递给他时，我顺手把第一页的鲍鱼鱼翅燕窝翻了过去，露出第二页的凉菜。

客人接过菜谱，"哗啦哗啦"地翻起来，可是过了半天，也没有报一个菜名，我正要开口，客人忽然问道："怎么没有鲍鱼、鱼翅啊？"

"在第一页，我帮您介绍一下！"我随口应着，就协助客人往第一页翻。

"我说呢，那你怎么拿给我时把第一页翻过了？"客人不满地质问。

"这个，不好意思啊，这个，咱们一般都是先准备凉菜，所以就把菜谱给您翻到第二页了。"客人的问题实在出乎我的意料，因为我根本就没有想到他们也要点鲍鱼和鱼翅。

"这个、这个南非干鲍，就来一个吧！小伙子记上！"客人和我说道。

"南非干鲍，好的，这个干鲍是论只的，一般是每人一只，也可以俩人一只，您看咱们是来几只呢？"

"什么，这个888元是一只啊，一只够一个人吃吗？"客人黑红的脸膛涨成了猪肝色，显然，他为自己的不懂有些害羞。

"算了算了，不要吃那个了，咱们农村人也吃不惯的！"坐在他对面一个年龄稍小的客人说道。

"这个鲍鱼一般都是请客办事的人才吃，其实也没什么'吃头'，您几位都是自己人，点一些家常菜也可以！"我看见老大爷实在为难，赶紧给他找台阶下。

"我们酒店最近刚刚推出了龙虾的新做法——芝士牛油焗龙虾，您看要不您几位尝一下？"我边说，边在心里面计算着，一斤龙虾是368元，点一个两斤左右的不过700多元，老大爷既然能消费得起一只鲍鱼，肯定也能接受得了龙虾。再说，在很多人眼里龙虾还是高档菜，应该也很有面子的。

“那得多少钱？”老大爷问道。

“一斤是368元，给您来个二斤左右的吧！”

“好的，不错，不错！”老大爷松了一口气，心里的想法应该是总算扳回点面子！

接下来，我又给他们推荐了“干烧桂鱼”(因为我知道农村人大多口味重，不喜欢清蒸的)、椒盐乳鸽、蛋清炒芥蓝，西湖牛肉羹和手抓饼，还有酒店特制的彩色汽水。

“哎，今天就是来吃鲍鱼了，没有吃到还是有些扫兴啊！”老大爷还有些不甘心。

“这个东西其实也就是个稀罕，要不这样，我给您上一个，请厨师切成片，大家都尝一尝好吗？”我突然想到这个好办法。

“等等啊，我看看我包里面的钱，还有多少！”农村人就是实在，当着我的面，把一堆现金倒在了桌子上，约莫有五六千块钱。“下午还要去买衣裳去游乐场，得留出2000块钱！”老大爷边数边念念有词。

“嗯，还可以要三只鲍鱼，服务员，你就再给我们上三只鲍鱼吧！”老大爷兴奋地冲着我笑。我忽然觉得这个老大爷真是太可爱了。

“好的，我马上去准备！”把菜单重复了一遍，我退了出去。

看着桌子上丰盛的菜肴，用吸管吮吸着插有小花纸伞的彩色饮料，品尝着“梦寐以求”的鲍鱼，老大爷和几位客人的脸笑成了一朵朵菊花……

魔鬼管理训练课

海底捞的服务员不是简单意义上的服务员，确切地说是销售员。这个定位，让他抓到了管理的核心，就是不是雇佣他的双手，而是雇佣他的大脑，把顾客满意度当做管理的目标，抓住了营销管理的本质。

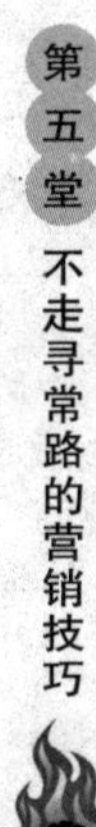

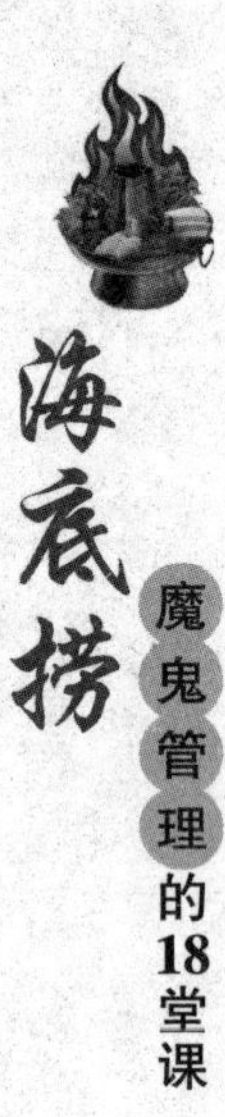

建立和使用客户档案

准确掌握顾客在消费过程中的各种需求，培养餐饮企业忠诚的消费群体，达到信息互动共享，全面提升服务质量的目的，客户档案在餐饮管理的重要性日益凸现，客户档案管理已成为餐饮业基础管理工作之一。

那么，客户档案的建立分为以下几个步骤：

信息收集

收集的途径包括服务人员一线的采集，从业人员工作外的人际网络关系、报纸、电视、互联网收集到的相关信息。收集的内容包括客人的姓名、出生年月日、工作单位、家庭住址、联系方式(含办公室电话、手机、宅电、电子邮件信箱，甚至包括现代人常用的QQ号码等)，客人的职业职务，以及最重要的客人的体貌特征、身体状况、饮食习惯、禁忌和爱好、结算方式等。如果能了解到客人一些其他的情况，如性格脾气、教育程度、专业方向、家庭背景、客人的信誉度、企业客户的经营状况等，在服务和接触客人时更有针对性。

客户档案建立的方式

传统的办法是，使用大量的表格和单据，其缺点是储存量大、不易保存和复制、寻找起来比较困难，为完善和利用增加了难度。现代餐饮企业多利用电脑软件建立客户档案，储存简单、检索容易，方便和实用是不言而喻的。当然，作为客人使用的菜单等原始资料还是要保存完好，以便日后查询。

客户档案的完善

客户档案的建立不是一劳永逸的，随着时间的推移，消费者的饮食习惯会随着“流行”的变化、个人年龄的增长、职位的调动、收入的增加、亲友的影响发生变化，所以客户档案要及时完善，才能发挥良好的作用。客人每次的详细消费情况，包括消费的时间、金额，宴请的对象、缘由，客人对饭菜、服务的评价，客人到本餐厅消费的频率、时间上的规律、累计来饭店消费的次数等信息都应随时更新。

再则，还要把握客人在餐厅消费的“交易现状”，即客户声誉的变化、客人的签单是否超出或接近限额，以防“交易陷阱”。

客户档案是企业的机密，是一个与企业经营活动密切相关的重要文案，所以在管理上一定要严谨，调阅要得到主管领导的批准。

客户档案的利用要遵循以下几个原则：

准确性

客人也会有很多的相似性，如果在利用时“张冠李戴”了，那就闹出了天大的笑话，在不确认的情况下，要多留意宾客之间的谈话，也可委婉地询问客人。

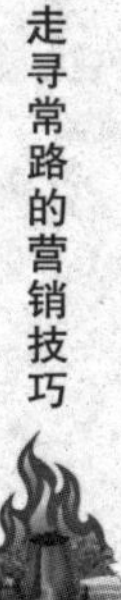

时效性

如果一位老客人很久没有光临餐厅,却在某一天突然出现,那么以前掌握的一些资料有可能“过期”了,当然,服务员在服务时能认出客人,客人还是会十分高兴和感动。

分寸的把握

尽管我们掌握了客人的许多资料,但有些是不可以轻易使用的,如客人家里和办公室的电话号码等,否则会给客人带来受到打扰的感觉,甚至觉得自己的“隐私”受到了侵犯。客人需要的是被重视的感觉,而不是被监控的感觉。客人需要的是家人朋友般的关怀,还要受到“上帝”般的尊重。

客户档案的主要作用和使用要点:

可以利用档案中的联系方式进行回访

回访的方式可以是电话和问卷。电话是比较直接、便捷、有效的回访方式,在利用时,注意回访的时间,不可对客人造成打扰,如客人不方便接听要征询客人下次访问的时间,不可死缠烂打。问卷回访的优点是可以全面系统地了解客人的评价和感受,缺点是回收率不高。

利用掌握的资料对客人进行有针对性的推销

既然已知客人的饮食习惯，能在第一时间准确地推荐客人喜爱的或“可能喜爱的”菜肴,当然会起到事半功倍的效果。

能有效地维系与客人的感情

在客人生日的时候寄去或送去礼物表达祝福；在推出新菜的第一时间通知客人以显重视；在客人高升或取得成就的时候向他表示祝贺；向久未谋面的客人送去问候拉近距离加深感情。日积月累，定能为餐厅培养一些忠诚客户。

是维护客户最主要的资料

“铁打的营盘，流水的兵”，餐饮企业员工的流动是正常的，管理人员也有离职的可能，仅靠脑袋去记和混个“脸熟”，已经不能适应现代餐饮企业经营和发展的需要了，客户档案能帮助新任职的管理人员尽快熟悉客户。

把握市场变化，为餐饮企业制定战略提供依据

主要的客人和“主流的客人”，他们的消费趋势是什么？餐饮企业如何能准确及时地把握市场形势，确立企业的发展方向，推出拥有竞争力的产品？系统完善的客户档案加上科学全面的分析，也许能给餐饮企业的“掌舵人”提供一些参考。

魔鬼管理训练课

餐饮企业如何能准确及时地把握市场形势，确立企业的发展方向，推出拥有竞争力的产品？系统完善的客户档案加上科学全面的分析，也许能给餐饮企业的“掌舵人”提供一些参考。

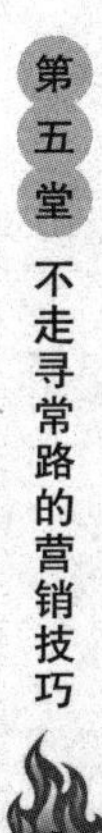

用情感营销来赢得顾客的青睐

很多餐饮企业在日常经营中对利润非常看重,因此会在一定程度上忽视顾客情感方面的需求。而这会使顾客感觉到这样的餐厅缺少人情味。即使有一些餐饮企业为了更好地经营下去,有意识地满足顾客的心理需求,但他们做的却远远不够,以致最终没有得到顾客的认可。而海底捞在日常经营中却用极大的热情和精力满足了顾客的心理需求,做到了让顾客无可挑剔的同时,也为自身的发展奠定了更加坚实的基础。

与很多餐饮企业不同的是,海底捞在经营中总能寻找出高效的营销技巧,而情感营销即是海底捞唤起顾客心理需求最常采用并行之有效的一种营销策略。在张勇的营销意识中,顾客在选择餐厅就餐的时候看重菜品的口味之时,更想得到一种情感上的满足以及心理上的认同。而海底捞就是从顾客的这种心理需求入手,唤起和激起顾客内在的情感需求,诱导顾客心灵上的共鸣,让有情有义的营销策略赢得顾客的心理需求,最终在市场竞争中站稳脚跟。那么,海底捞在经营中是如何实施情感营销的呢?

亲切、热情地招迎顾客,赢得顾客好感

虽然很多餐饮企业对前来就餐的顾客也会表现得很热情,但他们的热情度与海底捞相比却相差甚远。在海底捞对员工的培训课上,培训

人员总会将“赢得顾客好感的首要因素就是用亲切、热情的态度招迎顾客”这句话作为培训的重点。因为在他们看来，顾客来餐厅就餐的心情大多都是喜悦的，如果能够用亲切的态度迎接顾客，便可以进一步增加顾客的喜悦指数，但如果没有用热情的态度招迎顾客的话，很可能使顾客的喜悦指数降低。试想，这还能赢得顾客的好感吗？

日常经营中，海底捞经常会出现这样的情景：顾客进入到海底捞餐厅时，迎宾员会面带微笑地向每位顾客问好，并且送顾客到餐桌旁。一位初次来海底捞的年轻人这样评价海底捞：“当我进入到餐厅时，一名身穿米黄色衣服的服务员面带微笑地向我问好，并用轻柔的声音询问我要选择什么样的座位。当得到我的许可后，她将我带到了一个靠窗的位置，并再次用甜美的声音祝我用餐愉快。我被这名服务人员的亲切和热情感染了，对海底捞也留下了美好的印象。”

真诚回应顾客的提问，以便赢得信任

很多顾客来餐厅就餐可能会向服务人员提出一些诸如餐厅有哪些特色菜、水果是否新鲜等问题。面对顾客的提问，有的餐厅的服务人员可能不会真诚地回应，或者回应不及时，此时，顾客就极有可能产生抱怨，从而降低对餐厅的信任度。而当有顾客问海底捞服务人员水果是否新鲜的问题时，服务人员会真诚地告诉顾客水果都是新鲜水果，并会当着顾客的面切水果。上海海底捞三分店就曾发生过这样一件事：一位顾客对海底捞水果的新鲜度表示怀疑，于是叫来服务员问他水果是什么时候运来的。服务员面带微笑地告诉他水果是很新鲜的，刚从配货车上取下来。对此，顾客并不相信，于是，服务员便把他带到了海底捞的库房处。当这名顾客看到员工正从配货车上将新鲜的水果取下时，他才彻底相信。

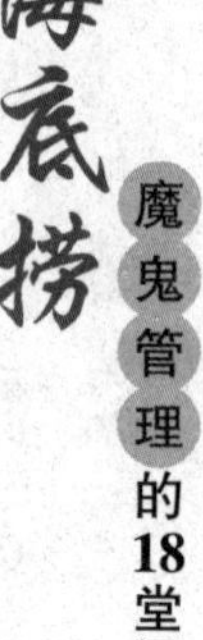

挖掘顾客深层心理需求，给予情感寄托

很多时候，顾客会有深层次的心理需求，但他们不会主动表现出来。而很多餐厅并没能及时发现顾客的这种深层的心理需求，使顾客的情感无法释放出来。而海底捞总能从细微之处挖掘出顾客深层的心理需求，并给予顾客情感寄托，最终让顾客感受到浓浓的情感。

郑研讲述了这样一件海底捞感动他的事："在工作中我认识了一位同事叫小惠，经过工作上的接触，发现小惠是个心地善良、善解人意的好女孩，因此我决定和她更深入地交往。经过半年的接触和交往，我们之间的感情更深了，甚至到了谈婚论嫁的地步。当我把这个消息告诉父母时，却遭到了父母的反对，他们给出的理由只有一个：小惠的家太远，这样照顾起来不方便。在接下来的时间里，我百般做父母的思想工作，告诉他们我非常爱小惠。可还是遭到了他们的无情拒绝。当时我的心很乱，于是甩下'你们不要管我的事！'这句话后便夺门而出。事后我发现我的态度伤害了父母，对此我带着小惠将父母约到海底捞的一个包间内向他们道歉。父母脸色非常难看，且不说一句话来到了包间内。这时细心的服务员好像意识了到什么，轻轻地掩上门走了出去。不一会儿，这名服务员将一张卡片递给了我，我打开一看，眼泪流了下来，上面写着：'尊敬的二老，请原谅我无意间对你们的伤害，请不要生我的气了，我会永远爱你们！'当我将卡片递给父母后，父母看完卡片的内容后流下了眼泪，最终父母原谅了我。这件事让我和我的家人非常感动，因为我们没有想到一家火锅店竟然能挖掘到顾客深层的心理需求……"

借助情感服务彻底俘获顾客的心

很多餐饮企业在发展中往往在情感服务方面的力度不够，这就使得他们很难彻底赢得顾客的心。而海底捞提出了"二次竞争"的经营口号，即第一次靠美味的菜品吸引顾客，第二次就要靠情感服务让顾客再来光顾。从美国餐饮企业的一些研究报告来看,吸引到顾客第二次来消费的动力往往不是菜品口味的质量,而是情感服务。比如,美国一家著名的餐饮企业就提出了让顾客101%满意的口号。让顾客100%满意人们都能理解,那么多余的1%究竟是什么呢?就是情感服务。例如,刮风时,为顾客准备一个口罩,让他们免受灰尘的侵扰;下大雨时,为顾客准备雨伞,以方便他们出行……

海底捞在经营中就能很好地向顾客提供情感服务。比如,当顾客大汗淋漓地进入到海底捞就餐时,服务人员会递上一块用冷水浸泡过的毛巾以便让顾客感到清爽;当年迈的顾客去卫生间如厕时,服务人员会小心地将他们搀扶至卫生间,并在门外守候;当带小孩的顾客就餐时,小孩的哭闹声影响到顾客正常就餐之时,服务人员还会临时当起保姆的角色……总之,海底捞会绞尽脑汁地想出各种情感服务的方法,以便最大限度地俘获顾客的心。

从海底捞日常经营取得的成绩来看,海底捞用情感营销的方式不仅赢得了顾客的信任,还俘获了顾客的心。难怪有顾客曾这样感慨道:"海底捞用情义的方式打动了我的心,并唤起和满足了我的心理需求,这一点是其他餐厅所不具备的,因此喜欢到海底捞这家讲情义、重感情的火锅店吃火锅。"

海底捞用情义的方式打动了消费者的心,并唤起和满足了消费者的心理需求,这一点是其他餐厅所不具备的,

让顾客免费做宣传员

口碑营销是指企业努力使消费者通过亲朋好友之间的交流将自己的产品信息、品牌传播开来。这种营销方式成功率高、可信度强,这种以口碑传播为途径的营销方式,称为口碑营销。从企业营销的实践层面分析,口碑营销是企业运用各种有效的手段,引发企业的顾客对其产品、服务以及企业整体形象的谈论和交流,并激励顾客向其周边人群进行介绍和推荐的市场营销方式和过程。

让每一位顾客都能传颂自己生意上的"美德",是企业经营者梦寐以求的。但口碑的形成,是否都是纯属意外,完全是碰运气、自发发生的呢?麦肯锡公司驻伦敦管理营销专家热内·黛(Renee Dye)和她的同事们在研究分析50个销售案例后发现,口碑广告制造爆炸性需求,绝不是意外和巧合,而是有几个规律可循。企业完全可以通过分析消费者之间的相互作用和相互影响来预见口碑广告的传播,使其网络化、知识化、全球化,这需要我们的营销付出极大的智慧。

口碑营销对于任何企业而言都能产生意想不到的作用,无论是有形的还是无形的,最终都会产生两种结果,即顾客的口碑好,可以最大限度地让越来越多的消费者认识到该公司的产品和服务,从而提升企业形象;口碑差,不仅让顾客对企业产生不良的印象,还会阻碍企业的发展,使企业蒙受巨大的损失。而对于餐饮企业来说,顾客的口碑效应就显得尤为重要。当顾客得知某一家餐厅菜品口味好、服务非常到位时,也会在这种良好口碑的带动下来该餐厅消费。显然,这不仅使该餐厅赢得了新顾客，还能通过这些新顾客的口碑效应吸引到越来越多的新顾客。因此，很多餐饮企业都期望能通过口碑效应吸引到顾客的光临。可在实际经营中,能做到此点的餐饮企业却少之又少。餐饮企业如何经营好口碑营销,的确是一个餐饮企业值得深入探讨的问题。那么,那些成功的餐饮企业的成功口碑营销具有哪些特性呢?

以海底捞为例。首先,海底捞会提升菜品的质量。在张勇看来,菜品质量的好坏是餐饮企业的生命,是影响餐饮企业发展的关键因素之一。现实中，很多顾客对餐饮企业的美好印象往往都是从其提供的菜品质量开始的，餐饮企业提供菜品质量的好坏在很大程度上左右着顾客的口碑。

张勇认为,所有的餐饮企业在经营口碑营销之前,必须要给顾客提供良好的菜品质量。在顾客对菜品质量要求越来越严格的情况下,如果哪家餐饮企业向顾客提供了劣质菜品的话，那它的发展空间将会逐渐缩小,更甭提推广口碑营销了,而同时这也意味着该餐饮企业的发展将走向终结。由此可见,提升菜品质量才是让顾客有意识主动为餐饮企业宣传的关键因素之一,也是餐饮企业建立口碑效应的基础。如果连这个基础都没有打牢的话,可以说餐饮企业就无从谈及发展。

其次,海底捞为顾客提供至尊服务。如果说菜品质量是基础的话,餐饮服务无疑就是催化剂,它能让餐饮企业的发展越来越靠近目标。在菜品质量同等的情况下,餐饮服务能突出餐饮企业的竞争优势。可现实中很多餐饮企业似乎在餐饮服务方面做得不到位，并没有在服务方面花费大力气,仅片面地认为服务只是一个附加值而已。其实这种观念存在一定的局限性,因为顾客选择来餐厅消费的同时也选择了服务,餐饮企业有义务向顾客提供最优质的服务。更何况,只有让顾客享受到餐饮企业无微不至的服务后，才能让他们在传播餐饮企业形象方面发挥出积极作用，让越来越多的顾客从他们良好的口碑中对餐饮企业产生好印象。

最后,海底捞非常注重听取顾客的呼声。听取顾客的呼声对餐饮企

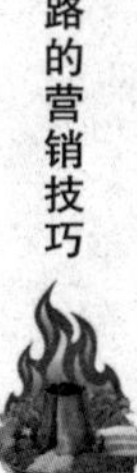

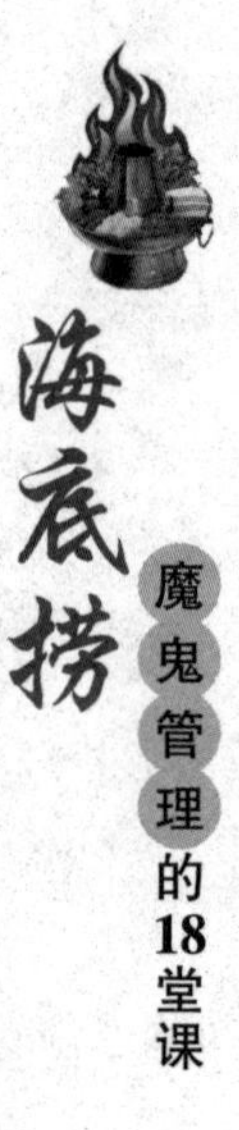

业来说很重要，因为这对于能否成功地进行口碑营销尤为重要——通过耐心听取顾客的呼声，餐饮企业的管理者能从顾客的反馈中得到有价值的信息,弥补不足的同时,还能将优点更好地发扬下去。这样不仅能让餐饮企业提升自己的形象和品牌价值,还能提高顾客的满意度。在张勇看来,餐饮企业在口碑营销的过程中,每一位顾客都可能是口碑营销中不可或缺的力量，而企业的产品和服务的好坏都是通过他们之口进行传播和推广的。因此,每一家想通过口碑营销提升自身形象的餐饮企业,都应该认真研究其他餐饮企业成功的口碑营销,以为自己的餐饮企业的赢利起到推动的作用。

其实，海底捞在日常经营中通过良好的口碑影响到越来越多的顾客光临,与其所采用的口碑营销的理念密不可分。比如他们会采用以下一些方法将口碑营销做到极致：

从最熟悉的朋友开始实施口碑营销

在海底捞的经营过程中，张勇总是自问,“能不能说服朋友来海底捞就餐呢？”在他看来,口碑就是一个在朋友之间反复传递产品和服务的过程。如果良好的商品和服务在朋友之间都无法得到有效传递,或没有让朋友为之心动，就不要指望朋友能通过良好的口碑向其他人广泛传播了。因此,海底捞每在一个地区开设新店后,张勇便会热情地邀请他的朋友到海底捞免费试吃,并为他们提供最优质的服务,以便通过他们之口向别人传递海底捞优质的产品和服务。

不求速成,采用循序渐进的方式实施口碑营销

很多时候，一些餐饮企业非常希望能通过口碑营销尽快吸引到越来越多的顾客来光临,可实际情况是,根本不能要求顾客快速地帮助企业做推广，因为餐饮企业需要会提供足以令顾客满意的产品或服务之后才可完成这一点。此外,餐饮企业还需要消除顾客的疑惑,让他们对

自己企业的产品和服务增强信心。而做到这些绝不能心急,因为顾客对餐饮企业产品和服务的满意程度不是一天两天形成的,而是一个循序渐进的过程。

寻找正确的意见领袖

虽然口碑营销是一件需要花费时间的工作,但在很多情况下选择正确的意见领袖能将口碑传扬得更远,也能带来事半功倍的效果。而这就需要找到真正喜欢餐厅菜品质量和服务质量的人,因为这样的人可以有效地将餐饮企业良好的口碑告诉别人,而别人也不会怀疑这些人说话的真实性。在这种情况下,口碑营销的目的才能实现。

可以说,海底捞在这一点上做得就比较到位。当海底捞开设新店之际,他们便邀请一些美食界的专家和学者,让他们对海底捞的菜品口味进行打分。品尝后的专家和学者,对海底捞的菜品口味竖起大拇指的同时,还会把对菜品口味的感受告诉给别人。如此一来,致使越来越多的顾客在口碑效应的带动下到海底捞消费,而这种良好的口碑也将会循环下去。

其实,从海底捞日常的经营中不难看出,他们就是通过为顾客提供优质的菜品和服务的方式赢得了顾客,形成良好的口碑,从而让顾客自发地为海底捞做起了免费宣传员的。因此,可以说这种方法确实是海底捞高效的营销技巧之一。

魔鬼管理训练课

从海底捞日常的经营中不难看出,他们就是通过为顾客提供优质的菜品和服务的方式赢得了顾客,形成良好的口碑,从而让顾客自发地为海底捞做起了免费宣传员的。

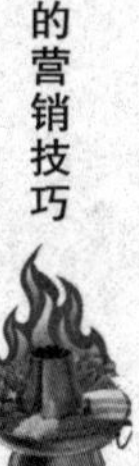

做好广告宣传，博得顾客的眼球

市场是生产和消费的桥梁。不管是生产和流通，还是生产和消费，都需要市场。市场是一只看不见的手，谁能抓住这只手，谁就能争取主动。事实上，广告就是抓住这只手的关键。因此企业就要做好广告宣传，让自己的产品和服务创造更多的市场价值，使自己赚取更多的利润。

广告是用来宣传产品的。在广告中，产品将以什么定位出现，以什么形象出现，换言之，广告要突出宣传产品的哪些方面，什么特点，都将给顾客留下深刻的印象。如果把握不准确就很难引起顾客的重视，因此，管理者要想打好广告宣传这张牌，不能凭空臆想，应站在顾客的立场上，用顾客的眼光，给自己的产品和服务定位，以此来抓住客户的眼球。

众所周知，市场营销是企业品牌建设的基础，而广告传播的作用更是不言而喻。海底捞是个很好的例子。市场上还有很多这样的模范。娃哈哈一贯注重广告宣传，同时还坚持明确的广告策略：经济有效、树立品牌个性。娃哈哈纯净水成为全国公认的第一品牌，之所以能够在短期内独占鳌头，与其成功地运用明星歌曲广告宣传策略分不开。

所谓有效是指对消费者有效，“叫好不叫卖”、华而不实的广告娃哈哈一定不会认同；但个性是品牌存在的根本，能体现和张扬其生命力，如激情浪漫——轩尼诗；浓烈甘醇——威士忌；豪放狂野——伏尔加；健康快乐——娃哈哈。健康快乐，正是娃哈哈孜孜以求、努力塑造的品牌个性。

1996 年 4 月娃哈哈纯净水面市时，在当时众多瓶装水纷纷以纯净、健康、卫生为诉求点的情况下，娃哈哈独辟蹊径，开拓出了一条情感诉求路线，以青春、时尚为基调，以“明星歌曲策略”为重要特色。先是以青春偶像、当红歌星景冈山作产品形象代言人，并连续 5 个月在 22 个省级城市进行纯净水与磁带连环签售活动。伴随着那首青春浪漫、脍炙人口的流行歌曲——也就是娃哈哈的广告语：“我的眼里只有你”，娃哈哈的产品——娃哈哈纯净水也深入到娃哈哈的目标消费群——广大青少年心中，他们中间曾一度掀起关注的热潮。

至 1998 年，是娃哈哈纯净水进入市场的第三年头，娃哈哈制定的销售目标是 1996 年的 10 倍。为完成这一目标，娃哈哈选了新的形象代言人，他是毛宁，同样广受欢迎、与景岗山有着不同风格的歌手。而此时，娃哈哈的广告语又上升为：“心中只有你”。新的合作效果同样惊喜！

1999 年，台湾歌星王力宏接着成了“娃哈哈纯净水”新的广告代言人。随着大范围的现场推广、广播电视报纸广告大密度传播、以及媒介对歌星的跟踪采访、歌迷的歌曲点播，一时间，王力宏这首“爱你等于爱自己”的娃哈哈广告歌曲，传遍了大街小巷。忽如一夜春风来，千树万树梨花开，娃哈哈又火了。

“明星歌曲策略”贵在轰动，更贵在坚持。在娃哈哈纯净水代言人这一表象的变化背后有一脉相传的东西，因此，6 年中在竞争对手不断变换广告策略、也纷纷起用名人的形势下，娃哈哈所一贯坚持的“健康、青春、活力、纯净”这一品牌核心内涵却日益凸显出来，这一在消费者心中区别于众多品牌的、鲜明而清晰的品牌概念无疑成了娃哈哈宝贵的品牌财富。

更重要的是，娃哈哈一直在努力加强和消费者的情感沟通：不管是“我眼里只有你”的娃哈哈纯净水；还是“有喜事当然非常可乐”的非常可乐都体现了娃哈哈产品极富亲和力的情感诉求。

娃哈哈纯净水广告策略变和不变的典型意义不但在于它显著的广告效果，更重要的是体现在娃哈哈广告创意和广告战略上的整合性、流

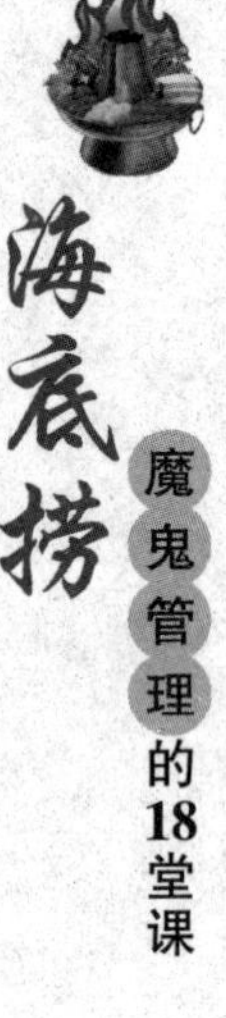

行性、延续性。这是产品生命力不断增强并得以延续的基础。

在娃哈哈的整个经营过程中，广告宣传几乎无处不在。作为一个企业，如果产品和服务在影响和信誉度上都不能与老品牌相媲美，但是如果你不让客户了解企业的产品和服务，那么可能永远不会有好的销量，也不能转化为利润。

因此，作为管理者，就要使用广告宣传这一营销技巧，抓住客户的眼球，让其最终选择你的产品。

提起脑白金，大家一定不陌生，它就是靠广告为自己打下江山的，通过持续的广告宣传，牢牢地抓住了顾客的眼球，也抓住了顾客的腰包。

脑白金在进行广告宣传时，首先想到了产品定位。保健品作为功能性食品，其功效无疑是第一位的，产品要脱颖而出必须要有自己的独特销售主张。脑白金采用了推理定位方法：随着年龄增长，人体大脑褪黑素分泌减少，因此导致了睡眠不良、肠道不好等各种疾病，而补充了脑白金，就恢复了年轻态，因此可以改善由于衰老引起的睡眠不良，肠道不好的问题，此外，还可以美容靓肤，延缓衰老，提高性功能。

作为健康产品，什么时间买、什么人买、给谁来消费？这里脑白金的策划者们进行了软性功效发挥并进行了扩散性定位——送礼，送礼不如送健康，送礼就送脑白金。好东西自然可以增送给自己的亲朋好友，通过礼品定位，并且借助于产品名称的有利因素，加以强力倡导，以期社会形成送脑白金的风尚。如此，送的有理，收的高兴。脑白金的购买者不但是消费者，还有送礼者，产品不但是保健品，还是礼品，产品市场自然不是问题。

此外，脑白金还把功效和礼品概念进行了同步宣传，并加以强势定位“今年过节不收礼，收礼只收脑白金”，语气间霸气十足，于无形间，你就会觉得它似乎是礼品的第一选择。

脑白金的功效宣传主要通过报纸进行。报纸作为一种媒体，具有时效性强，制作方便，诉求深入等特点。

在宣传初期，脑白金还采用新闻炒作的方式，刊登大幅文章吸引读者注意。因为新闻形式比一般硬性工商广告具有可读性和更强的可信度。加之,人们也期待着科学能够尽快造福自己,形成了对脑白金的饥饿心理,具有很强的杀伤力。

脑白金还用系列软文加强了宣传力度。软文以介绍功效为主,分别从睡眠不足与肠道不好两方面,阐述其对人体的危害,然后巧妙导入脑白金的奇特功效指导人们如何克服这种危害。题目引人入胜,内容轻松有趣,每个广告都由一个事例或者现象开始,最终又归结到产品功效上,举重若轻,事半功倍。如《人体内有只“钟”》、《一天不大便等于抽三包烟》、《孙女与奶奶的互换》与《生命科学的两大盛会》等。

脑白金的策划者们深谙广告宣传真谛,通过大幅文案广告系统全面地向人们阐述其产品功效,有了长度就有了深度,有了深度就会有力度。此时,宣传也达到了高潮。

此外,脑白金还采取一些现场宣销活动和科普宣传活动,使产品宣传立体化,并不失时机开展公益活动和各种比赛,比如,曾举行的电视模特大赛等,有力地提升了品牌形象。

脑白金的市场启动往往采取比较稳健及长期的策略,因此和媒体谈判时也居于有力的地位,可以拿到较低的折扣,这为他们的强力宣传赢得了较低的成本,保证了市场计划的顺利执行,也迎来了销量大增的新时代。

脑白金广告曾一度遭人批判,但是它的品牌形象却深深印刻在消费者的心里。脑白金商业运作成功的根本原因就在于企业深谙广告宣传的重要性,它也的确把广告宣传这一营销手段演绎到了炉火纯青的地步。在叹服的同时,企业的管理者是不是要思考一下,自己的企业要怎么营销出去。

广告的魔力如此之大,以至于有人说:“出手化妆品,实质上出售的是美的希望;出售柑橘,实质上出售的是生命力;出售汽车,实质上出售的是声望;出售衣服,实质上出售的是个性”。

总之,如今市场竞争激烈,传统的销售方式已经不能适应时代的

需求，企业管理者必须掌握一定的营销技巧，借助广告宣传来吸引顾客眼球，从而增加市场销售量，增强企业影响力。海底捞做到了，你也能做得到！

魔鬼管理训练课

如今市场竞争激烈，传统的销售方式已经不能适应时代的需求，企业管理者必须掌握一定的营销技巧，借助广告宣传来吸引顾客眼球，从而增加市场销售量，增强企业影响力。海底捞做到了，你也能做得到！

第六堂 海底捞的管理理念

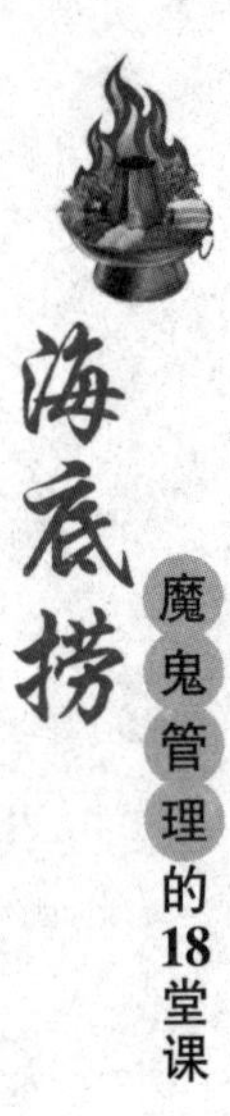

管理无技巧，越简单越好

古人说：大道至简。面对复杂多变的外部环境和繁杂的内部形势，企业管理者，特别是高层管理者能否清醒地透过现象，把握事物的本质，采取简单有效的手段和措施去解决问题，并营造使管理简单化的机制，是企业能否持续发展的不二法门。

著名的20/80法则指出：在因与果、投入与产出、努力与收获之间，本来就存在着不平衡的关系。典型的情况是，80%的收获来自20%的努力。所以，经理人在执行的时候，要遵循20/80的聚集原则，具体到管理上就是：管理无技巧，越简单越好。

海底捞的管理向来简单实际，从极其细微的小问题上直面事情的实质，让每个海底捞的经营理念都能切实落到实处。

随着企业的不断发展，海底捞对自己的逐渐发展壮大越发感到迷茫，这种迷茫往往导致它在自身越来越庞大的同时，管理层开始变得越来越臃肿，处理事务越发机械化和程序化，管理越来越复杂，而效率却越来越低下。所有这一切都反映在一个逐渐提高的管理成本上，管理费用的增长比公司的利润甚至比销售量的增长还要快。这时候许多管理人员才开始逐渐认识到，我们的企业病了，得了一种以“复杂”为症状的病。

海底捞的管理层立刻着手分析这一病症，并且迅速对症下药。他们细心排查自己的管理链条，下狠心将企业中可有可无的中级管理层撤去，精简程序，理清职责，努力铺设一条从员工到大区经理之间最直接最快捷的管理通道。

海底捞的优势在于个人的灵活性，在于高效的执行力，如果事事都需要向上级汇报的话，工作的效率和服务的质量都势必将大打折扣。整改以后的海底捞，如同旅者扔掉了多余的负重，重新得以轻装前行，而员工的积极性也空前地高涨起来，因为人只有在得到一定的自由空间之后，才会生起一展拳脚的冲动。

有人说，“四两拨千斤”是中国功夫中的精髓；那么，“化繁为简”就是管理实践中的至高境界。

在企业经营和组织管理上，要使之获得高效，最有效的方式就是诸事简洁。德国人和日本人的商业成功之道，让人们认识到，组织经营的高效来自于简洁。他们明白，商业上的最大错误就在于人们把问题过于复杂化了，忘记了成功的最重要因素是常识和简单。

当企业处于一个纷繁复杂的环境时，采取从简切入，化繁为简，以简驭繁的思路和方法，往往可以避免繁中添乱，巧妙地化解矛盾，从而起到奇效。

柯达的成功建立在三个支柱上：客户至上、以变应变并使其为我所用、身体力行的价值观。而所有的支柱都建立在这样一个基础之上——弃繁从简。成立伊始，柯达的根基就是弃繁从简。无论在产品研发方面，还是在领导和管理员工方面，这一直是柯达的准则。

早在一个世纪前，柯达的创始人、世界闻名的大众摄影之父乔治·伊士曼就奠定了这个基础。伊士曼创造了相机和胶卷，并设计了冲洗和打印负片的体系。最重要的是，他让摄影变得简单方便，从而走进了寻常百姓家。

这种理念体现在他创造的一句著名口号中，而这句一个世纪前创造的口号直到今天仍然在指导着他们对客户的专注态度：“你只要按下按钮，其余的都交给我们。”

企业也是一样，很多领导者把自己经营的企业装点的像模像样，可是企业怎么也发展不起来，实现不了企业的终极目的。其实，简单管理倡导化繁为简、以简驭繁的管理理念和方法。要求管理者和员工在真正

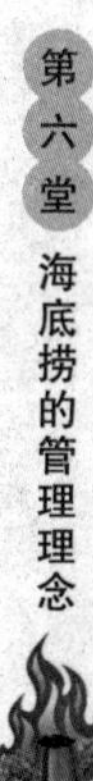

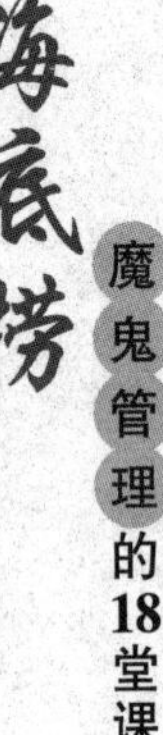

掌握问题本质的基础上，找出事物的规律，最大限度减少资源的浪费，更高效地实现组织的目标。

简单管理是管理的常识，应该成为所有管理者基本的管理常识和管理准则。随着社会信誉体系的建立和市场竞争规则的完善，简单管理将进一步成为管理者寻求有效管理理念的基本原则，简单管理本身也会成为管理者普遍奉行的基本管理模式。

杰克·韦尔奇非常推崇简约化管理，他说："作为领导者，一个人必须具有表达清楚准确的自信，确信组织中的每一个人都能理解事业的目标。然而做到组织简化绝非易事，人们往往害怕简化。他们往往会担心，一旦他们处事简化，会被认为是头脑简单。事实恰恰相反，惟有头脑清醒、意志坚定的人才是最简化的。"

简单管理是中外优秀管理者追求的最高境界。管理追求的是效率和效果的统一，即用一定的资源去实现更高的目标，或者用最少的资源去实现一定的目标。因此，在日常的管理过程中，管理被简化为两个基本的命题，一个是低成本，一个是操作性。而简单才能低成本；简单才具有操作性。

海底捞的管理创新似乎十分简单，不外是尊重员工，给员工成长空间，让员工有幸福感。不过，有多少企业能真正做到这一点？以下是海底捞的 32 条管理经验，各位管理者看到眼里，能否真正学到心里呢？

1.对于一个有责任感的人来说，一旦被充分信任，意味着肩上的责任更重了。为了对得起这份信任，你只有拼命工作。

2.有了制度、奖罚、理念、愿景、使命这些还不够，要把它们有机地整合在一起，才算是一个完整的管理系统。

3.对员工最好的激励就是让他们有成就感，幸福感，有时候比金钱效果更好。如果社会和公司的制度安排让普通劳动者无法享受到基本应有的成就感和幸福感，这样的制度将无法持续。

4.管理是实践的艺术。实践出真知，而真知在商学院里是学不到的。

5.重新定义员工与企业的关系，老板与雇员的关系，企业与顾客的关系，爱是化解矛盾的最佳方法，爱具有无与伦比的力量，没有人能抵挡住她的威力！

6.让员工严格遵守纪律和流程，其实等于雇佣了一个人的双手，而没雇佣他的大脑。人最值钱的是大脑，大脑能创造、能解决流程和制度不能解决的问题。

7.市场竞争，本质上是为他人创造价值的竞争。不能为他人创造价值的企业，必然在竞争中被淘汰。

8.什么是好的服务？就是让顾客满意。什么是更好的服务？就是让顾客感动——超出他们的期望，让他们感到意外。

9. 一个企业能否获得持续的成长，看看其基层员工的表现就知道了。如果连清洁阿姨都很热爱这个企业，而且干劲十足，那么这个企业差不了。

10.差异化的服务掌握在每一个一线员工手里。

11.养而不爱如养猪，爱而不敬如养狗。只给物质和爱是不够的，还需要尊敬，尊敬的基础就是信任，信任的唯一标志就是授权。

12.家最能触动中国人的神经，是绝大多数中国人的精神归宿。把员工当家里人，每个家庭成员都愿意为家做贡献。

13.世界上哪有什么科学管理？管理永远是具体的，管理白领的方法不一定适合管理工人。

14.信任是把双刃剑，用得好，能让人飞起来；用得不好，能把人压垮。

15.信任不是说出来的，而是做出来的。

16.不管一个企业制度多么完善，并不意味着就能获得成功，起关键作用的是人。

17.海底捞只是在人、信念上了下了点功夫，就取得了如此辉煌的成就。这也是普通企业与成功企业的分水岭。试想，如果一个企业再升华一点，到了信仰层面，那就不得了，那将是成功与伟大的区别了。

18.好的管理一定是激励为主，监控为辅，这样才能被大部分员工感到被信任。

19.真笑来自内心，人不幸福，不可能真笑。

20.天下没有白吃的午餐，也没有白受的苦。

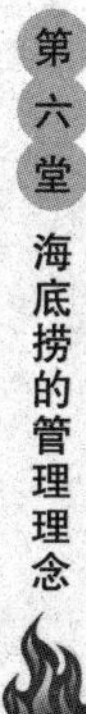

21.做人的最高境界是无我,做事最高境界是忘我。

22.使人成熟的不是岁月,而是经历。

23.坚持就是人民币。

24.战略和管理永远是具体的,是不容易或者不可能被复制的。

25.行为科学揭示:任何职业都会在自然人身上留下痕迹。

26.什么是职业精神?就是把自己不喜欢做的事情,做得比任何人都好。

27.我们都知道全民皆兵的厉害,却不知道全员皆主的力量。让每个员工都感觉是主人公,这才是不可复制的核心竞争力。

28.人越在意什么,对什么就越敏感;越是自卑的人,自尊心就越强。

29.员工最值钱的是大脑,雇佣员工的双手是最笨的。

30.对管理者最基本也是重要的要求就是理解员工。

31.产品的质量和服务的质量掌握在一线员工手里,老板只有服务好一线员工,他们才会善待你的客户。

32.善待犯错被开除的员工,不去阻碍他们的发展。

魔鬼管理训练课

面对复杂多变的外部环境和繁杂的内部形势,企业管理者,特别是高层管理者能否清醒地透过现象,把握事物的本质,采取简单有效的手段和措施去解决问题,并营造使管理简单化的机制,是企业能否持续发展的不二法门。

不作好好先生，进行“无情的管理”

海底捞向来是个人情味儿极浓的地方，在这里许多员工是老乡，是发小，是亲戚，甚至还有是夫妻的。在这样一个情义浓重的地方，“管理”这个词儿就显得有些冷冰冰了。比如北京海底捞的一个小员工犯了错误，但他的姐姐是这家店的店长，别的员工会怎么想呢？肯定是说两句也就过去了，但这个“姐姐店长”还是依照制度给了弟弟相应的惩罚。

管理者需要树立自己的威信，要严格要求下属，不能放纵不管。如果管理者老是想着做老好人，那么将组织的规章制度置于何处？如果下属犯了错误，管理者不惩罚，那管理者的威信何在？公司制度的威信何在？

老好人不一定是好管理者，他也不适合长期的管理工作，从理论和逻辑上推论，这个观点没错，完全成立。实践的大海实在是浩淼无边，深不可测，平静的海面，保不准会突起风浪。光当老好人的管理者谁也不敢打保票不会换换岗位、挪挪地方。

某企业进行了人力资源战略规划，从战略出发对企业人力资源情况进行了盘点，并制定了针对性的人力资源政策，以保障战略实现。根据人力资源战略规划，为完成优化员工年龄结构、学历结构和专业结构的目标，企业在短时间里将一批年轻的主管提拔至部门正职或副职的岗位上。一时之间，这些年轻人被压抑许久的积极性得到了充分调动，也在各个部门烧了几把火。

过了一段时间，人力资源总监着手对这些新中层的工作情况进行一番调查。调查过程中，他接到了一些普通员工对新中层的投诉，反映新领导是老好人，对下级要求过松。特别是有一些普通员工认为，新中层“很少对他们红脸”，跟着新中层对个人成长无益。他感到奇怪：这些

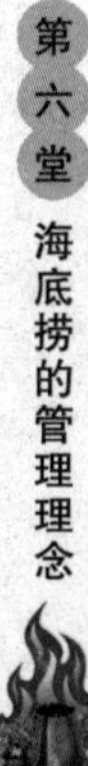

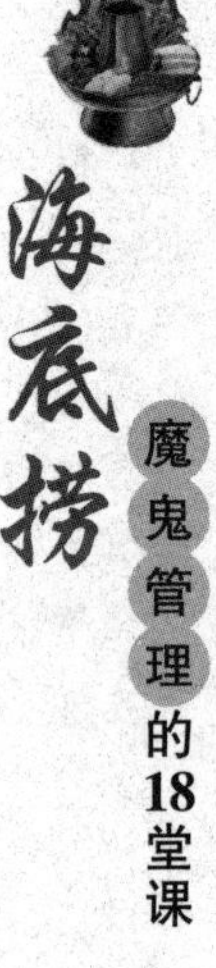

新中层虽然年轻,但均已担任过相当长时间的主管,为什么做主管时一直都没有暴露过这样的问题呢?

在我们周围也有这样一些以老好人形象出现的管理者,在作出决定时,总是摇摆不定,犹豫不决;在碰到一些问题时,当"甩手掌柜"。久而久之,管理的魄力小了,胆子小了,办法也少了。有什么事,满头大汗去找上级领导,您看应该怎样处理,您给拿拿主意吧;或者干脆不管,假装什么都没有发生。

作为管理者,往往管理着许多下属,管理着一摊子工作,他们的首要任务就是把下属管理好,把方方面面的工作安排得井然有序、有条不紊,从而维持日常工作的正常运转。

任何一名企业管理者都应该扮演好管理者的角色。在实际工作中,有的中层管理者认为自己不是高层领导,不愿管,不敢管,没有资格管。在情感方面,更是如此,不好意思,怕得罪人,做老好人。有的中层管理者则认为下属做的是一些鸡毛蒜皮的小事,不值得自己去管,结果工作秩序混乱,甚至导致严重后果。

小王在一家公司做产品设计工作,由于各种原因,公司业务做得不是太好,很多员工觉得没有前途,不是整天无所事事,就是迟到早退。看到这种情况,小王就去问主管:"公司照现在这个样子发展下去,肯定非常危险。我们该采取什么办法挽救公司呢?"谁知主管却说:"你管这么多有什么用呢?先挺挺看,也许过一段时间会有些起色。"小王听到主管如此没有信心的话之后,第二天就和公司拜拜了。

小王为什么会远走高飞呢?也许在他的心目中,主管就代表着公司,主管对公司都没有信心,自己怎么能对公司有信心呢?还不如跳槽痛快。

管理者在管理中使用一些技巧是非常有必要的:工作中,要用严格管理来体现组织的制度;私下里,要用情感来体现自己对下属的关怀。许多人普遍认为,做人就是搞好人际关系,做事就是提高公司效益,搞好人际关系、提高公司效益就是管理。实际上,只会做人,不会做事,是一团和气,是和稀泥,管理上等于零。相反,只会做事,不会做人,常常得罪人，他的管理也等于零。因此，要先会做人，然后会做事，这才是管理。

但是在日常的管理中我们经常遇到事与人纠缠到一块的时候，其实也难怪，人是做事情的人，事是人做的事，怎么能分得清楚呢？所以，管理就是得罪人的事，在日常的管理中不要怕得罪人，但不要得罪大多数人。更要注意对事要制度化，对人要人性化，特别是在不是很正规的小企业。首先做的应该是有法可依——建立可行的规章制度，然后再是有法必依，执法必严，违法必究。

管好一个企业和一群人往往是需要给企业动一系列"手术"的，会让企业中的不少人感到"疼"。改革会调整企业原有的利益格局，可能要堵一些人的财路，降低一些人的收入，使大部分人感到压力增加，甚至要揭人之短……企业要抓管理，就需要顶着这些压力、冒着这些风险，大刀阔斧地把一项项新制度贯彻下去，要敢于管理。

经营者如果空有管理之心，却前怕狼、后怕虎，这个不愿招惹，那个不敢得罪，希望什么麻烦也没有，一心想做"好好先生"，管理根本不可能有什么改进。企业抓管理就是要既无情又有情。在深化改革、贯彻制度方面要"无情"，制度至上，没有什么讲情面的余地。奖惩分明、能上能下，对于一部分员工来说可能很"无情"，但是，只有通过加强管理，企业才能更具竞争力，才能有更大的发展，使员工收入增加，提供更多的岗位，这恰恰是"有情"的一面。

管理是为了什么？难道是"老好人大赛"看谁比较受人欢迎？不要说大胆管理，再小心的管理也不可能让人人说好，那种只说"好好好"的管理早晚把大家都送进地狱。管理者应该明白自己的职责就是要管理好公司的业务，只有用铁拳来维护秩序和纪律，企业的规章制度才会真正的贯彻执行，企业的运转才会在正常的轨道上进行。

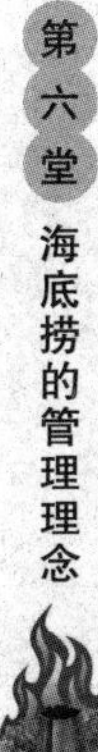

魔鬼管理训练课

管理者应该明白自己的职责就是要管理好公司的业务，只有用铁拳来维护秩序和纪律，企业的规章制度才会真正的贯彻执行，企业的运转才会在正常的轨道上进行。

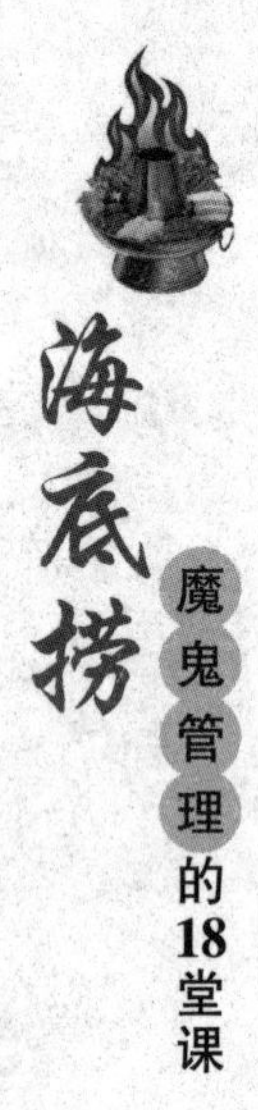

善用孝道管理

"百善孝为先",一个人如果不孝敬父母的话,那么他对同事就没有尊重,对工作没有责任。孝道乃大,企业应该大力提倡。真正崇尚孝道的人才算得上一名合格的炎黄子孙,作为企业管理者才能有真正大智,才能管理好企业,才能让企业更有前途。这也是企业文化建设不可或缺的内容。

孝道是中国古代社会的基本道德规范,一般指社会公德要求子女对父母应尽的义务,包括尊敬、关爱、养老送终,等等。在中国,孝的观念源远流长,甲骨文中就出现了"孝"字,就是说在公元前11世纪以前,华夏先民就已经有了"孝"的观念。《诗经》中亦有"哀哀父母,生我劬劳""哀哀父母,生我劳瘁"的咏叹。

孝道作为中华民族的一种传统文化,随着中国社会文明的发展而不断地被丰富和赋予新的内容。很多企业将孝道作为企业文化的核心部分,并倡导以孝道来管理企业。

海底捞不但会教育员工怎样确定自己的人生目标,怎样选择男、女朋友,待其成家后还会教育、引导他们怎样去孝顺父母,怎样去承担家庭责任,怎样教育子女。管理人员上至张勇、施永宏,下至冯伯英、袁华强对自己的父母都很孝顺。袁华强、冯伯英工资提高后,都将父母接到自己的身边,不让他们在家种地。在海底捞曾经有一名领班,家境很贫寒,他来海底捞上班后,挣了工资没有想到首先要改变自己父母的生活条件,不给父母寄钱而是自己贪图享受。像这类自己有能力后不孝顺父母的员工,公司发现后立即予以开除。海底捞认为连父母都不爱的人,怎能关心热爱公司,这种人即使能力再强,公司也不需要。

中国是个讲孝道的国家。何为孝?不仅是指在家孝顺父母,更是指在外面能通过自己的作为对父母有所回报。但是,这些其实都不重要。最重要的是,从员工的角度来说,他们不仅从企业那里得到了工资的回报。得到了很好的生活保障,而且还能让自己的父母因为自己努力工作而得到了回报,这件事本身就足以让这些员工感到无比的幸福了。我们做儿女的都知道,父母养育之恩是难以报答的,平时由于我们忙于工作,奔波于外地,很少有机会回到父母身边尽自己的孝心,而现在企业却代替自己尽了这样一番心意,让父母体验到了养育出优秀儿女之后得到回报的欣喜与荣耀,也了了做儿女的一番心愿,岂不是两全其美?

张勇的草根智慧让人叫绝。“老吾老以及人之老,幼吾幼以及人之幼”。爱要能够迁移,才是博大的爱。

尽管时代变迁,但“孝”作为一种朴素的情感,始终都在影响着中国人的思想,成为支配人们行动的准则和评判一个人德行的基本标准。在社会高速发展,人际变得越来越复杂棘手的当下,传统“孝”文化又面临着“转型”:由“小孝立家”到“大孝社会”,这种由小到大,由爱家推而广之去爱社会、国家的转变,更有助于协调人与人之间的关系,培养良好的社会氛围,让人与人之间多些和谐与温情。任何一个有名的英雄都是一个孝子,英雄行为的产生很多情况都是因为爱家、爱国的思想和情结在发生着作用,而“孝”是其根本因素。

一个国家如此,一个企业、一个团队也是如此,以仁治国、为政以德的王道思想不仅是儒家的最高政治理想,也是许多企业家心中向往的管理圣境。这条神圣的王者之道到底如何践行哪?跑不出一个孝字,孝乃德之本,也是王道实施的基础,员工心中有孝,就有了对领导主管的敬重,就有了对同事的友爱,就有了对企业的认可;领导心中有孝,就有了对员工的慈爱,就有了对下属的爱护;企业里面有孝,团队就像一个大家庭,员工就有了凝聚力,就有了归属感;当这种孝道在企业中、在员工心里生根发芽的时候,便有了践行王道的基础。以德服人,孝悌为本,这样的国家,才是中兴王道的国家;这样的团队才是践行王道的团队;这样的组织才是和谐并能够充满永恒动力的组织!

魔鬼管理训练课

真正崇尚孝道的人才算得上一名合格的炎黄子孙，作为企业管理者才能有真正大智,才能管理好企业,才能让企业更有前途。这也是企业文化建设不可或缺的内容。

管理之道，重在用人

现在的社会，人才济济，管理者总是想把最好的员工网罗到自己的公司里，为了找对人，可谓是煞费苦心，但是结果常常不尽如人意。千辛万苦招聘到岗的人才还没度过试用期就成了“人裁”。管理者在感觉一头雾水的同时，只能一声叹息。

知人是善用的先决条件，管理者只有找对人，才能做对事。因此，在企业经营中，要组建自己的团队，心中就应该有几条识别优秀人才的标准。

对于如何识别人才，老祖宗早就留下了至理真言十个绝招：穷之以辞，以辨其智；使之以远，以辨其忠；使之以近，以辨其敬；使之以烦，以辨其能；使之以间，以辨其诚；告之以危，以辨其勇；告之以秘，以辨其信；诱之以利，以辨其廉；诱之以色，以辨其贞；灌之以酒，以辨其性。此十招考察面非常全面，涵盖了对人才的智、忠、能、诚、勇、信、廉等最核心的维度。

这些深藏在冰山下的特质能力，只有在具体的工作任务中才能看得出来。所以，识人，更重要的在于管理者通过日常的工作行为表现、工作任务和绩效目标的开展来观察和识别，只有这样，才能够全面客观地了解人才的能力、兴趣、特长。

如何识别优秀的人才，一直是管理者的“研究课题”。有的研究得好，人才便可得到重用；有的研究得火候不够，可能就会造成损失。要

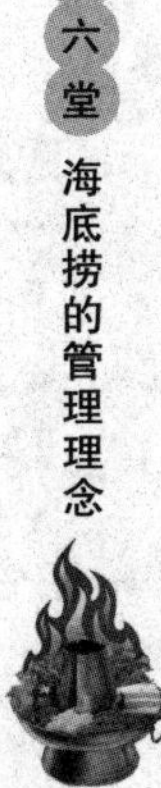

打造员工团队,必须网罗人才,古代燕昭王黄金台招贤,便是最著名的例子。

《战国策·燕策一》记载:燕国国君燕昭王(公元前311—前279年)一心想招揽人才,而更多的人认为燕昭王不过是是叶公好龙,不是真的求贤若渴。于是,燕昭王因始终寻觅不到优秀的人才,郁郁寡欢。

后来有个智者郭隗给燕昭王献了几条识别人才的计策。后来燕昭王采纳了郭槐的建议,拜郭槐为师,为他建造了宫殿,后来没多久就引发了“士争凑燕”的局面。投奔而来的有齐国的阴阳家邹衍,有魏国的军事家乐毅,还有赵国的游说家剧辛等等。落后的燕国一下子便人才济济了。从此以后一个内乱外祸、满目疮痍的弱国,逐渐变成一个富裕兴旺的强国。接着,燕昭王又兴兵报仇,将齐国打得只剩下两个小城。

管理之道,重在用人。杰出的领导者应善于识别和运用人才,只有做到惟才是举,惟才是用,才能在激烈的社会竞争中战无不胜。“千军易得,一将难求”,现实生活中,管理者应该有一套衡量优秀人才的标准,筑起自己的“招贤台”,招聘最适合自己团队的人才。

2009年的首届新东方全球商学院、研究生、留学高峰论坛上,新东方教育科技集团人力资源部培训经理谢亚伟先生讲到了新东方识别优秀人才的几条标准。企业管理者可以借鉴和学习。

当主持人问他,什么样的人才是合格的人才的时候,谢亚伟说:合格人才的标准很宏观、很大。

具体到新东方来说, 他们衡量一个人才优秀不优秀不是采取以前的方法。以前是很简单的,就是考试成绩,就是IQ。慢慢地他们发现IQ或者是一个人的智商在一个人成功的因素中比例其实很小。现在更高的是情商,还有很多的说法是胆商、意商,比如说自己特别能抵抗外来的挫折,这就是自我的认定。另外,还要有胆量做别人做不到的事情。

他们慢慢发现,EQ是十分重要的。另外,从各种各样的咨询公司对优秀人士的评判标准来看,无外乎就那么几个,最重要的一个能力是诚实和正直,因为人是社会人,所以员工最基本应具备的品质就是诚实、正直。另外,他们衡量优秀人才的标准,第一是激情。这是新东方文化的要求,必须要有激情。这一点,显然海底捞就做得很好。

第二个是坚韧,不能怕挫折。谢亚伟先生还进一步做了解释,比如说新东方的老师有可能在上讲台之前要试讲的时候可能会被教学委员会的主任把你批得一塌糊涂,可能很没有面子。但员工必须要克服这一点,必须要忍受这一切并尝试把课讲得更好。甚至在上课之后有很多的同学给你打分觉得你讲得不尽如人意,甚至提出很苛刻的意见,这你能不能忍受过去。一个人忍受挫折的和成功是相对应的。你越能忍受工作和生活中的挫折,你才能更成功。

第三是追求卓越。谢亚伟说,我们做一件事情一定要做到尽可能完美的程度。这一点周围很多的同事都具备。比如有的同事为了讲课中的小细节,会举出很多的例子来说明一个句子是最适合的,也就是说要做到尽善尽美。

可见,管理者识别优秀人才,心中必须要有自己的评判标准,有一双识别人才的慧眼。

人才是企业最重要的因素。企业之间的差距从根本上说是人的差距,因此,管理者一定要慎重地选择人才,合理用人,有自己的识别优秀人才的标准。

魔鬼管理训练课

知人是善用的先决条件,管理者只有找对人,才能做对事。因此,在企业经营中,要组建自己的团队,心中就应该有几条识别优秀人才的标准。

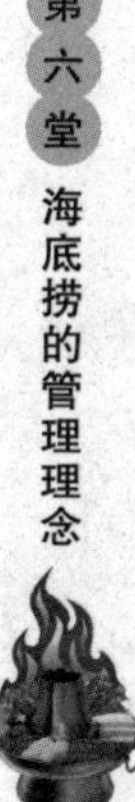

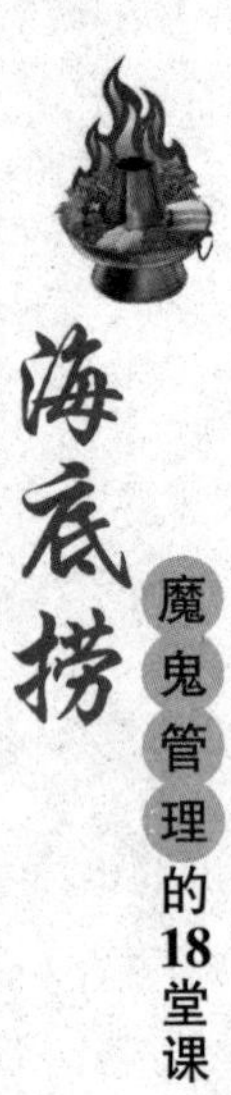

亲情管理得力，员工卖力

倡导亲情式的管理，但并非放松要求的管理。从表面上看海底捞的管理不成章法，实际上是张勇智慧的结晶。

我们总结出海底捞的基本点：海底捞的战略目标很清晰——保障顾客满意度，以达到品牌建设的目的；核心思想——靠双手改变命运；人员安排——轮岗，而不是一个萝卜一个坑，这样方便以后升迁；组织结构——尽可能地下倾。

张勇说："在财务上，我充分授权，没有资金需要我审批，财务总监就是最后一道坎。用人不疑疑人不用，这是我的原则。海底捞每年要花10个亿出去，平均每天的资金吞吐量有多大？我如果事必躬亲，会累死的。"

在海底捞公司，从管理层到普通员工，都拥有超过一般餐饮店员工所能得到的权力：30万元以下的开支，各个分店的店长就可以做主；100万以下的开支，大区经理可以审批；200万以下的开支，副总可以签字。即使是普通的一线员工，也有一定权限：他们可以赠送水果盘或者零食；如果客人提出不满，他们还可以直接打折，甚至免单。

为什么这么信任自己的员工，即使是自己的亲人，也未必能这么放心。关于这个困惑，很多人都问过张勇，他这样说："管理层级上，也没有人直接向我汇报。公司设立了由7个部门领导组成的总经理办公会，每个月开一次会，没有特殊情况我都会参加。我们还有一个规定：这7个人当中如果有谁要离开，将得到800万元的补贴，800万正好是海底捞开设一家新火锅店的费用。总经理办公会的几个成员现在都年薪百万，他们出去单干，能力是绝对没问题的，如果他们自己去开一家火锅店，一年肯定不止赚 100 万，但他们都不愿意走，觉得留在海底捞发展挺好。3 年前我弟弟从部队转业后找到我，说想自己开家餐厅，我让他来海底捞从服务员干起，3 年后他凭借自己的能力晋升为总经理办公会成员，两个月前他找到我，说决定享受 800 万的补贴，离开海底捞自己去创业，我支持他。”

海底捞对员工的亲情化管理还体现在其给员工安排的住宿条件。海底捞员工的住宿、生活条件，都是同行所没法比的。而且海底捞新员工一到岗，店长就会亲自为他服务，亲自带他认识其他员工，帮他买生活用品，带他到宿舍，帮他打饭。新来的员工工作过很多地方，然而这样的“待遇”在别的企业根本享受不到，所以对海底捞的第一印象就非常好。

这些都充分体现出张勇的亲情式管理服务的思想。在他看来，只有将员工先服务好了，才能更好地服务顾客。很难想象，一个企业如果每天都对员工横眉冷对，严加斥责，员工吃不好、住不好，还何谈为企业奋斗呢？如果员工的状态不好，必然会影响到对顾客的服务质量。顾客来店里消费，是要寻求一种舒适、优越感的，花了钱还要看服务员的冷脸，下次还会来吗？肯定不会。所以，聪明的管理者一定要学习海底捞的亲情式管理，以服务好员工作为第一步，而后才能大踏步地向前迈进。

魔鬼管理训练课

倡导亲情式的管理，但并非放松要求的管理。从表面上看海底捞的管理不成章法，实际上是张勇智慧的结晶。

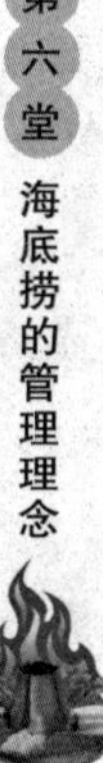

最重要的四种管理能力

最有名的领导理论家之一沃伦·本尼斯曾经担任过四届美国总统的顾问,他认为领导不是什么稀奇的技术;领导者不是天生的,领导者通常也是常人,或看起来像是常人,并不是什么具有领袖气质的人物;领导并非高层人士的专利,它存在于所有阶层;最后,领导的中心思想不是控制、指挥或操纵。

本尼斯最有名的关于领导问题的研究是以美国各行业的90位领导者作为研究对象的。其中包括洛杉矶公羊队教练尼尔·阿姆斯特朗、交响乐指挥和像麦当劳的雷·克罗克那样的生意人。他从这90位领导者中归纳出四种共同具有的能力:注意力管理;远见、意图管理;沟通、信任管理及自我管理;充实自己。毫无疑问,海底捞的董事长张勇完全具备这四种能力。

远　见

本尼斯指出,注意力管理是和领导者的未来眼光有关的问题。本尼斯认为领导是"一种能提出令人信服的远见,并将它转变成实际行动,且能保持行动力的能力。"成功的领导者有能力提出使人们信服并获得人们支持的远见。

全球庞大传媒帝国新闻集团的董事长兼行政总裁默多克就是一个

很有远见的领导者。他观察未来并且坚持他对未来的看法(他的固执有时甚至到了令人惊讶的程度)。坚持买下英国天宇电视公司就是默多克坚持自己看法的最好例证之一。

有很多方法可以表达自己的远见。默多克避免空谈业务项目和喜好,也不公开宣布大胆的计划,但这不表明他没有远见卓识,那些必须告知情况的人都知道有关情况。

当然,是否有远见是一回事,是否能将远见转化为成功的行动又是另一回事。但如果你对自己的远见有信心而且坚持到底,默多克已经向你证明了你会成功。

沟 通

领导者的第二个能力是意图管理,也就是进行沟通。若用400页的文字写下你的远见,或只是在堆满文件的办公桌后面长篇大论地讲述你的想法,任何远见都无法获得具体实践。本尼斯认为有效的沟通除了必须运用类推、比喻和生动的描述等方法外,还必须依赖情感、信任、乐观和希望。

默多克是否和他的部下沟通他的远见呢?虽然默多克手下的高级管理人员都表现出对默多克的高度忠心,但仍然很难因此得出结论。默多克的媒体形象是个沉默寡言的澳洲佬,只是偶尔发泄一下他的情绪。但实际上他是一位不断与人沟通的人。例如,《太阳报》的发展史通常被认为就是该报编辑拉里·拉姆和他的接班人凯尔文·麦肯锡的发展史。这两位能人似乎是在按照自己的想法塑造《太阳报》的形象,但值得注意的是默多克参与了《太阳报》发展的全过程。他不管白天黑夜,不定时地用电话询问情况,其实就是在提醒他的编辑,他随时都在注意报社的发展和问题、注意他们的工作。

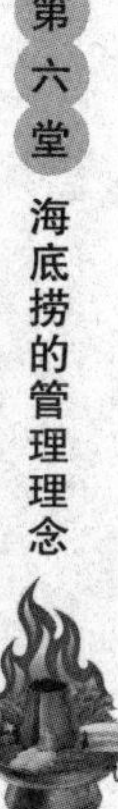

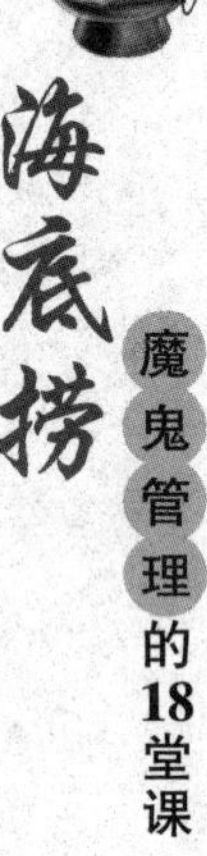

信 任

领导者的第三个能力是信任,也就是“将部下和领导者紧密结合在一起的感情黏合剂”。领导者必须言行一致。

领导需要信任。西方企业界过去特别善于建立缺乏信任的经营体系,当员工进入公司后,公司不但不帮助他们成长,而是处处限制他们,员工当然也就因为缺乏个人发展而不懂得为自己的行为负责。责任并非单向过程,哈佛大学的克里斯·阿吉里斯说道,我们每个人都具备为自己行为负责的能力,但不幸的是,许多公司却抑制了员工的这项能力,使他们的责任感逐渐消失。领导者必须通过鼓励员工自己承担责任来建立信任。

默多克信任部下(至少从某种程度上来说)是显而易见的事实,否则的话,他早就要他们走路了。但默多克的部下有多信任默多克就很难判断了。任何信任都伴随着警告的意味,也就是凡是为默多克工作过的人都了解他无情的一面。

让人感到惊讶的事实是,虽然默多克事业有其特殊性而且牵涉到高度利害关系,但默多克仍然能获得各部门主管的高度支持。虽然每个人对默多克都有意见,但一旦离职后几乎没有人再公开表示对他有什么意见。

充实自己

领导者的第四个共同能力是“充实自己”。真正的领导者不认为领导魅力或时间管理是造就成功的必要条件,他们反而强调不屈不挠的精神和自我认知、冒险、承担义务和接受挑战,而学习比这些更为重要。“不断学习的人能预见错误或失败。”本尼斯说道,“领导者所遇到最坏的问题莫过于少年得志,因为这样就没有机会从逆境和问题中学到东西。”

一般人多半认为默多克虽然从基层干起,但却几乎没有受到什么挫折。然而,实际情况不是这样的,默多克不是没有遭受过挫折,他只是不让自己犯同样的错误而已。

真正的领导者都有一种明显的自尊气质,本尼斯把这种气质称为“感情上的睿智”,所反映出来的特点包括接受他人,不企图改造他人的能力;就事论事,从现实着手解决问题的能力;保持君子之交,待之以礼,甚至亲密接触的能力;信任他人,即使必须冒险也不轻易怀疑的能力;以及即使得不到赞赏和支持同样义无反顾,勇往直前的能力。

换句话说,真正的领导者对自己和自己所做的事情深信不疑。这可能是海底捞的董事长张勇最令人佩服的一个方面。他对自己所做的事情深具信心,也很确定自己的每一个动作都符合自己拟定的整体计划,然而,没有人知道他心里到底在想什么,对某些人来说,张勇的确是个深不可测的人。

魔鬼管理训练课

领导者必须具备这四种能力:注意力管理;远见、意图管理;沟通、信任管理及自我管理;充实自己。毫无疑问,海底捞的董事长张勇完全具备这四种能力。

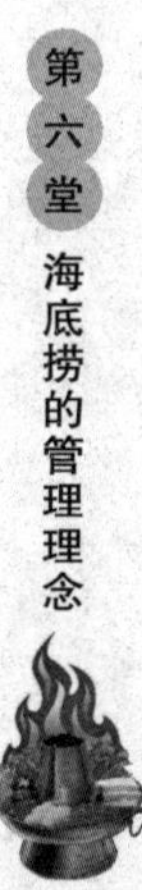

打天下的海底捞“非正规军”

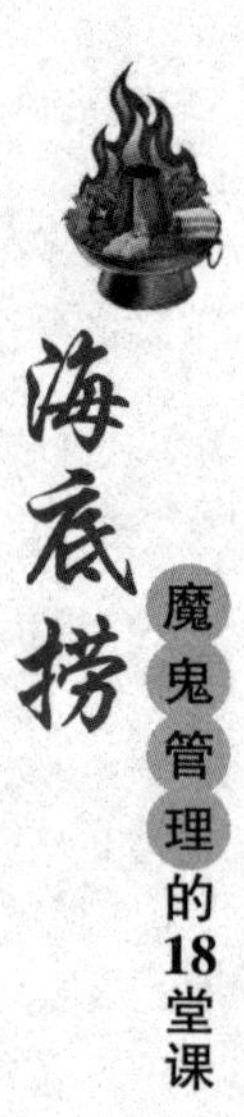

挖不动的服务员

做一个饭店的服务员需要什么条件？不论是迎宾、端茶、传菜还是打扫卫生，可以说都没有什么难度，几乎每一样都是人人做得来，没什么技术含量的工作，但海底捞的服务员却不是人人都能做得来。服务员的工作好找，流动性也很强，这家干得不顺心就换下一家，反正有的是饭店，多的是工作，只要工资相差不大，在哪里干不都是一样，可是海底捞的服务员却总有人重金来挖，挖服务员本身就已经够奇怪了，更奇怪的是，即便开出比海底捞高出一大截的工资也还是挖不走。这又到底是怎么一回事呢？

一般的企业为员工提供岗位和薪水，优秀的企业为员工提供温暖和幸福。怎么才能让员工感觉到幸福？海底捞老总张勇是这样做的：感情是可以互相感染的，张勇首先做的就是用自己积极热情的生活态度去感染他的员工。张勇是一个乐观积极的人，他的工作态度和情绪很容易影响周围的人。可是在实际工作中，仅仅依靠老板自身的情绪难以使员工产生幸福感。

海底捞的大部分员工都是从农村来的，他们出来打工的愿望朴实而简单。他们来到城市打工不为别的，就为了能挣到钱，更好地生活，能够通过自己的努力让家人的生活得到改善。为了能够让海底捞的员工心真正地踏实下来，张勇当起了海底捞的“大家长”。无论是工资还是生活，张勇总为员工设身处地着想。一家火锅连锁店，却每年出资 50 万解决员工住宿方面的需求；每年用于治疗员工和其直系亲属重大疾病的专项经费高达100万元；就连海底捞的核心高层离开、创业时也有丰厚的补贴资金。

但是这些只是提供给员工基本生活安全感，还不足以产生幸福感。离开乡村来到城市的员工，都怀有对未来的憧憬，都有着要改变自己命运的朴实愿望。但对于相对来说文化层次不高、经济条件有限的他们，对未来或多或少都还存在着迷茫。因此，海底捞设立了一整套员工晋升及奖励机制，所定的目标都是通过努力工作就可以实际达到的，而且没有工龄、学历等任何门槛限制，从而为每一位员工都设计了明确的方向感，让他们真实地看到，凭借自己的双手，可以得到什么。

在海底捞，有一种自上而下形成的工作热情，无论是海底捞的管理者还是普通员工，都会由心而发，产生一种幸福感，这种幸福感不用刻意便可以传递给顾客。海底捞让工作变成了事业，让“要你干”变成了“你想干”。

让员工喜欢自己的工作，这句话看似简单，却是最难实现的管理目标，张勇做到了，海底捞做到了。海底捞的秘诀就是，为员工提供他们所想要的一切，包括梦想。

那么，要想从根本上消除被挖墙脚的危机，仅靠“兵来将挡，水来土掩”的简单招数很难奏效，而应做好三个方面的工作：

提高本企业对员工的吸引力

企业引进和留住人才，靠的是合理的薪酬，先进的激励机制，完备的福利体系，和谐的企业文化和宽广的发展空间。但是，我们不禁要问：实施员工满意战略无可厚非，但是想做到处处领先，要耗费多少资金呢？这现实吗？其实，企业似父母，员工如子女，“好爸爸”未必就一定就是“富爸爸”，只要父母在能力范围之内尽心尽力，对于子女来讲那就足够了。同样的道理，作为一个企业的领导人，能设身处地地为员工去考虑，不遗余力地为创建员工的美好生活而努力，那么员工也会知恩图

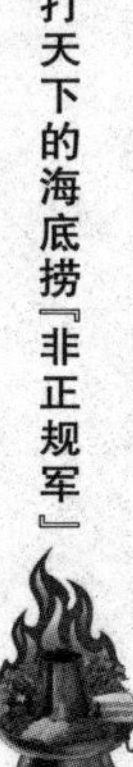

报。企业给予员工的是真诚,员工回报给企业的也是真诚。企业若对员工不实在,在各方面能省则省,即使再围绕"企业文化"做多少花哨的"噱头",员工也不会对企业忠心。当然,每个人的价值取向会随着他职业生涯的发展而不断变化。如果员工在某一天另谋高就,那是再正常不过的事情,作为餐厅的经营管理者应该理解和接受。

有一家酒店在刚起步时较为困难,无法为员工提供丰厚的待遇,但是,酒楼的老板在员工饮食方面下足了工夫。他对员工餐的质量要求非常高,其重视程度与客人一般。各级管理人员也是费尽心思地去改善员工餐,在一定的条件范围内去翻新花样。在每月定期举办的"民主生活会"上,领导们认真仔细地聆听大家对员工餐的每一点意见,并立即着手去处理,酒楼上自总经理下至每个部门的主管,几乎每餐都在员工餐厅吃饭。虽然也有员工为了寻求更高的待遇跳到了其他地方,但总体来说,这家酒楼拥有了一批相对稳定的员工队伍,后来随着酒楼的发展,员工们的待遇也水涨船高,整个团队就更加坚若磐石了。我曾经为一个涮锅城做过节日促销的策划,那儿的经理在"笼络"员工方面,也非常有一手,与员工相处的时候,完全是一个老大哥的形象。有时候下班了,他会请员工去大排档撮一顿。大家都坐下了,他还在忙前忙后地张罗着,大家好不容易叫他坐下来,他又一会给这个夹菜,一会给那个舀汤;吃完以后,他还问问这个吃饱了没有,那个吃好了没有。练歌房也是他带领员工常去的地方,到了那里员工们都争着抢着点歌时,他总是笑眯眯地让大家一个一个来,员工想唱的歌没有,他就去和歌房老板协调,要不就是坐在点歌器旁一首一首地着找。员工们开唱了,他就叫来茶水,饮料和小食品,让大家高兴地玩个够。员工之间闹矛盾了,他就把当事人叫到办公室,耐心地做工作,使双方言归于好;员工们过生日,他会送上一份小礼物;员工有什么困难,他也会竭尽全力去帮助解决,实在无能为力的,就去寻求高层的帮助。员工们都很信任他,也很尊重他,员工之间有什么异常情况,他总是能及时地得到消息。这个经理不是简单地和员工打成一片,混淆自己的角色,而是像一个家长一样,无微不至地关心着大家的饮食起居,时时刻刻准备着为员工排忧解难。有这么一个好领导、好“靠山”，怎能留不住员工的心呢？餐厅经营管理者往往感叹“铁打的营盘，流水的兵”，甚至责备离去的员工“太现实”、“没良心”，而没有扪心自问自己是不是真的对员工尽心尽力了。

在企业内部推广“防挖”的措施，提高员工“防挖”的意识

每个员工都有可能是被“挖”的对象，每个员工又都是“防挖员”。管理者平时注意防范，员工们也会对此类事情高度敏感。如果用餐的客人是同行或“身份不明”，却指定某一服务员提供服务，其他的员工就会特别关注；如果发现客人与自己的同事的对话内容涉及了工资、联系方式等敏感话语，更会竖起耳朵仔细听，甚至还假借服务上前验证，如判断出有异常，就迅速地告诉上级。无论哪一级管理人员听到这样的消息，都会非常迅速地出现在这些居心叵测的“客人”面前，仔细地询问对菜品的意见或者赠送点食品饮料等，突如其来、异常热情的关注，会让“伯乐”们明白目标已经暴露，而不得不草草收兵。

员工的思想工作要做足

餐饮业的员工从刚入职的懵懂到成为一个熟练的服务人员，大致会经历以下几个阶段。刚入门时一无所知，处处不知所措又对一切充满了好奇，在工作一段时间以后，便进入了“成长期”。在这段时间里，求知欲旺盛，对工作也充满了激情，逐渐掌握了服务的各类技能技巧。随着业务技能越来越熟练，工作热情却日趋回落，部分员工甚至会出现这样的心态，认为餐饮业不过如此(相对来说这一段时间还会比较长)。随着行业知识的积累，会明白自己所掌握的技能技巧实在是微不足道，要想在这个行业发展任重而道远。有了这样的心态，才会重新审视自己，开始在工作中学习，在学习中工作，一点一滴地日积月累，促使自己的能

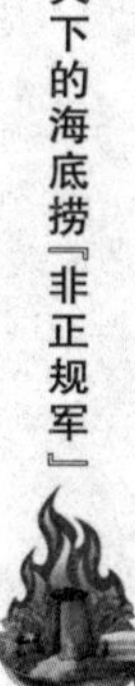

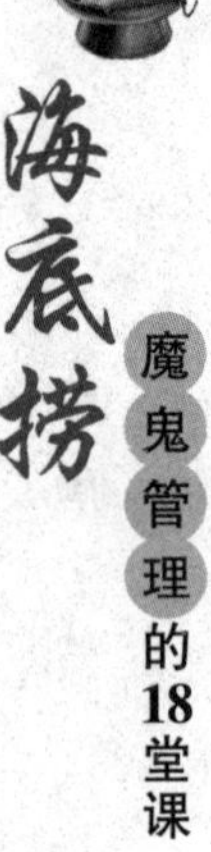

力不断提高。

如果一个有潜质的员工,在一家适合发展自己的餐饮企业,经历了上述的四个阶段,基本上就有了相当的职业成熟度和较为鲜明、完备的职业个性。也就是说,已经“发育”成一个职业上的成年人。如果在这个时候,再去选择其他的餐饮企业开始自己职业生涯的另一个阶段,无疑能增长自己的见识,学习到更多在以前的餐厅学不到的东西。如果尚在成长阶段,就轻易地跳到另一家餐饮企业,甚至在一年内跳两三家,一方面很难让自己形成鲜明的职业个性和拥有完整的职业知识结构,另一方面也影响自己对所从事行业的了解和接受程度。最常见的情况是:跳槽到比现在档次低一点的餐厅做高一级的管理人员,那么更要慎重。几乎所有的老板或职场人士都这样认为:星级酒店的餐饮部经理有能力到大众酒楼做总经理,而星级酒店的餐饮部领班做普通饭店的楼面经理绰绰有余。但事实上这样的看法是绝对错误的。星级酒店对中层管理人员的素质要求是高度的专业化,而普通的酒楼对管理人员的要求是有丰富的实践经验和社会知识,协调能力强,还应付得了三教九流,至于在星级酒店中所要求的过级的英语,接待各国贵宾时的服务规范和注意事项,以及其他的一些必备技能,在大众酒楼根本没有施展的机会。不仅如此,他们可能还会因为自己以前惯用的经验在新的企业里屡次失灵而万分沮丧,失去在新企业继续发展的信心,甚至会产生放弃在本行业发展的念头。

魔鬼管理训练课

为了能够让海底捞的员工心真正地踏实下来,张勇当起了海底捞的“大家长”。无论是工资还是生活,张勇总为员工设身处地着想。

服从是第一执行力

海底捞的员工无疑是幸运的，他们交口称赞自己的老板；而海底捞的老板无疑也是幸运的，他有那么多忠心耿耿的员工，卖命地为企业工作。海底捞的诸多服务小细节，绝对不可能是老板一个人想出来的，而是众多一线员工真心实意并设身处地摸索、提炼出来的，更难能可贵的是他们自己愿意不折不扣地去加以执行。在这家企业，我们看到了管理者与被管理者之间信任与激励的“良性循环”，看到了老板的目光远大、以人为本、舍财得财(才)；我们也看到了员工的感恩图报、积极进取、不断成长。相较于几年前盛行的老板让员工去看《没有任何借口》，这样的管理理念与管理实践在中国实在是太稀少了。无疑，海底捞的员工们，具有很强的执行力。

狼族在动物界是执行力最神速的族群。在共同捕猎时，狼王就是最高首领，狼群的一切行动都要听它的指挥。在狼王的指挥下，每条狼都有自己的任务。对于自己的任务，每条狼都是无条件地绝对服从，即使是为了试探对手的实力而佯攻的狼也毫无怨言，即使它们很有可能因为狼群的整体利益而受伤甚至牺牲自己的生命。

作为万物之灵的人类，是否具有狼族那样的服从精神呢？试问：当上级安排一项任务让你执行时，你首先会表现出怎样的态度？

有的员工会说：“好的，我一定完成任务。”然后立即行动起来，投入到执行中去。

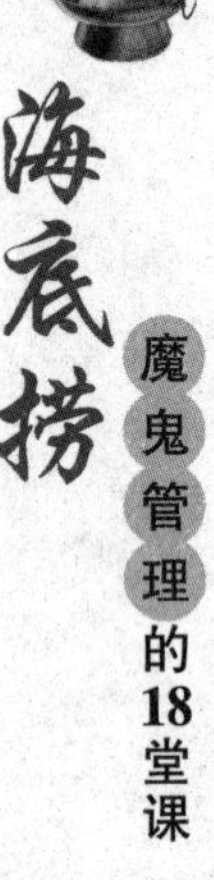

有的员工会说:“是让我做吗?好吧。”可能将任务放在一边,等上级查核时才不得不做。

有的员工会说:“这样的工作我从没做过呀,小张这方面有经验,是不是让小张做?”倘若这个借口推辞不掉,接着寻找别的借口。

这三种态度,哪一种是正确的呢?哪一种是领导最想听到的回答呢?下面的故事也许能告诉你答案:

1898年,美国准备对西班牙宣战,麦金莱总统认为赢得这场战争的关键是和古巴起义军合作,尽快同卡利斯托·加西亚将军,这位古巴起义军的领导人联络上。当时,加西亚将军正率部为独立而战,西班牙人正全力搜捕他,谁也不知道他确切的消息。

麦金莱总统召见了美国军事情报局局长阿瑟·瓦格纳上校,问到哪儿找一个信使能把信送给加西亚将军。瓦格纳上校推荐了一位年轻的军官——安德鲁·罗文中尉。

一个小时之后,罗文来到瓦格纳上校跟前。“小伙子,”瓦格纳上校说,“你的任务是把这封信送给加西亚将军,他也许在古巴西部的什么地方……你只能独立执行并完成这项任务,它是你一个人的任务。”

说完,瓦格纳上校和罗文握了握手,又强调说:“把信送给加西亚。”

罗文一个字都没问就走了,历尽险阻把信交给了加西亚,并将加西亚的回复转达给了麦金利总统。

从罗文身上,可以挖掘出很多现代卓越员工必须具备的优秀品质。如敬业、忠诚、自动自发,这都是执行的要素。对于执行来讲,还有一种最基本的也是最重要的品质,那就是服从。当瓦格纳上校交代完任务后,罗文绝对地服从,一个字都没有问,立即动身出发了,并出色地完成了任务,为赢得美西战争、解放古巴做出了重要贡献。

再来看看前面的三种态度,哪一种正确自然是不言而喻了。当领导安排一项任务时,优秀的员工会很坚决地说:“好的,我一定完成任务”。

也就是说,首先要服从,无条件地服从。这是一种责任,是对工作高度负责的表现。因为只有无条件地服从,才会立即无任何借口地执行;也只有无条件地服从,才会斩断推诿和拖延的念头。

试想,当一个人第一时间服从并决定立即执行任务时,还有时间琢磨怎样推诿甚至拖延工作吗?一旦树立起了无条件服从的责任意识,执行就会立竿见影, 在这个讲究效率和速度的时代。还意味着抢占了先机,赢得了时间。从这个意义上讲,服从是第一执行力,唯有坚决的服从,才能确保执行的效果,也才能创造出大的业绩和有所作为。

如果罗文中尉向瓦格纳上校问这问那,甚至抱怨任务的艰巨,不情愿地接受任务后,又不竭尽所能去寻找加西亚将军,甚至在丛林里开起了小差,结果会是如何呢?那肯定会影响到麦金莱总统的决策,甚至贻误战机,改变战争的结局。

服从命令是军人的天职。在执行任务的过程中,一个优秀的狙击手没有任何自我的观念,他所需要做的就是服从命令,只用一颗子弹完成任务。在二次世界大战中,英军中一位叫迈肯·里德的狙击手虽然完成了既定任务,但他仍然被开除出队,因为他没有按照原先制定的计划行事。绝对服从,是军队的核心精神。同样,服从也是现代组织文化的重要组成,员工必须服从于领导。

魔鬼管理训练课

服从是第一执行力,唯有坚决的服从,才能确保执行的效果,也才能创造出大的业绩和有所作为。

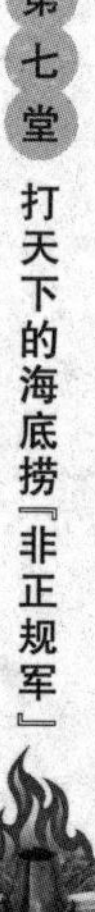

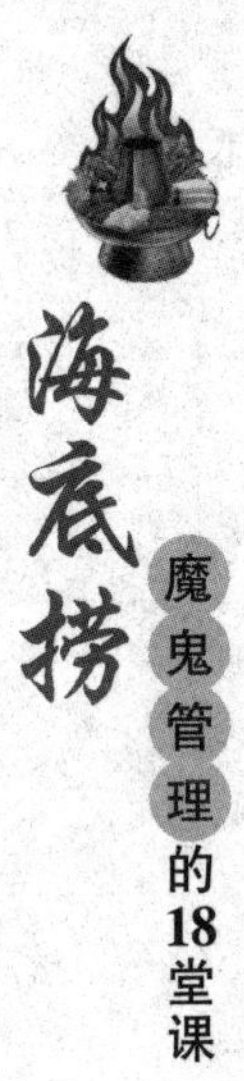

美好的第一印象

在餐饮企业中,得体的服饰也是不容忽视的因素,因为它是服务的一部分,也是让顾客留下第一印象的关键。虽然这是个通俗易懂的道理,但还是有一些餐饮企业不注重服务人员的服饰,以致失去了顾客群体。

大多数情况下,当顾客来到一家餐馆以后,餐馆服务人员的服饰会首先映射到顾客的眼中。也就是说,服务人员的服饰会给顾客留下深刻的印象。服饰合体、干净、整洁不仅能让顾客感觉到赏心悦目,还能增加顾客的满意度;相反,那些衣服上满是褶皱和油渍的服务人员给顾客带来的印象往往是不好的,甚至会让顾客失去食欲。顾客为何会出现如此强烈的反应呢?心理学家对此给出了解释:“每个人都喜欢美好的事物,他们对待事物的态度也大抵相同。即,对那些赏心悦目的人或事人们大多表示赞美,而对于那些给视觉带来污染的事物大多会不屑不顾。比如,顾客来到一家就餐环境优雅、服务人员服饰得体的餐厅要比在就餐环境差,甚至有蝇虫出现且服务人员穿着邋遢的餐厅就餐的心情要好得多。而这正是顾客第一印象产生的不同结果。”

的确如此,餐饮企业服务人员服饰是否得体是给顾客留下美好印象的关键。但随着餐饮企业竞争日益激烈,服务人员服饰的得体性也成为了餐饮企业对顾客服务不可或缺的重要因素。在菜品口味差不多的情况下,让顾客选择去哪家餐馆就餐的因素是服务因素,确切地说就是餐厅服务人员穿着服饰是否得体。让我们来看一个日常生活中的实例。

马翠蓝是一位美食杂志的编辑。她对美食有着非常敏锐的嗅觉,经常到全国各地出差的她会将当地的美食统统吃个遍。通过品尝,她发现不同餐馆的同一道菜虽然在口味上可能会有细微的差别，但是餐馆的服务却存在很大不同。有些餐馆的服务非常到位,服务人员的着装也十分得体,而有些餐馆的服务却非常差,服务人员也不注重服饰的选择。在她就餐过程中经常会遇到不愉快的就餐经历。比如有一次在杭州的一家火锅店就餐。虽然该餐厅的火锅口味好,但当她看到身穿布满油渍的围裙、脚穿拖鞋的服务员站在她面前为她点菜时,她对该餐厅的印象立刻大打折扣,于是漫不经心地点了一个菜,草草吃了几口便离开了。

其实,马翠蓝之所以只点了一个菜,是因为她对该餐厅服务人员着装的不满意。在她看来,餐馆中的服务员在服务客人的过程中最起码的着装标准就是要衣着干净整洁的服饰，而该餐厅的服务人员却围着一条布满油渍的围裙为马翠蓝服务,这一点让她感到非常不满意,以致她只点了一个菜，草草吃了几口就离开了。相信她再也不会到这家餐厅了,而这家餐厅也因此而失去了马翠蓝这样一位顾客。

马翠蓝的实例就发生在竞争日益激烈的餐饮企业中。试想,如果有餐饮企业没有注重服务员工的服饰问题,也定会出现失去顾客的情况。海底捞为了避免前车之鉴，特别注重服务人员的服饰问题。在张勇看来,要服务好顾客首先要让顾客对服务人员产生好印象,而这个好印象与得体的服饰有着非常紧密的关系。因此,海底捞对员工的服饰有非常高的要求。那么,这种高要求具体表现在哪些方面呢?

服饰材质选择方面

海底捞在对员工服饰材质选择方面追求质感，因而在为员工制作工作服时,海底捞会参考空姐工作服的标准进行材质的选择。为此,海底捞有自己的制衣公司,为每个员工量身定做工作服,并保证工作服无论是外形还是质感方面都追求最好，以致很多第一次来海底捞吃火锅的顾客都会对海底捞服务员的服饰做出这样的评价:“海底捞的员工的

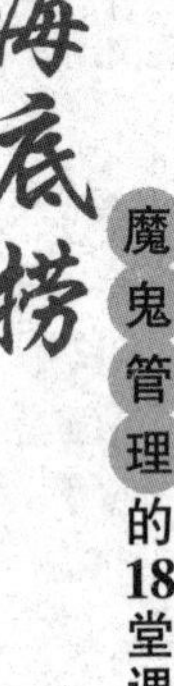

衣服真是漂亮,甚至让我们产生了是空姐在为我们服务的幻觉。”的确如顾客评价的那样,海底捞在员工的服饰选择上不仅会花费大量精力,还会投入重金。而海底捞这样做的目的只有一个,就是以良好的精神面貌为顾客更好地服务,从而给顾客留下一个美好的印象。

服饰颜色选择方面有讲究

餐饮企业员工服饰的颜色有很多种,比如代表火热的大红色、给人视觉上带来冲击的亮黄色、凸显张扬特性的绿色,或者突出古典气息的黑色等等。服饰颜色的选择相信是很多餐厅最容易忽视的问题,在他们的观念里,服饰颜色根本不值得引起关注,也不会对餐厅经营带来影响。但根据国外餐饮企业的一份调查研究表明,餐饮企业员工服饰颜色的问题在一定程度上能够影响到餐饮企业就餐顾客的数量。而且,研究中还列举了影响餐饮企业经营发展的不利颜色,如亮黄色、亮绿色、墨黑色等。研究认为亮黄色和亮绿色会给顾客带来视觉上的冲击,甚至让一些顾客感觉到刺眼,进而让顾客感觉到服务人员个性的张扬,从而影响到顾客的就餐心情。鉴于以上原因,海底捞在员工服饰颜色的选择上非常有讲究,会选择一些不给顾客视觉带来冲击,以及能让顾客感到舒服的颜色,如米黄色或紫色。在张勇看来,这两种颜色能最大限度地让顾客感觉到舒服,从而提升顾客的就餐心情。

服饰搭配方面有学问

海底捞在服饰搭配方面也有很大的学问。海底捞统一为女服务员定制了空姐样式的服装,还搭配有彩色的丝巾等装饰物。这样一来,让很多初来海底捞就餐的顾客误以为得到了空姐的服务。而男服务员在服饰搭配上同样表现出很强的服务理念。比如,海底捞的男性迎宾员,衣着黑西裤、白衬衫后,还会搭配一件非常有质感的马甲和领结,让顾客看着很舒服。

在日常经营中，海底捞已经将员工穿着得体的服饰为顾客服务作为不可忽视的服务理念,因为这样能为海底捞赢得越来越多的顾客。

魔鬼管理训练课

在餐饮企业中,得体的服饰也是不容忽视的因素,因为它是服务的一部分,也是让顾客留下第一印象的关键。

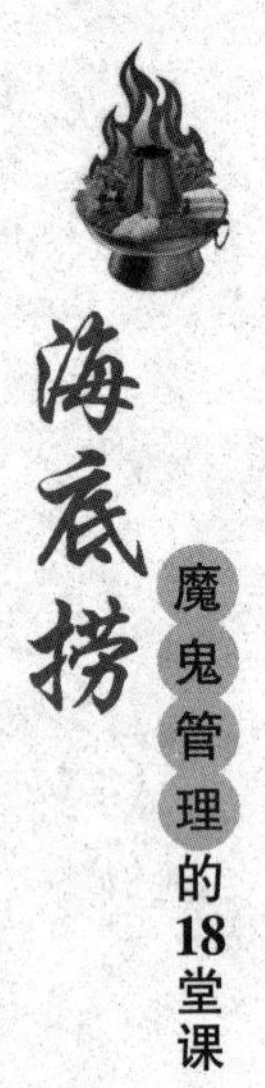

笑脸文化，永远把自己的笑脸露出来

服务人员，给了顾客一个直接的印象。服务人员的服务好坏、态度优劣，首先体现在脸上。笑最能给顾客一个直观感受。尤其是像餐饮这种服务业，更是要靠人来传递给顾客有关企业的理念，最终也往往是靠人来决定了其达到的标准究竟是怎样的。一家百货商店的人事经理曾经说过，她宁愿雇用一个没上完小学但却有愉快笑容的女孩子，也不愿雇用一个神情忧郁的哲学博士。

让员工“认同公司，快乐工作，微笑服务”，经理对领班微笑，领班对员工微笑，员工对顾客微笑，最后顾客对海底捞微笑，这个“微笑链”使海底捞笑傲于竞争激烈的餐饮行业。

海底捞内部灌输微笑无成本论和回报论，店面经理问员工：“你们对顾客微笑有没有损失什么？”员工回答：“没有啊！”经理就会因势利导进行讲解，微笑是一种无成本的投资，不用付出任何直接的物质成本，但带来的却是海底捞最可贵的口碑效应，是超额的回报，是顾客的回头率，因此，为什么不对顾客微笑呢？

在海底捞员工手册的任何一页，你都找不到微笑应该露6颗牙齿还是8颗牙齿的标准，但在任何一家海底捞的门店，你都无法忽略每个员工脸上“发自内心的微笑”。张勇喜欢简单，喜欢真。张勇对采访他的记者说：“我看到有的餐厅训练服务员，微笑要露出八颗牙齿，嘴里夹着根筷子训练,我说那哪是笑啊,简直比哭还难受。那些僵硬的笑容,并不是发自内心的。海底捞从来不做这类规定。'激情+满足感=快乐',这两条都满足了,员工自然就会快乐,并把这种情绪带到工作之中。"

真诚的微笑具有感染力,一个不起眼的微笑可以给人以鼓励,可以使人振奋,可以给人以温暖,可以让人久久地回忆。就像有人形容海底捞店门前代客泊车的服务员一样,"泊车小弟的笑容也很温暖,完全不以车型来决定笑容的真诚与温暖程度"。海底捞的每一名员工都在用微笑感染着每一位顾客。让每一位顾客在消费的过程中不仅获得了身体上的满足,更是体验到了心理上的愉悦。

从迎宾将顾客引进门开始,一直到顾客用餐结束,从等位区的等待,去卫生间,不管是从身边经过,还是迎面碰到的,每一位服务员的脸上除了真诚、亲切的微笑,还是真诚、亲切的微笑。他们发自心底的有一种自己是海底捞员工,为顾客提供服务而拥有的自豪感。如今这种员工发自内心的微笑已成了海底捞最令人津津乐道的"注册商标"。

谈到微笑服务促进服务事业的发展,美国的希尔顿饭店无疑是先驱。

当年轻气盛的康纳·希尔顿已经拥有5100万美元的时候,他得意洋洋地向他的母亲报捷。老人对儿子的现有成绩不以为意,但却语重心长地提出了一条建议:"事实上你必须把握住比5100万美元更值钱的东西。除了对顾客诚实以外,还要想办法使每一个住进希尔顿饭店的人住过了还想再来。你要想出一种简单、容易、不花本钱而行之久远的办法去吸引顾客,这样你的饭店才有前途。"

希尔顿冥思苦想了很久,才终于悟出了母亲所指的那种办法是什么,那就是微笑服务。从此以后,"希尔顿饭店服务员脸上的微笑永远是属于旅客的阳光"。在这条高于一切的经营方针指引下,希尔顿饭店在不到90年的时间里,从一家饭店扩展到目前的210多家,遍布世界五大洲的各大城市,年利润高达数亿美元,资金则由起家时的5000美元发展到几百亿美元。老希尔顿生前最快乐的事情莫过于乘飞机到世界各国的希尔顿连锁饭店视察工作。但是所有的雇员都知道,他问讯你的第一句话总是那句名言:"你今天对客人微笑了没有?"

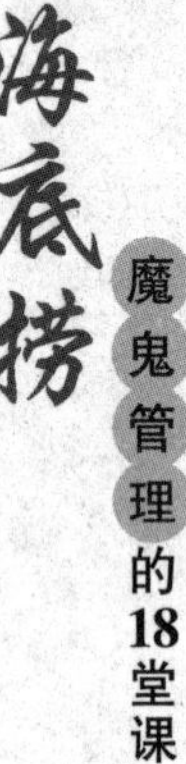

微笑服务，从心开始，是文明优质服务的具体体现。正如一位哲人所说："微笑，它不花费什么，但却创造了许多成果。它丰富了那些接受的人，而又不使给予的人变得贫瘠。它在一刹那间产生，却给人留下永恒的记忆。"

微笑是一种天然资源，它给人留下的是宽厚、谦和、亲切的印象，表达出的是对顾客的理解、关爱和尊重。微笑不需要投资，但微笑的价值是无限的，微笑可以增加利润，微笑更能创造成功和奇迹。微笑是沟通商家与顾客思想感情的桥梁，是进行商业活动的粿合剂，更是商家增加效益的巨大的无形资产。

现代企业管理中，特别是一些服务性的行业，微笑就是效益。微笑说起来挺容易，但做起来不一定人人都会。

要发自内心

对于顾客来说，营业员硬挤出来的笑还不如不笑。有些商店提出"开发笑的资源"，强求营业员向顾客去笑，甚至鼓励或要求营业员回家对着镜子练笑，这都是不明智的做法。微笑，是一种愉快的心情的反映，也是一种礼貌和涵养的表现。营业员并不仅仅在柜台上展示微笑，在生活中处处都应有微笑。在工作岗位上只要把顾客当作自己的朋友，当作一个人来尊重他，你就会很自然地向他发出会心的微笑。因些，这种微笑不用靠行政命令强迫，而是作为一个有修养、有礼貌的人自觉自愿发出的。唯有这种笑，才是顾客需要的笑，也是最美的笑。

要与顾客有感情上的沟通

微笑服务并不意味着只是脸上挂笑，而应是真诚地为顾客服务。试想一下，如果一个服务员只会一味地微笑，而对顾客内心有什么想法，有什么要求一概不知，一概不问，那么这种微笑又有什么用呢？因此，微笑服务，最重要的是在感情上把顾客当亲人、当朋友，与他们同欢喜、共忧伤，成为顾客的知心人。

要有宽阔的胸怀

营业员要想保持愉快的情绪，心胸宽阔至关重要。面对顾客的大声吵闹，同样要以微笑对待，绝对不要不高兴或发脾气，要有宽容之心，即便遇到胡搅蛮缠的顾客，也要谨记“忍一时风平浪静，退一步海阔天空”。

魔鬼管理训练课

微笑是一种无成本的投资，不用付出任何直接的物质成本，但带来的却是海底捞最可贵的口碑效应，是超额的回报，是顾客的回头率，

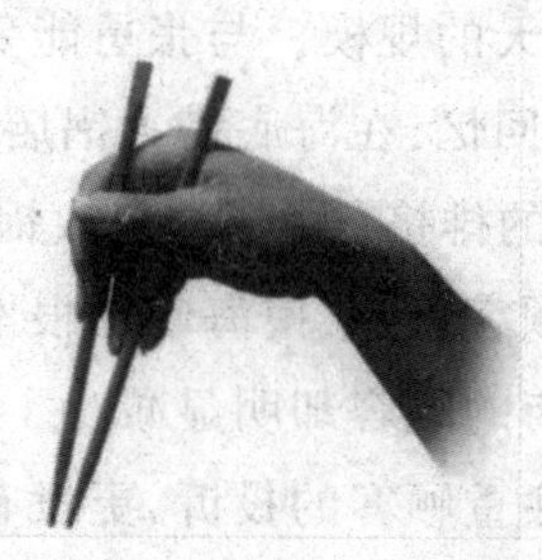

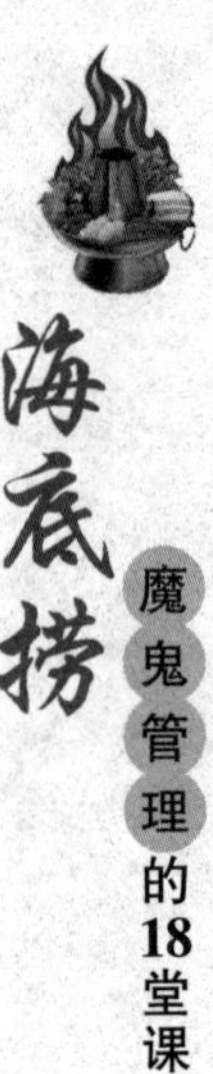

妥善处理顾客的投诉

对于所有服务性的行业来说，顾客的投诉是常见的现象。对于餐饮企业来说，每天都会面对不同类型的顾客，如何妥善处理好顾客的投诉便成为了摆在他们面前最重要的问题。通常，顾客投诉的问题解决的时间越短，顾客的满意度越高，对餐饮企业的印象也就越好。

其实，顾客对餐饮企业做出的投诉只不过是希望餐饮企业能解决问题而已。比如，希望餐饮企业上菜的速度能提高；菜品口味上能比以前要有所进步等。如果餐饮企业能及时处理好顾客做出的投诉，将能最大限度地挽留住顾客，从而提升服务水准。可现实中能做到及时妥善处理好顾客投诉的餐饮企业却少之又少。因为这些企业或多或少存在一定的错误观念。比如，他们没有对顾客的投诉给予足够的重视。这样一来，顾客感到失望的同时就再也不会光顾这家店了。

海底捞能发展到今天的规模，与张勇能妥善处理好顾客的投诉有相当大的关系。据张勇回忆，在海底捞火锅店创办初期，曾遭到过另外一家口味正宗的火锅店的排挤。由于这家火锅店开办了很多年，且火锅口味正宗，赢得了不少顾客青睐，使海底捞根本很难存活下去。可随着时间的发展，这家火锅店的顾客却明显减少了。事后，张勇从别人口中才知道，由于这家店不注重顾客的投诉，更没有及时解决顾客的投诉才导致其经营陷入困境的。这件事对张勇的触动很大，他从中感悟到，任何一家店，如果对顾客的投诉置若罔闻、不理不睬的话，也会遭到顾客的不理不睬。因此，张勇从这家火锅店的前车之鉴中认识到，服务好顾客就要做到妥善处理好顾客的投诉。可以说，正是在这个法则的带动下，加之其他的优质服务，海底捞才迎来了良好的发展。那么，海底捞在日常经营中是如何妥善处理好顾客投诉的呢？张勇主要是从以下一些方面处理顾客投诉的：

先处理情感，后处理事件

在国外的服务行业中有这样一条服务宗旨："先处理情感，后处理事件。"比如，一个人的车子抛了锚，这个人的心情会非常糟糕。在这种情况下，就应该先关注这个人的心情，等他心情好了以后再去关注汽车的修理。这就是"先处理情感，后处理事件"的服务原则。可现实中的很多餐饮企业往往都是忽视了这样的服务宗旨，只是先关注修理汽车，而不关注别人的心理感受。可在海底捞的经营管理中，就会采用"先处理情感，后处理事件"这样的服务宗旨。比如，当接到顾客对上菜速度慢的投诉后，海底捞的管理者首先会安抚顾客的情绪，并表示歉意。因为只有稳定好顾客的情绪后，顾客才不会出现激烈的抱怨情绪。

耐心听取顾客的投诉

张勇认为，只有耐心听取顾客的投诉，才能找出让顾客不满意的真正原因。大多数情况下，顾客的投诉经常是带有发泄性的，且他们的情绪非常不稳定。如果此时没有耐心地听取顾客的投诉，只会让顾客更加火上浇油，从而加剧顾客的不满程度。因此，最理性的处理顾客投诉的方法就是要耐心听取顾客的抱怨，避免直接与他们发生争论，等顾客的情绪有所缓和后，再寻求其他方法。

一天中午，4 名顾客走进了海底捞杭州二分店。由于顾客多，所以他们只能排号等候。等了半个小时后，只见排在他们后面的几个人却先他们走进了包间就餐。为此，这 4 名顾客非常不解地问服务员："他们排在我们后面，为何他们先进了包间呢？"

"他们额外付了 50 元的包间费就可以提前就餐。"服务员答道。

4 名顾客非常生气，便来到前台进行了投诉，并要求店长做出解释。

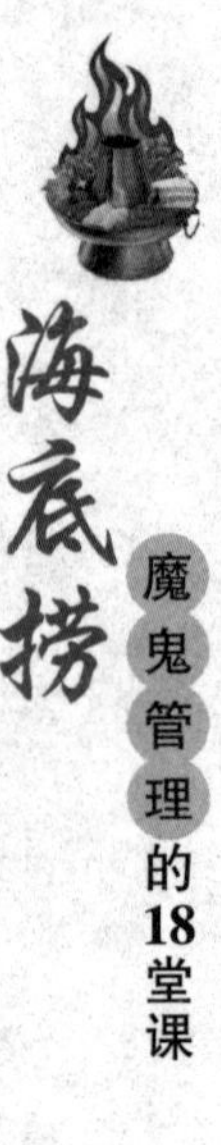

当店长来了以后,4 名顾客的情绪仍然非常激动,甚至对店长指手画脚。但这名店长并没有与顾客展开争执,而是和颜悦色地听着顾客的抱怨,因为他深知只有耐心听取顾客的投诉才能让顾客心中的怒火平息。因此,在顾客抱怨的过程中,他总是耐心地听着。听完顾客的抱怨之后,店长安慰了顾客,承诺立即给这 4 名顾客一个包厢,并给予八折优惠。至此,4 名顾客的情绪才得以平复。

认同顾客的感受

很多顾客在投诉时会表现出失望、沮丧、怒气冲天等情况。可能有一些餐饮服务人员会觉得非常委屈:“我的态度这么好, 他们凭什么还要对我大呼小叫呢?”其实,服务人员没有必要将顾客的这种表现当做是对自身的不满。因为,顾客的发怒通常在潜意识里需要一个载体来发泄而已。因此,对于顾客的投诉,服务人员只当自己是倾听对象就可以了。

其实,很多时候顾客的投诉完全是情理之中的事情。通常,他们做出的投诉都希望得到极大的关注以及最快速的解决, 而在这种情况下让顾客知道服务人员能理解他们的心情就显得非常重要。比如,当顾客投诉上菜速度过慢时,服务员可以这样说:“先生,非常抱歉让您在等菜的问题上感到不愉快,我非常理解您的感受。”这样至少能让顾客感觉到服务人员的坦诚。因此,只有与顾客展开同步沟通,才可能了解他的问题,并找到恰当的方法与顾客沟通交流,从而化解顾客心中的怒火,进而成功处理顾客的投诉。

海底捞在日常经营中如果出现顾客抱怨时,服务人员就会说“非常抱歉”、“对不起”之类的话,因为此类道歉的话语表明服务员对顾客不愉快的经历深表歉意。如此一来,顾客燃烧的怒火就会很快熄灭。

迅速对顾客提出的投诉采取行动

很多时候,顾客提出投诉之后,最大的目的就是希望问题能及时得到解决。可一些餐饮企业却经常会出现这样的情形:顾客要求的菜品差一个还没有端上来,于是他们就催促服务员。此时,有些服务员虽然在口头上说了些抱歉之类的话,可转眼工夫就将为顾客催菜的事情忘得一干二净。当顾客等了许久还没有看到所点的菜品端上来时,他们往往会火冒三丈,并要求退菜。在张勇看来,这样的服务人员犯了服务中的大忌:没有对顾客的催促或抱怨迅速采取行动。这样做无疑加剧了顾客的抱怨。长此以往,该餐饮企业肯定会失去很多顾客。为了避免这样的覆辙,张勇要求海底捞的全体员工都能对顾客提出的投诉,迅速地采取行动。比如,有顾客催菜时,服务人员会立即到后厨催菜,做到第一时间将菜品端上来;如果有顾客投诉排队等候就餐的时间太长时,服务人员会破例为他们安排就餐包间,以帮助顾客解决烦恼。

适当地给顾客做出补偿

服务行业不可避免地会出现被顾客投诉的情况,而餐饮企业也很难独善其中。为了向顾客表达最真诚的歉意,可以在解决顾客投诉之外给予他们一定的补偿,以避免今后再次发生类似的事情。比如,当顾客就餐时,发现菜品里出现"不明物"时,道歉的同时还要给予优惠或补偿,因为这才是平息顾客投诉最好的办法。

海底捞在日常经营中也会像其他餐饮企业一样遭遇到顾客的不满与投诉。正当其他餐饮企业将顾客的投诉看成是"魔鬼",并被它弄得焦头烂额时,海底捞却能妥善处理好与"魔鬼"的关系,最终削弱"魔鬼"的威力。海底捞之所以能做好这些,可以说与其坚守的服务理念有关,即:将妥善处理顾客的投诉看成是提升服务品质的不二法则。

魔鬼管理训练课

如果餐饮企业能及时处理好顾客做出的投诉,将能最大限度地挽留住顾客,从而提升服务水准。

第八堂

成就最优秀的人才

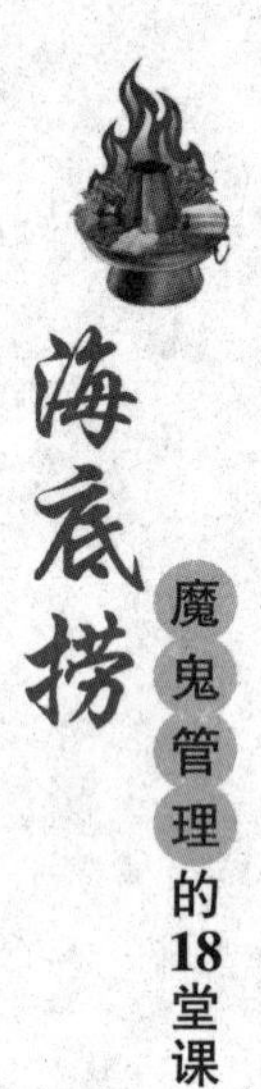

价值观——选择员工的不二法门

如果你认为只要对员工好，把他当作自己人，他就会为你赚钱，那实在是有失偏颇！在海底捞工作，员工是要符合海底捞标准的，什么是海底捞标准的人？张勇说："标准很多，但原则很简单，就是不怕吃苦的好人。比如，海底捞的员工要诚实肯干，要能快速和礼貌地对客人服务；要能发现顾客的潜在需求，不仅会用手，还要会用脑去服务；不能赌博，还要孝顺。"这样的人，才值得你对他好，他也会同样对你好。

海底捞的用人标准，实质是一个团队的价值观的问题，也就是企业文化。一个企业领导人的理念是什么，决定了这个企业的企业文化是怎样的。物以类聚，人以群分，张勇是这样品质的人，海底捞用人的标准也不会逃出这个框架。海底捞就是一群这样的人组成，他们真诚善良，他们吃苦耐劳，他们信奉双手改变命运。

企业的价值观是企业员工评价事物价值时所持有的观点和准则，而企业核心价值观是企业整个理念体系的核心。

对于任何一个企业来说，只有当企业内绝大部分员工的个人价值观趋同时，整个企业的价值观才可能形成。和个人价值观主导人的行为一样，企业所信奉和推崇的价值观是企业的日常经营与管理行为的内在依据。

这里所说的价值是一种主观的、可选择的关系范畴。一事物是否具有价值，不但取决于它对什么人有意义，而且还取决于谁在做判断。不同的人很可能会做出完全不同的判断。如一个把判断作为本位价值的企业,当利润、效率和创新发生矛盾时,它会自然地选择后者,让利润、效率让位。反之,另一些企业可能认为企业的价值在于致富、企业的价值在于利润、企业的价值在于服务、企业的价值在于育人。那么,这些企业的价值观分别又称为"致富价值观"、"利润价值观"、"服务价值观"、"育人价值观"。

简而言之,企业价值观是为员工所接受的共同观念。

(1)价值观是企业所有员工共同持有的,而不是一两个人所有的。

(2)企业价值观是长期积淀的产物,而不是突然产生的。

(3)企业价值观是支配员工精神的主要的价值观。

(4)企业价值观是有意识培育的结果,而不是自发产生的。

价值观是企业文化的核心。菲利浦·塞尔日利克说过:"一个组织的建立,是靠决策者对价值观念的执着,也就是决策者在决定企业的性质、特殊目标、经营方式和角色时所做的选择。通常这些价值观并没有形成文字,也可能不是有意形成的。不论如何,组织中的领导者,必须善于推动、保护这些价值,若是只注意守成,那是会失败的。总之,组织的生存,其实就是价值观的维系,以及大家对价值观的认同。"

事实上,企业文化是以价值观为核心的,价值观是把所有员工联系到一起的精神纽带;价值观是企业行为规范制度的基础;价值观是企业生存、发展的内在动力。

企业价值观是企业精神的灵魂,能确保员工向统一目标前进。企业价值观的发展和完善是一个永无止境的工作,企业的各级管理人员要认真考虑究竟什么是企业最实际、最有效的价值观,然后不断地检讨和讨论,才能让企业的价值观永葆活力。事实上,这样做有助于大家统一思想,步调一致,促进发展。GE 的严厉和它强调共有价值观,这并不是相互矛盾的事情,二者借来自相同的根源——企业必须掌握自己的命运。

无数例子证明,企业价值观建设的成败,决定着企业的生死存亡。所以,成功的企业都很注重企业价值观的建设,并要求员工自觉推崇和传播本企业的价值观。为了让企业员工了解企业的价值观,价值观应该

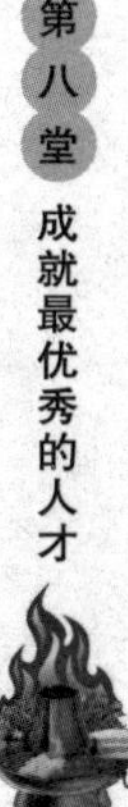

用具体的语言表示出来，而不应该用抽象的语言表达。

例如，IBM 提出“最佳服务精神”，把为顾客提供世界上第一流的服务作为最高的价值信念；海尔公司把价值观表示为“真诚到永远”等等。同时，不同的企业，最好能用不同的语言表达本企业的价值观，以避免雷同，但要做到这点很难，不过尽可能努力去反映一个企业的基本特征，能够把一个企业的对内对外态度和另一个企业区别开来。

企业价值观的作用主要表现在：

1.企业价值观决定了企业的基本特性。在不同的社会条件下，会存在一种被人们认为是最根本、最重要的价值，并以此作为价值判断的基础，其他价值可以通过一定的标准和方法“折算”成这种价值。这种价值被称为“本位价值”。企业作为独立的经济实体和文化共同体，在其内部必然会形成具有本企业特点的本位价值观。这种本位价值观决定着企业的个性，规定着企业的发展走势。

2.企业价值观对企业及员工行为起到规范作用。企业价值观是企业中占主导地位的管理意识，能够规范企业领导者及员工的行为，员工很容易在具体问题上达成共识。从而大大节省了企业运营成本，提高企业的经营效率。值得注意的是，企业价值观对企业和员工行为的导向和规范作用，不是通过制度、规章等硬性管理手段实现的，而是通过群体氛围和共同意识引导来实现的。

3.企业价值观为企业的生存与发展提供了精神支柱。企业价值观是企业领导者和员工据以判断事物的标准，一但确立并成为全体成员的共识，就会产生长期的稳定性，甚至成为几代人共同信奉的信念，对企业的长久发展具有直观重要的作用。当个体的价值观和企业价值观一致时，员工就会把为企业工作看作是为自己的理想奋斗。企业的发展过程中，总要遭遇顺境和坎坷，一个企业如果能使其价值观为全体员工接受，并且能让员工生发出自豪感，那么企业在面临困难的时候就有了更坚强的精神支柱。

4.企业价值观能产生凝聚力，激励员工释放潜能。企业的活力是企业整体力（合力）作用的结果。企业合力越强，所引发的活力就越强。

对于一个企业来说,没有一个共同的价值观,这个企业形不成统一的文化。领导者要善于培养教育员工,让每一位员工认可,这样才能产生巨大的威力。就像每一个电子,原来是无序活动,给它施加一个电压后,它们的正极和负极一致了,于是产生了能量。这个电压就是企业文化,就是员工的价值观。

有什么样的企业文化,就会塑造什么样的企业。一个人的价值观,特别是领导者的价值观,决定了企业文化的特质,也决定着企业的气质,它影响着企业的行为。伟大的企业必然有伟大的领导者,你愿意成为伟大的领导者吗?

魔鬼管理训练课

有什么样的企业文化,就会塑造什么样的企业。一个人的价值观,特别是领导者的价值观,决定了企业文化的特质,也决定着企业的气质,它影响着企业的行为。

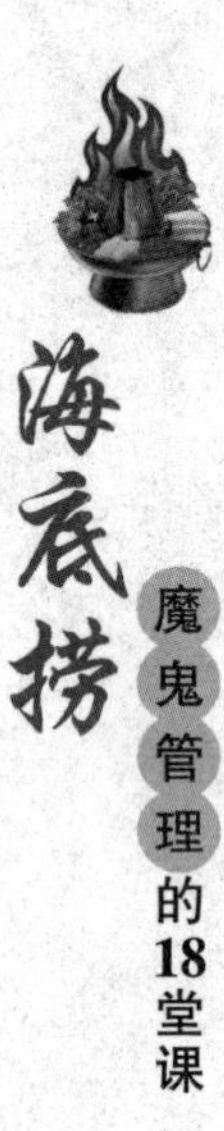

注意企业内部人才的发掘

人才宝贵,甚于资本。

做工程设计需要人才,开火锅店人才同样不可或缺。海底捞的总经理张勇是个惜才爱才的人,为了招揽人才,他待遇优厚,不惜重金,为了留住人才,他大胆放权,委以重任。餐饮行业历来都是铁打的营盘流水的兵,能够在一个饭店干超过一年的服务员就已经算是老资格了,至于经理层,大多数饭店企业只能从外面专门聘请职业经理人。这样招来的经理往往会犯纸上谈兵的毛病,只重理论而不顾现实,毕竟一个名牌大学毕业、上过 MBA 课程的经理人,没几个是在饭店里洗过盘子端过菜的。饭店管理这东西,不只是书本上的空中楼阁,没有最直接地接触过第一线,还真的很难在理论上做到指导正确。

而海底捞却能做到从最底层培养起属于自己的“职业经理人”,这归功于海底捞重视人才,但更得力于海底捞会自己培养人才,在工作中创造人才。

英国剧作家易卜生曾说过一句著名的话:人一生最大的责任,就是把你这块材料铸造成器。

许多人才都并非天赋异禀,而是在后天的锻造中逐渐展露才能。只要方法得当,环境允许,每个人都有不可限量的潜力等待开发。海底捞正是看到了这一点, 他们传承着师徒制的培养方法, 鼓励员工多多学习,甚至创办海底捞大学,送中层以上管理者去读 MBA 课程。海底捞是聪明的,他们懂得人才不单单是可以找来的,还可以自己去创造。

1956年,在松下电器公司的人事研讨会上,与会者是各部门的人事负责人。松下幸之助亲自莅临讲话,并直接发问:“你在拜访客户时,如果对方问你,松下电器是制造什么产品的公司,你们如何回答?”

业务部的人事课长恭恭敬敬地回答:“我会告诉他,松下电器是制造电器产品的。”

“错了,像你这样回答是不负责任的!你们整天都在想什么?”松下的训斥响彻整个会场。难道真的错了吗?难道松下电器公司不是生产电器产品的吗?与会者都莫名其妙,遭训斥的人事课长更是搞不懂哪里说错了。

松下脸色很难看,拍着桌子怒气冲冲地说:“你们这些人都在人事部门任职,难道还不懂得培育人才是你们人事干部最主要的职责吗?如果有人问松下电器是制造什么的,你们就要回答说松下电器是培育人才的公司,并且兼做电器产品。你们都严重渎职!经营的基础是人,对于这一点,我不知讲过了多少次。在企业经营上,资金、生产、技术、销售等固然重要,但人却是这些东西的主宰,归根结底人是最重要的。如果不从培育人才开始,那松下电器还有什么希望?”

松下比任何人都强烈地感到培育人才的重要性。早在创业初期,松下就认识到:“拥有优秀的人才,事业就能繁荣;反之就会衰败。”

松下公司重视人才、科研和智力开发。当有人问,松下公司最大的实力是什么?松下幸之助回答:“是经营力,即经营者的能力。”他指出:“掌握了经营关键的人是企业的无价之宝。”所以,松下强调,在出产品前出人才,在制造产品前先培养人才。

为了达到“造人先于造物”的目的,松下开办了在职训练指南,指的是员工在日常工作中的培训教育。为适应公司全体员工培训工作的全面展开,松下电器在职训练策划人宫木勇编写了《松下电器的在职训练》一书,洋洋10余万言。

松下的心血没有白费,“造人先于造物”的方针让他成为世界经营之神,让松下电器誉满全球。

每一个优秀的管理者都应该明白，一个企业得不到好的发展有时并不是因为没有人才或者缺少人才，而是缺少培养人才、发掘人才潜能的方法和体制。因此，想要使自己的企业常青，不至于在新老交替之时产生断层，企业人力资源的管理和开发就显得尤为重要。

魔鬼管理训练课

海底捞能做到从最底层培养起属于自己的“职业经理人”，这归功于海底捞重视人才，但更得力于，海底捞会自己培养人才，在工作中创造人才。

大浪淘沙，留下来的是金子

海底捞为员工设计好了在本企业的职业发展路径，并清晰地向他们表明该发展途径及待遇。每位员工入职前都会得到这样的告知："海底捞现有的管理人员全部是从服务员、传菜员等最基层的岗位做起，公司会为每一位员工提供公平公正的发展空间，如果你诚实与勤奋，并且相信'用自己的双手可以改变命运'这个理念，那么海底捞将成就你的未来！"

在海底捞，只有两个岗位对学历有特殊要求，这两个岗位是从外部招聘，要求学历和专业的管理水平。技术总监与办公室主任合并由一个人担任；财务总监和物流董事长合并由一个人担任。其他所有的干部，包括北京区经理、西安区经理，每人都要管理近2000名员工，然而他们都是从最基层服务员培养起来的，学历都不是很高，但是都具备同样的素质就是勤奋、诚实和善良。

当然，更重要的是海底捞火锅的晋升制度让他们看到了真切的希望。任何新来的员工都有三条晋升途径可以选择：

管理线：新员工——合格员工——线员工——优秀员工——领班——大堂经理——店经理——区域经理——大区经理；

技术线：新员工——合格员工——一级员工——先进员工——标兵员工——劳模员工——功勋员工；

后勤线：新员工——合格员工——一级员工——先进员工——办

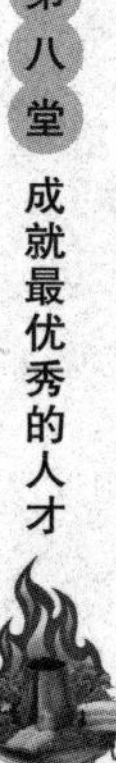

公室人员或者出纳——会计、采购、技术部、开发部等。

每个员工入职以后都从基层做起，从服务员、传菜员、摘菜、洗碗开始做起。然后开始他们的晋级之路。每个人只要在一个职位上连续一段时间都表现优秀，就可以实习更高一级职务，实习合格以后就会拥有那个职位。然后连续一段时间表现优秀就可以再实习下一个职位。

在海底捞，还有个预期待遇，海底捞员工预期待遇高的根本原因是他们都相信自己还能够晋升，并且事实也正是如此。海底捞的晋升制度有以下三个特征。

1.必升而非选升。这有点和部队校级以下军衔的晋升很相似。就是说，每个人只要在一个职位上连续一段时间都表现优秀，就可以升到更高一级职务，实习合格以后就会拥有那个职位。然后连续一段时间表现优秀就可以再实习下一个职位。比如海底捞牡丹园店的实习店长就是从后堂经理提升上来的，店长在教她做店长。等她合格了，店长就可以调走，也是去实习下一个岗位。而这位实习店长合格以后也可以提携一位经理来做实习店长。这是他们的制度，并不是对他们的恩惠。没有带起来合格后备人员之前，他们自己是不能够调任或者升职的。普通员工的评级制度也接近“必升”。比如连续3个月被评为“先进”就可以自动晋升为“标兵”；连续4个月被评为“标兵”就可以自动晋升为“劳模”；连续6个月被评为“劳模”就可以自动晋升为“功勋”。此外，还可以直接被店长晋升级别。

2.流动性大。算起来一个人在同一个职位上只能待1年左右，分别是实习3个月左右，合格以后正式任职半年左右，连续表现优秀以后带“继承人”3个月左右，然后自己就可以再开始下一轮实习。不过海底捞目前全国开设的店，并不能为这么多店长、经理提供职位。因此他们的做法就是让人流动起来。于是，“必升”一般只在店里实行，并不是每个人都一直顺利往上升，有时候中途会不升职而调换到另一个级别更低的岗位去。但是在那个岗位表现优秀仍然是有升职的机会。做到店长以后就不一定总是升职了，而是会安排到别的地区当店长，或者到别的职能部门去——比如到片区分公司人事部做培训工作，如今海底捞北京片区的培训师就是牡丹园店前店长调任的。在海底捞四川物流站,就有以前的店长做卸货工。不是被"贬",而是合理的"工作调动"。只要他还是优秀的,几年以后也可以做物流站站长。并且,每到一个地方,都会接触到新的业务知识,同时也是对自己的提升,为下一步晋升打下良好的基础。因此,海底捞的管理层很多人都有很多部门的工作经历。牡丹园店的实习店长说她在海底捞6年,调动过38次工作。然而,她还不是最多的,最多的有人调动过72次。海底捞目前的规模并不大,把管理层的流动安排到这样的程度,真不是件简单的事。

3.从基层做起。什么是海底捞?"底",其实这是海底捞企业文化的一部分。"海底捞"的"底",就是指"从基层做起"。在店里这一点他们实实在在做到了。并且,领导要从基层做起意味着每一个基层员工都可以晋升成领导。

4.晋升的时候都只在本部门中选人,不会有"空降"的领导。这一点对于普通员工太重要了,因为"空降"领导会把它们晋升的星星之火扑灭。有了这些,就使每一个员工都相信店长、以及张勇经常说的"用自己的双手改变自己的未来"。他们才能在榜样的身上得到动力。劲松店一名传菜员,有一次在和我聊天的时候就说:在海底捞,如果不想努力干的话就趁早离开,只要努力,肯定有回报。海底捞使每一个员工都相信了他们的宣誓词中的话。不得不提的是,如果按照单位时间内同等劳动强度来计算平均待遇的话,海底捞员工的待遇根本不高,甚至可能比不上月薪五六百块的街头小餐厅。但是它的总量优势遮蔽了平均数的不足。而且这产生了一个自动的分层效应:吃不了苦的员工主动走了,或者被企业淘汰了,能吃苦的人留下来了,并且得到了相对较好的收入,这或许就是古语讲的大浪淘沙吧。

如果到海底捞就餐,你可能会被迎入暗色调的餐厅,迎面而来的每一位服务员都会微笑着对你说"欢迎光临",并一再嘱咐你当心脚下的台阶。一入座,递上围裙、给椅背上搭的衣服罩上罩子、贴心地为戴眼镜的顾客递上擦镜布、为长头发的女性顾客递上扎头发的皮筋。如果不幸赶上高峰期,一时没有空座位,免费的美甲、擦皮鞋、上网服务也会让你舒舒服服地打发掉等待的时间。在洗手间，有两名服务员“伺候”客人洗手，这厢为你递上热毛巾，那厢护手霜已经为你备好。没错，你进的不是五星级酒店，这里是海底捞，一家火锅店。

“我叫徐光辉，光辉岁月的光辉，很好记，有什么需要就叫我！”他是一个河南小伙子，正在用夹杂着方言的普通话努力和客人沟通。在海底捞，服务员一扫沉默，甚善变得有点“话痨”，响亮地介绍各色菜品，接到客人的要求，会高声应答：“好嘞！”还能经常听到这样稍显“肉麻”的关心：“唉，小心，我来吧，烫着我没关系，不要烫着您就好了！”随着分店的四处开花，海底捞将川人特有的热情与泼辣带到了大江南北，撒向每一位顾客的心。

海底捞一家普通的门店，多一半是回头客。对于一个在饮食本身并不是特别出彩的火锅店来说，实在是一个惊人的奇迹。因为这里的员工相信，今天我的努力会换来明天的美好，这也是海底捞晋升渠道的设置显示出来的成效。

朱银花，海底捞杭州一店店长。见到她的时候，这位干练的川妹子正在给新员工做培训，大家都亲切唤她“朱姐”，而不是一本正经的“朱经理”。三年前，朱银花加入了海底捞，而如今已是杭州分店最资深人士。朱银花坦言这里和别的餐饮公司“很不一样”：“在这里工作很幸福。”

为什么幸福呢？朱银花想了想，总结出了三点：公平的竞争环境，良好的晋升渠道，人性化的管理。

入职 3 个月，工作出色的朱银花就被提拔为领班。半年后，她通过考试，成了北京片区的经理助理。两个月后，更高级别的厨师长的身份把经理助理的身份取代了。又过了几个月，朱银花已经成了海底捞北京石景山店的店长。一年多一点时间，朱银花的“连级跳”造就了一个晋升奇迹。

除了自己的努力，朱银花更愿意把这和海底捞公平的竞争环境联系起来。“我们这里所有的员工都来自农村，没有人是老板的亲戚，或者其他关系户。”这一点，在朱银花看来，这也和其他餐饮店很不一样，同时也保证了“公平”这个重要的元素。

学历不再是必要条件，工龄也不再是必要条件。这种不拘一格选人才的晋升政策，不但让这些处在社会底层的员工有了尊严，也让这些没上过大学的农民工心里打开了一扇亮堂堂的窗户：只要努力，我的人生就有希望。

对他们来说，袁华强是一个很好的榜样。他是农村人，高中毕业，19岁加入海底捞火锅，最初的职位是门童，现在是北京和上海地区总经理。他的信念是："只要正直、勤奋、诚实，每个海底捞火锅的员工都能够复制我的经历。"在海底捞，这样的事例不胜枚举。

良好的晋升渠道为海底捞"选拔"了很多优秀的员工，为企业提供了源源不断的后备力量，海底捞不但成为餐饮界的榜样，还将仍然屹立不倒。

良好的晋升渠道为海底捞"选拔"了很多优秀的员工，为企业提供了源源不断的后备力量，海底捞不但成为餐饮界的榜样，还将仍然屹立不倒。

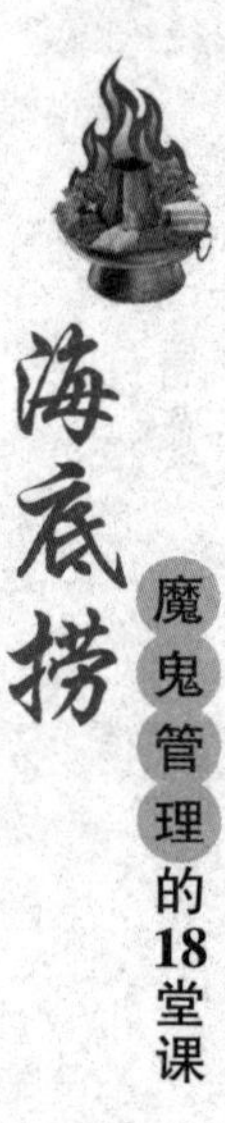

“海底捞”管理先“造人”

人必须一天天长大，成功的企业也从来不是一步登天。从偏僻的四川简阳一路开到北京和上海，张勇发现海底捞很有竞争力，于是他的战略目标就变成了“把海底捞开到全国的每一个角落，做中国火锅第一品牌”。

按照一般连锁经营的商业逻辑，发展势头这么好的海底捞要成为中国第一火锅品牌似乎并不难，因为商业模式、管理团队、中央厨房、原料基地、物流系统和服务流程都已日趋成熟，只要有充足的资金或者通过发展加盟店，就可以实现快速扩张。

可是，海底捞不仅一分钱银行贷款没有，就连找上门的投资银行和私募基金的钱都不要。张勇说，用人家的钱就要按人家的计划开店，可是做生意跟做人一样，该吃饭就吃饭，该睡觉就睡觉，要的是一个境界！因此，海底捞从第一天起到现在30多家店，资金都是从火锅生意上一分分赚来的。用投资银行家的话说，海底捞是纯粹的内生增长。

张勇认为扩张这事急不得，因为他有一块“心病”没解决。那就是：海底捞的所有做法别人都可以复制，只有海底捞的人是没法复制的，而这恰恰是海底捞的核心竞争力。可是上哪找这么多出色的员工呀？不要以为都是农村出来的打工妹，拿一样的工资就能干一样的活。一个人在海底捞可以干12个小时，还笑着说不累，在别的餐馆干10个小时就要愁眉苦脸。

为什么？海底捞的员工是在用“双手改变命运”，而他们的同行仅仅是为了挣钱糊口。

人的思想成长和转变都需要环境和时间。做餐馆的人都知道，任何餐馆一旦做成连锁，流程和制度就至关重要。海底捞员工在入职前也要经过严格的培训，也有要员工死记硬背的详细的服务流程和手册。但是，海底捞的环境不仅仅是那些成文的制度与流程，还有从心里相信双手能改变命运、大脑能像管理者那样做判断的老服务员的言传身教。尽管大多数员工都是通过熟人介绍来的，但淘汰的仍然不少，因为海底捞不仅劳动强度大(翻台次数差不多比同行高一倍)，更要紧的是海底捞要求员工用心服务客人，对服务的主动性和创造性要求高，这让很多新员工感到无所适从。因此，海底捞的员工不仅要经过统一的培训，还必须经过一对一师徒式的单兵教练。

海底捞服务的标准化要求每一个服务员都让客人觉得他们在尽心尽力地服务，高高兴兴地工作。比如，有的服务员不善言语，但他可以一溜小跑给客人买烟；有的服务员喜欢说话，他可以陪客人海阔天空。这种标准化轻易学不来，因为它要求每个服务员都是管理者。海底捞的很多具体服务方式，比如眼镜布、手机套、免费电话等等，这几年被很多餐馆效仿，可是细心人一看就会发现——形似神离，因为它们的员工只是用双手为客人服务。

海底捞把培养合格员工的工作称为“造人”。张勇将造人视为海底捞发展战略的基石。如何储备更多拥有海底捞思维的管理者和一线员工，占据了他现在绝大部分精力。海底捞对店长的考核只有两个指标，一是客人的满意度，二是员工的工作积极性，同时要求每个店按照实际需要的110%配备员工，为扩张提供人员保障。企业考核什么，员工就关注什么，于是大家每天都在努力“造人”。完全不知平衡计分法为何物的海底捞，竟把平衡计分法的精髓发挥得淋漓尽致。

看到这里一定有读者会问，难道海底捞不考核单店的利润吗？没错，不考核。张勇认为，利润是客户满意和员工满意的结果，客户和员工满意了，利润自然就来了。单店的利润更多同选址有关，不是店长能决

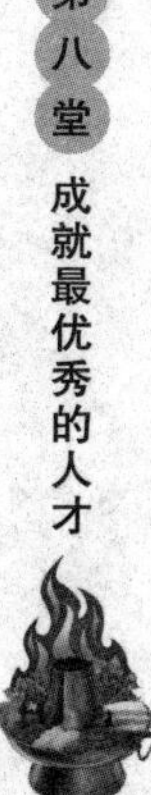

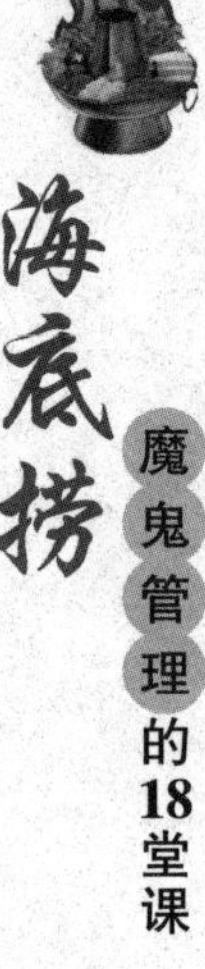

定的。实际上,海底捞不仅不考核单店利润,在整个公司也不把利润列为考核指标,因为在张勇看来,考核利润同把海底捞开到中国每一个角落的战略目标是相冲突的。如果硬要考核利润,不仅劳民伤财,还会分散管理层的注意力, 那么海底捞就不会有现在这样健康和从容的发展步伐。

做过服务员的张勇知道,按目前的方式"造人",速度达不到那些拿着钱要入股海底捞的投资银行家的要求。这就是为什么他拒绝了多家创业投资抛出的绣球。他知道,当人力资源还没准备好,拿大把资金快速开店的做法,只会让海底捞风光一时,却会让品牌很快死掉。很多投资银行家的逻辑是,只要有了好的品牌、制度和流程,加上他们的资金就可以快速扩张占领市场。可惜,这些手握大把资金,满脑商业模型,一心想快速创造赚钱奇迹, 但没有任何实体经济操作经验的名牌商学院毕业生们,恰恰不知道:人和生意,成长都需要时间。是一个个具体、不同的人影响了一桩桩具体生意的成败。人能创造流程和制度,也能改变流程和制度;人能聚财,也能散财;人才是生意的灵魂。流程,制度和资金都只不过是工具。

有人可能会说,如果对手比你的发展速度快,把市场占满了,你的机会不就没有了吗?这是教科书里的理论,现实中永远不会是这样。人类社会生生不息,人类的错误也不断重复。领跑者的错误永远会给后来者让出空间。

按理说,生意大了,张勇应该日理万机才对。可是这个把追求人生境界看得比生意更重要的董事长, 现在每月只在公司开一次总经理办公会,其他时间都是个"甩手掌柜",经常一个人带着司机在四川的大山里转悠。只是高中毕业,第一次创业就成功,不到40岁就开始"游山玩水"的张勇怎么有这么多管理智慧,难道他是一位高人?

当然不是。张勇坦诚地告诉我们,在开第一间店时,他并没有想到这么多,全都是凭直觉做,这些管理方法是海底捞的团队十几年来一点一滴摸索和积累下来的。

的确,在我们对海底捞一年多的跟踪研究中发现,海底捞的管理者在决定每一项管理政策时,更多靠的是对人性的直觉理解;靠的是对农民工这个特殊群体的直觉理解;靠的是对餐馆服务员这种特殊工作的直觉理解;靠的是对成千上万不同顾客的直觉理解。这些简单直觉的背后,包含了他们对人生和世界的思考。

毫无疑问,创始人张勇在这里起到了决定性的作用。作为一个企业家,他在经营企业的风风雨雨中,特别是在累、烦或兴奋得睡不着觉时,一定会不断地问自己:人活着为什么?为什么人人都追求公平,可是世界到处是不公平?我办企业为什么?望着顾客那张不满意的脸,给不给他免单?看着一年辛苦到头赚来的利润,我应该拿多少,员工应该分多少?还应该投多少到充满风险的生意中去?公司亏钱了,员工要回家过年,除了路费,还应不应该再给他们买年货的钱?

我们不清楚张勇的思考过程,也不知道他是不是已经把这些问题想清楚了,但是从海底捞目前的管理做法中我们可以清楚地看到:张勇没有把赚钱放在首位,起码现在没有。因为他没有像一般企业那样把利润作为考核指标;没有像一般劳动密集型行业的老板那样尽量节省员工开支;没有像一般民营老板那样紧紧把握财权;没有一般企业那样快速扩张的冲动。相反,他的管理方法更多体现了"以人为本,追求公平"的理想主义,这在崇尚实用主义的企业家群体中实属少见。

关于企业目的的争论由来已久,两大阵营的领头人物都赫赫有名。一位是20世纪最伟大的思想家之一、诺贝尔经济学奖得主米尔顿·弗里德曼(Milton Friedman),他认为企业的目的就是赚取利润。另一位是管理学界唯一一位获得美国"总统自由勋章"的彼得·德鲁克(Peter Drucker),他认为企业的目的是创造顾客。我们认为,这两位大师的观点没有对错,只不过说明了两个并存的事实:

第一,大部分企业家创办企业的目的是赚取利润,而且是最大利润。什么是最大利润?那就是今天的利润,因为今天的利润是现值。

第二,有些企业家创办企业的目的是想创一番事业。要想事业继续,就必须不断创造顾客。要想创造顾客,就必须让顾客今天尝到甜头,于是就要减少今天的利润。

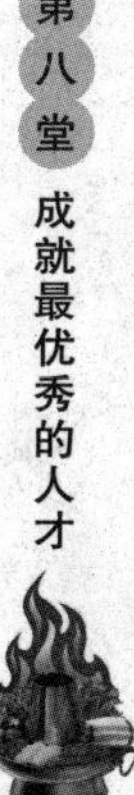

企业同人一样，都遵照正态分布规律，平庸的永远是大多数，优秀的永远是少数。正因为如此，尽管企业的整体平均寿命不超过10年，却总有凤毛麟角的百年老店屹立不倒，依然活力无限地创造着顾客。

张勇的海底捞显然是想成为少数优秀的一族。想成为百年老店，根基自然就要扎得更深一些，步伐自然就要迈得更从容一些。

魔鬼管理训练课

海底捞要想成为百年老店，根基自然就要扎得更深一些，步伐自然就要迈得更从容一些。

第九堂

打造最优秀的团队

让员工成为有责任心的老板

现实中大多数企业将老板和员工的界限划得很清楚。也就是说,老板终究是老板,而员工不可能与老板平起平坐。在这种情况下便会衍生出这样一个问题,员工总是被动地接受工作任务,而不会与老板一同壮大企业。

老板与员工之间存在大智慧。如老板为了使企业越做越大,会花费很多时间和精力,虽然这个过程十分漫长,但他们并没有任何怨言。这是为什么呢?因为,当自己为自己打工时,不会将工作看成是一种压力,会觉得无论成败都是为了自己。显然,这是一种典型的老板心态。而员工的心态就不同了。在他们看来,自己只是为老板打工的劳动力,

公司是否发展得快、是够能赢利与自己没有太多的利益关系。而他们更多的是关心付出的劳动与老板开出的薪金是否平衡。如果平衡就会选择继续干下去,如果工资收入与劳动付出不成比例,可能就会辞职走人。因此,这样的员工经常会出现患得患失的心态,即使那些高级打工者也不例外。其实,员工出现这种心态也是必然现象——员工的收益大多被老板握在手中。因此,员工就不能踏实地在企业中工作,而员工流动性过大企业也难以做强做大。

很多人也许听过这样一句话:“最强大的企业就是让每个员工都成为企业的老板。”也就是说,一个企业最理想的状态就是让每名员工都具有老板心态,因为这样企业就无须再为员工管理而犯愁了。企业做到如此境地其实很简单,那就是让员工参与到公司的发展建设中,并让员工成为与企业利益密切相关的主人。虽然只有这样才能将企业做强做

大,但现实中的企业能做到这一点的却少之又少。

海底捞在员工管理方面确实有其独到之处，而让每名员工都成为公司的“老板”就是海底捞员工管理的精髓之一。海底捞的管理层认为，企业想要做强做大依靠的是员工的力量，员工的努力程度自然也决定着企业发展的强弱。因此,只有让员工都努力工作以后,企业才能得到发展。而让员工自发努力的动力便是让他们成为企业的“老板”。那么,海底捞在员工管理中是如何做到这一点的呢?

处处为员工着想

海底捞之所以能取得如此快的发展，很大程度上取决于海底捞的管理者能为员工着想。可以说,海底捞为员工着想体现在方方面面。比如,有员工回家时,店长会将员工回家的车票订好,并且会为员工的家人准备一些贴心的礼物。显然,这会让员工感觉到无限的温暖,从而更加热爱海底捞。

为员工提供广阔的发展空间

现实中的很多企业可能不会给员工带来广阔的发展空间，比如企业不能公平公开地选拔人才、在人事任免方面也存在着关系内幕等,而这些都将使员工感到前途迷茫。如此一来,员工就会离开企业,如果企业总是将这种状态持续下去的话,企业就很难做强做大。而海底捞却能为员工提供广阔的发展空间。因为在海底捞,无论是一线的服务员还是餐厅管理者,他们的学历普遍不高。如果换作其他餐饮企业,他们的前途也许非常渺茫，可在海底捞就不一样了，海底捞倡导的是只要肯努力、肯吃苦就有机会晋升的管理模式。这种模式无疑给那些想通过自身努力换得晋升的员工提供了广阔的发展机会。其实,海底捞的管理者有相当一部分人的学历都不是太高，甚至有的连初中都没毕业。即便如此,海底捞依旧为他们提供了广阔的发展空间,从而使得他们改变了人

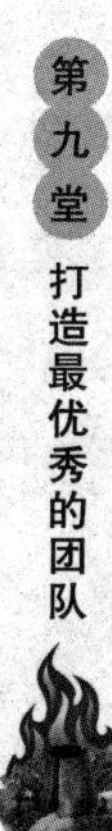

生命运,并打破了"没有学历人生就会黯然"的成规。

一位在杭州海底捞工作两年的大堂经理感慨道:"没来海底捞之前,我只是高中没毕业的普通服务员,工资低不说,而且还没有任何发展空间。当朋友介绍我进入海底捞以后,我的人生发生了改变。通过我的勤奋努力,我从一名普通的洗碗工逐渐发展到了如今的大堂经理。而这一切都是与海底捞为员工提供的广阔的发展空间有着紧密的关联。我要感谢海底捞,同时也愿意为海底捞奉献自己的努力!"

鼓励员工成为企业的主人

火锅市场竞争如此激烈,为什么海底捞能一枝独秀呢?张勇对其的解释是:"海底捞的发展离不开员工,当员工将海底捞当成自己的企业后,他们的热情便被充分调动了起来,在这种良性的发展氛围下,人们也便看到了海底捞的今天。"

的确如张勇所说的那样,海底捞在发展中总是鼓励员工努力工作,并充分调动员工的主人翁精神。当员工逐渐融入企业文化,并将企业当成自己的企业时,其主人翁精神便可得以充分显现,这样,也便成就了海底捞辉煌的发展。

当一些企业的管理者找到张勇向其"取经"时,总是重复着这样一句话:让每一名员工成为有责任的"老板"才是企业做强做大的独门秘籍。由此人们不难看出,在海底捞的管理精髓中调动起每名员工的主人翁精神是他们成就梦想不可或缺的关键因素,也可以将其看成是海底捞做强做大的独门秘籍。

魔鬼管理训练课

在海底捞的管理精髓中调动起每名员工的主人翁精神是他们成就梦想不可或缺的关键因素,也可以将其看成是海底捞做强做大的独门秘籍。

魔鬼在于细节

作为来店消费的顾客，每一位都深刻地体验到了海底捞的细节服务。正是这些细节,奠定了其在餐饮行业中难以撼动的江湖地位。

首先,海底捞服务人员的“殷勤”会让你吃不消！当然也是因为有强烈的对比，因为在这个国度里，顾客受到海底捞式的礼遇实在是太少了,包括在自己的家里。服务员实行分组负责制,他们会在第一时间内找到客人中主事的(通常可能是付账的),记住他(她)的名字,当然也是亲热地称呼。

对待需要等候位子的顾客,海底捞的措施实在是温馨:餐厅中专门辟出场所,加上每一个可以利用的角角落落,都有小桌子、小凳子,上面有飞行棋、象棋等消遣之物。客人坐定之后,有免费的羹与小食奉上,还有专门的上网电脑供顾客使用。

海底捞还有一些其它地方没有见过的服务:免费给手机加香(居然有 8 种不同的香型)、免费清洗眼镜、免费擦皮鞋。另外,很有特色的一道风景是:免费给女性客人“美甲”。据说这其实也是公司为员工、顾客着想的“双赢”策略:对于那些暂时无法上岗的员工,让她们去涂指甲其实是给她们一个免费学习、练手的机会,增加她们未来在其它地方的就业竞争力;而对于顾客来说,免费的东西可以很好的利用,正好又可以消遣时间。

海底捞的筷子很有特色——长一截,便于“捞”;吃火锅前你需围上

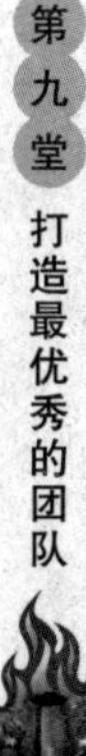

一个围兜,很贴心的,不会弄脏衣服;有贵重的包,你不说服务员也会拿来一个套子在上面遮一下;每个戴眼镜的跟前都会放一块眼镜布,用来擦拭吃火锅时产生的雾气;服务员会细心地问你是家庭聚会还是朋友聚会,便于沟通以及赠送礼品;斟茶、换碟等动作非常的勤快;结束时还不忘每人发放一块绿箭口香糖……其实还有很多无微不至的服务,相信那其中也有不少独特的细节性的东西。

俗话说:“魔鬼就在细节当中”。上面讲到了很多在其它餐饮企业不可能遇到的细节,但“魔鬼是怎样炼成的?”,这个“魔鬼”就是企业的主体——员工。

魔鬼管理训练课

作为来店消费的顾客,每一位都深刻地体验到了海底捞的细节服务。正是这些细节,奠定了其在餐饮行业中难以撼动的江湖地位。

激励带来“双赢”

海底捞能够让上万名员工都能贯彻公司的战略，得益于公司有一套有效的激励措施：

有效激励一，人文关爱：所有员工租住正式小区或公寓中的两、三居室，不能是地下室，所有房间配备空调、电视，电脑，宿舍有专门人员管理、保洁，员工的工作服、被罩等也统一清洗。若是某位员工生病，宿舍管理员会陪同他看病、照顾他的饮食起居。

有效激励二，奖金鼓励：从 2003 年 7 月起，海底捞实行了“员工奖励计划”，给优秀员工配股，以西安东五路店作为第一个试点分店，规定一级以上员工享受纯利率为 3.5%的红利。2005 年 3 月，又推出第二期“员工奖励计划”，以郑州三店作为员工奖励店给优秀员工配股，并且经公司董事会全体董事一致同意，从郑州三店开始计算，公司每开办的第三家分店均作为员工奖励计划店。

有效激励三，职业晋升：海底捞为员工设计好在本企业的职业发展路径，并清晰地向他们表明该发展途径及待遇。每位员工入职前都会得到这样的告知：“海底捞现有的管理人员全部是从服务员、传菜员等最基层的岗位做起，公司会为每一位员工提供公平公正的发展空间，如果你诚实与勤奋，并且相信‘用自己的双手可以改变命运’这个理念，那么海底捞将成就你的未来！”

有效激励四，文化生活：为了鼓舞和激励员工的工作热情，培养他

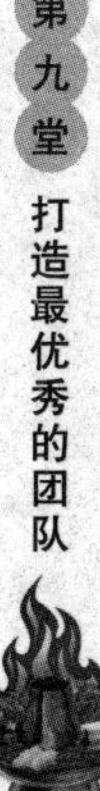

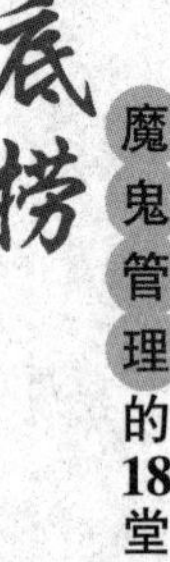

们的爱岗敬业精神,海底捞格外重视员工的业余文化生活。海底捞的各个分店、各个分区常常展开评比活动,评比先进个人、优秀标兵、劳模、功勋员工……各店之间常常举办友谊竞赛:篮球比赛、切羊肉比赛、各种技能竞赛……公司鼓励员工积极参与,并给于适当的奖励;公司办起了《海底捞报》,员工积极投来稿件,员工们自发地创作了《海底捞之歌》,在如此和谐的文化与工作氛围中,员工们的热情日益高涨,提出很多建议,包括工作与娱乐,只要是合理的,公司都会采纳。

海底捞这些激励措施与海底捞的价值观相一致,核心是公平公正,双手改变命运。海底捞的管理人员具有大学学历的人很少,而且员工升迁条件也没有学历这项。其实张勇并不是不尊重知识,他知道他更需要的是什么。

人力资本包含身体素质、知识技能、从业经验和创造力,对于海底捞火锅来说,没有什么技术,也不需要太高的知识,而能不能吃苦,工作经验多少和创新能力才是更重要的。

一般企业都有激励机制,可是很多激励措施并没有激励作用,有的反而起到相反的作用。这是因为企业管理者不知道为什么要激励,怎么激励,激励措施与企业文化和员工价值观不相符,这样的激励就不是有效激励。

在企业成长过程中,团队激励问题是主管需要不断考虑的一个问题。能否激励下属的士气,是衡量主管能力的条件之一。著名企业家、管理大师艾柯卡曾经说过:“一个经理人能够有效地激励他人,便是很大的成绩,要使一个组织有活力有生机,激励就是一切。你也许可以干两个人的活,可你成为不了两个人,你必须全力以赴,去激励另一个人,也让他激励手下的人。”

艾柯卡的这段话的确道出了管理工作的本质所在。一个人可以取得一些局部的胜利,要取得全局的胜利,绝对不是一个人单枪匹马所能完成的。所以,主管懂得怎样用有效的态度和悦人心意的手法去激励团队中的每一位员工,是十分重要的。心理学家荷兹勃格在20世纪80年代提出员工有两种因素:一种是维生因素,是员工最基本、最原始的心理动机。它包括企业的薪酬制度、组织制度、管理方式、企业文化和工作环境等。一种是激励因素，即管理者欲发挥员工的潜能时，必须使员工获得满足的因素，它包括了声望地位的要求、受尊重与承认的要求，以及更高的生活水平的要求等。企业为了扩大产品的销路，牢牢占领市场，必须充分调动推销人员的积极性，运用各种激励手段，使推销人员感到工作和个人的价值，从而发挥出最大的潜力。反之，如果推销人员受不到相应的激励，则员工必然弃之而去，当然就谈不上发挥潜能了。

有一家经营保健品公司，在最初的两年里，由于购买专利成功，市场发展出乎意料得好，公司业绩翻了两番。伴随着企业的逐步做大，创业者开始关注自己的“财产”如何不被别人侵蚀，同时他聘请了一家咨询公司为企业设计了各种严格的规章制度，规章制度看起来非常科学，或者说无懈可击，似乎每一个环节都不会给员工侵蚀企业财产以“可乘之机”。相对来讲，公司员工的收入是比较高的，但是，企业辛辛苦苦招聘来的人才却大多待不了几个月就提出辞职了，甚至有的马上就要成为业务骨干时也脱离公司而去。3 年内，企业的骨干走了将近 30%，其中相当一部分被竞争对手挖走，对这家公司构成了一种致命的打击。不到两年时间企业在当地保健品的市场占有率由原来的 30%很快降到了 10%以下。

公司之所以会走下坡路，是因为公司领导没有意识到激励的重要性，使得员工的士气受到冲击，从而导致一个公司走向失败。

人是需要激励的，员工也不例外。我们可以通俗地说，激励就是通过精神或物质的某些刺激，促使人有一股内在的工作动机和工作干劲，朝着所期望的目标前进的心理活动，也就是调动人的积极性。所以，各级主管要采用各种激励手段来调动团队成员的积极性和创造性，这是团队管理能否取得卓著成效的根本措施。

日本松下公司十分擅长运用激励手段来激励员工。松下公司每季度都要召集部门经理参加讨论会，以便了解彼此的经营成果。松下公司对各部门所完成的利润，采取 40%留存自行支配的做法，利润留存主要用于本部门员工的福利、更换或扩充设备等。因此，各部门完成的利润越多，留存的利润也就越多。这种所得与付出紧密联系的内部管理方法

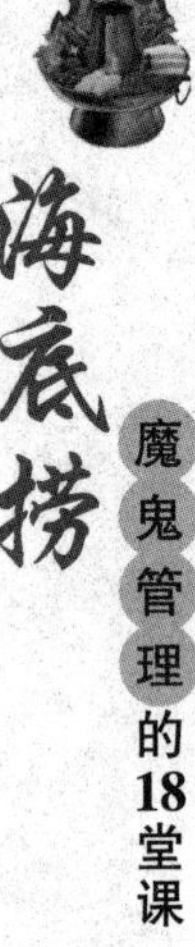

促使各部门为了各自的利益而拼命地工作。松下公司1996年发出号召:5年内生产率增倍,职工工资增倍,保证35岁以上的职工有自己的住房。这样的许诺,极大地激发了全体职工的生产积极性。4年后,这些目标完全实现了,其中住宅是通过向职工提供分15年还清的低息贷款来实现的。职工用加倍努力的劳动获得了一定的物质生活资料,而松下公司则发展成为日本最大的电器公司。

用于激励推销人员的方法很多,主要可以归为两类:一类是物质激励。主要包括工资加级,发放奖金、奖品,福利待遇丰厚等。另一类是精神激励,主要包括表扬,上光荣榜,发放奖状、奖章,培养员工的荣誉感等。在这里,以营销为例,具体来讲,对于员工的激励主要有以下几种:

1. 充分肯定下属的出色工作。如果员工们完成的工作质量非常出色,而身为管理者的你却从来不去注意,他们很快就会觉得实在没有必要如此卖力地工作,毕竟这项工作完成得一般还是出色与他们的关系并不是十分密切,于是,下属们的工作质量就会慢慢地下降。

2.目标激励法。营销目标是营销队伍根据企业宗旨提出的在一定时期内要达到的效果。营销目标是企业目标体系中最重要的部分之一,它包括利润率、销售增长额、提高市场份额、分散风险、创新和声誉等。对于企业的营销队伍而言,一个合理有效的营销目标能够产生引导和激励的重要功能,同时也明确了企业、营销队伍以及营销人员个人的具体努力方向,营销目标的设定是保证企业营销队伍正常、有效率地开展营销活动的前提。

3.恢复下属的自信心。世界著名心理学家艾里克森指出,一个人自信心的获得是在一次又一次渡过危机的过程中实现的。他同时指出,一个人自信心的提高,会使我们对自我的把握能力加大,这种自我把握能力是一个人对自己准确评估与预见的能力,它会在人的内心产生一种能动的力量,促使个人向完善发展。

4.给下属合理的晋升机会。营销主管在工作中不断激励营销人员,为他们注入工作动力,提高工作热情。而促使营销人员努力工作的最好动力就是给营销人员合理的晋升机会。在施乐公司,表现良好的员工会感到自己能得到迅速的提拔，于是他们会以更高的热情投入到工作中去。

5.在工作中多表扬少批评。一个出色的、精明的团队管理者，不会在一些小事上对自己的下属“横挑鼻子竖挑眼”，而是应该采取一种宽容豁达的态度，而不是打击他们的自信心，给予他们时间去争取下一步的胜利。

一个企业要想得到稳步发展，企业团队必须具备高昂的斗志和良好的精神，销售主管应使每个营销人员的潜力得到充分发挥。当销售人员队伍中出现下列问题时，销售主管应密切关注，并给予适时的激励：

1.销售人员对工作感觉不稳定，缺乏安全感。由于销售工作是一种创造性的工作，有时付出的努力没有收获、工作压力比较大，有时挫折会打击销售人员的工作积极性、自信心，销售主管要不时地给予鼓励，提醒他们的能力及长处，随时排除他们的恐惧及压力。

2.懒于创新。有些时候，销售人员不肯动脑筋去创新、去思考。这就需要销售主管给以激励，从而才能发挥他们的长处。

3.犹豫不决。销售人员在做销售决定时，有时会犹豫不决，不能迅速地分析客户购买与否的利弊，不知从哪下手，很难理出头绪。销售主管应经常鼓励下属从较小的、较容易的决定做起，权衡利害关系后，再做重大的决定。

在营销绩效管理中，激励实际上就是通过满足营销人员的需要而使其努力工作、实现企业营销目标的过程。对于任何一个部门、任何一个项目或任何一项计划来说，激励都是取得成功的关键所在。激励可以使团队产生无穷的活力。营销主管的任务之一就是找出激励员工的因素有哪些，员工是为了自己的需要和目的而工作，并非任由领导予取予求。

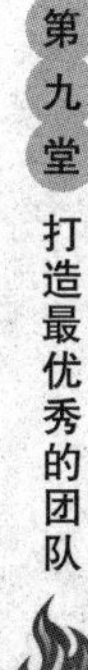

魔鬼管理训练课

海底捞能够让上万名员工都能贯彻公司的战略，得益于公司有一套有效的激励措施：人文关爱；奖金鼓励；职业晋升；文化生活。

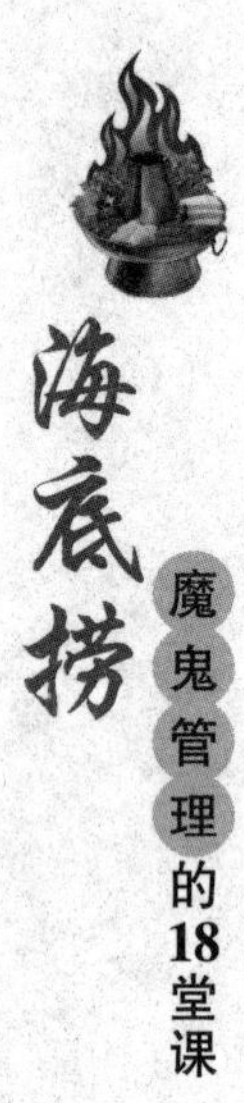

1+1>2：打造团队精神

团队精神是指一个组织具有的共同价值观和道德理念在企业文化上的反映。团队精神表现为一种文化氛围、一种精神面貌，是一种看得见、感知得到的精神气息。团队精神是企业的灵魂，一个企业如果没有团队精神，将成为一盘散沙。一个团队没有共同的价值观，就不会有统一意志、统一行动，当然就不会有战斗力。

一个团队是个有机的整体。作为个人，是完全渴望加入到这个有机的整体中的。正如利皮特博士所说："人的价值，除了具有独立完成工作的能力外，更重要的是富有和他人共同完成工作的能力。"

法国斯伦贝谢公司是一家从事石油勘探以及原油开采、加工设备销售等业务的大型跨国公司。斯伦贝谢中国分公司在北京大学招聘时对应聘者进行了一次非常有意思的面试：将10名应征者分成两个小组，假设他们要乘船去南极，要求两个小组在限定的时间内提出造船方案并且做成船的模型。面试官根据应聘者对于造船方案的商讨、陈述和每个人在与本小组其他成员合作制作模型过程中的表现进行打分，以确定合适的人选。在谈及这次面试的初衷时，斯伦贝谢中国分公司人力资源部的刘华女士说，通过这种方式，公司不仅考查应聘者的创新意识、语言表达能力和动手操作能力，更重要的是要了解应聘者是否具备团队精神。

的确是这样，在社会分工越来越细的今天，弘扬团队合作精神是非常有必要的。古人云:“人心齐,泰山移”;我们也常说“团结就是力量”。一个优秀的团队,可以把企业带到永续经营的高尚境界;一个优秀的团队,可以更好地达到企业的经营和质量方针,可以更好地达到企业的质量目标;一个优秀的团队,可以更好地达到顾客的满意度。在向市场经济转轨和参与国际竞争的大背景下, 优秀的团队精神才是企业真正的核心竞争力。弘扬团结协作精神对于建设好一个组织、一个企业仍然具有极其重要的意义。

现代企业的竞争其实就是团队间的竞争, 就是团队协作能力的竞争,精诚合作的团队精神是企业走向成功的保证。在竞争日益激烈的经济领域,合作显得尤为重要,参与竞争的企业就是合作的表现形式。但合作并不一定产生 1+1>2 的效果,如何进行有效合作,形成一种团队精神,以达到整体效益大于部分之和的效果,是每一个主管的重要任务。

团队精神还是培养企业凝聚力的旗帜。古人云:“物以类聚,人以群分”。培育企业的凝聚力,除了其他条件外,良好的团队精神就成为一面旗帜, 它召唤着所有认同该企业团队精神的人, 自愿聚集到这面旗帜下,为实现企业和个人的目标而奋斗。

麦当劳特别青睐具有团队精神的员工。上海某店经理陈清慧解释说:“在餐厅的环境中,团队精神非常重要。给顾客提供优质服务是麦当劳的追求,要提供好的服务,员工必须具有良好的人际沟通能力。而且,麦当劳员工的年龄跨度很大, 从 18 岁到 45 岁, 员工只有学会互相信任、互相配合、融洽相处并团结一致,才能更好地完成工作。”

一个好的企业,首先应是一个团队。团队精神是企业冲锋的号角,是企业的精神支柱。那么如何才能形成一个优秀的团队,如何才能打造富有凝聚力的团队精神呢?

忠诚是团队持续的动力

共同的目标、共同的期望是实现员工对一个团队、一个企业是否忠诚的重要方式。员工是否了解企业的发展目标?能否明确他们的职责?

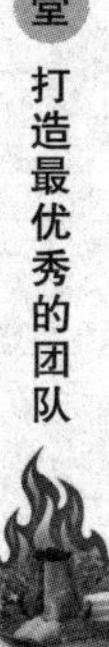

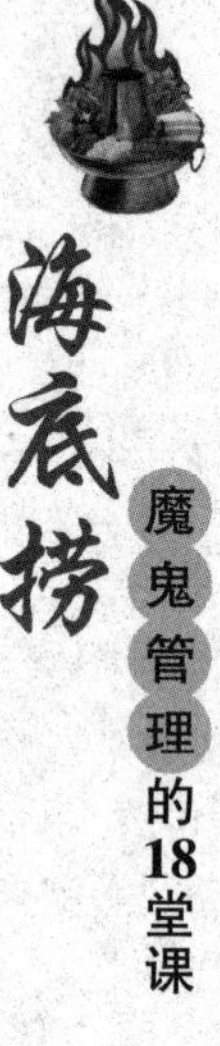

在创新制胜的知识经济时代，每一个管理者都应该意识到员工的忠诚奉献已成为企业求发展的关键。传统的命令加控制模式对确保企业成功已显得苍白无力，惟有切实了解员工的期望和需求，发展新型的员工与企业关系，才能让员工释放出、而不是被挤出自己的能量。只有这样，一个团队、一个企业才能够茁壮成长，不断地从一个胜利走向另一个更伟大的胜利。

敬业塑造团队精神

敬业，就是全心全意地对待工作。企业员工只要敬业，不管能力有多大，总会有所成就。团队敬业精神能够保持团队的工作热情，一个企业需要员工有较强的敬业精神，每个人都兢兢业业，这个企业才会成为战无不胜的集体。所以，作为公司的管理者，企业主管应该想方设法培养员工的敬业精神。

团队内部良好的沟通协调

良好的沟通协调是形成一个优秀团队不可或缺的重要条件。正如沃尔玛总裁所说：“如果你必须将沃尔玛体制浓缩成一种思想，那可能就是沟通，因为它是我们成功的真正关键之一。”一般来说，企业的分工比较精细，每个人的工作岗位都不同。所以在工作中员工经常会和其他部门或同一部门的不同成员之间有所接触，不同岗位的工作性质、内容和操作流程都会有所不同，而不同的个人，其性格、处事的方式也有所区别。如果员工对这些不熟悉，那么工作起来就有可能处处阻滞，无法顺畅。除了平时尽量多了解、熟悉其他部门、其他工作岗位的工作性质、内容和流程之外，在实际工作中还必须多做些沟通、交流，抱着合作的心态，多理解别人的苦衷，多设身处地为别人想一想，这样工作起来就会事半功倍了。

好的团队源于勤奋

这里的勤奋首先是指一种积极向上的人生态度。企业主管要让员工明白,工作不是一种负担,不是为了养家糊口才不停地工作。让员工把勤奋努力地工作看成是一种生活方式,人活着就要工作,在获得收入的同时,从中找到工作的乐趣。其次,它也是员工成才的必经之路,是公司和企业生机与活力的集中表现。大凡人都有理想,这个理想要靠集体来实现,当然也不否认白手起家、天上掉馅饼的意外。要想成就一番事业,就必须具备勤奋的工作态度,没有勤奋的工作,再美好的愿望都会成为空谈。

时代需要英雄,但更需要优秀的团队,只有优秀的团队才能陶冶出集高瞻远瞩与尽心尽职于一身的管理大师,造就勤勉、诚信、团结、高效、自律的员工队伍,使一个组织、一个企业、一个团队朝着更远的目标不断迈进。每一位企业主管都要把员工团结起来,形成一致的向心力,才能把企业的事业推向更高的层次。

魔鬼管理训练课

团队精神是企业的灵魂,一个企业如果没有团队精神,将成为一盘散沙。一个团队没有共同的价值观,就不会有统一意志、统一行动,当然就不会有战斗力。

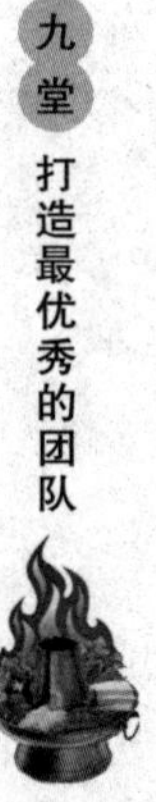

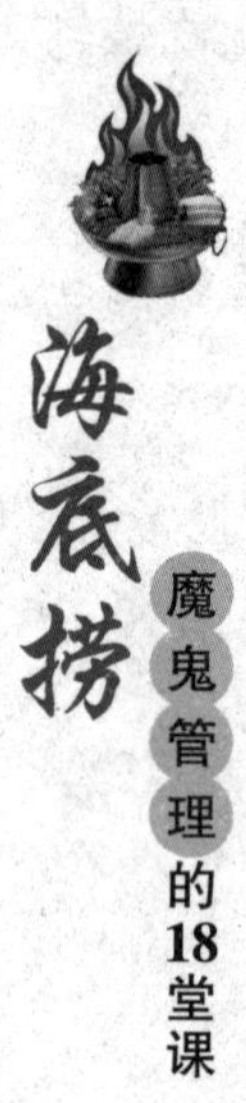

用培训提高员工的素质

海底捞的管理始终坚持一个信念:“员工比顾客重要。”这个信念树立的最终目标是让顾客满意。但是当员工的素质不能充分展现服务的特性的时候,或者很难为顾客提供优质服务的时候,企业就可能陷入困境,很显然,必须通过教育和培训来提升员工的素质,从而达到最好的效果。

海底捞的员工大都没有接受较高的文化, 他们只是朴实地去做自己该做的和不该做的事,以赢得顾客的满意。但是,随着餐饮业竞争的加剧和服务细节的深入,就难免会出现一些问题,这就需要对员工进行培训,显然,海底捞已经认识到这一点。

海底捞制定了一系列的培训制度,比如新员工入职就体现了这一点。

对于海底捞的新员工来说,在入职之后就会被安排参加培训,而培训的内容包含了各个方面:三大目标、服务宗旨、岗位分化流程、员工的岗位职责等,都会由专人进行详细的介绍,并提出各种要求。

在这里,我要详细地说一下入职培训,因为入职培训实在太重要了,每一个新员工都在入职培训中得到很多东西。

他们能得到系统内最优秀培训师的指导

海底捞每家店都不直接招聘人员,而是由片区人事部负责统一招聘,集中培训。因此可以在系统内挑选一名最优秀的培训人员做培训工作。培训师在第一天开始培训之前就告诉每个人她的电话号码,并表示以后有困难可以随时给她打电话。这也是海底捞的所有管理者的共同方式,新员工到店以后店长、大堂经理、后堂经理都会给手机号码,如果员工有困难可以随时给他打。

他们融入了一个小集体

这个小集体只有10个人或者20几个人,这就比一开始就要到店里与一两百人相处容易多了。每一期培训的新员工都会自动结成一个群体,有了这个小群体,再融入大群体就会较为容易一些。在培训结束到实习后,店里也是安排同一批新员工一起吃饭,一起开小会,也有利于这种小集体的形成。不过,不用担心,这种小集体也没有形成"派别"的危险,因为几名新员工实在不可能形成什么"实力"。但是这种小集体却能迅速消除孤独感,使新员工尽快进入工作角色,在大集体中成长。

使新员工投入工作有个缓冲阶段

海底捞的工作时间特别长,工作强度也很大,新员工一来就工作可能难以适应。在培训期间,每天只上6个小时的课,内容也很简单,吃得不错,住宿环境也不错。这对许多农村来的新员工来说,跟度假似的。在这里需要了解一些制度、业务流程,并做好吃苦的心理准备。

最后,新员工接受入职培训以后底气更足。其实培训的内容并不是非常重要,重要的是经过了脱岗的培训,重要的是有没有培训给员工的心理暗示很不一样——海底捞的培训至少可以给新员工两种心理暗示。

(1)我们经过培训,我们是"正规军",不是临时拉起来的"雇佣军",更不是"虾兵蟹将"。

(2)我们在学习,海底捞让我们学习,给我们学习机会。

有这两种心理暗示,以后工作肯定会更加有底气。从企业的角度来

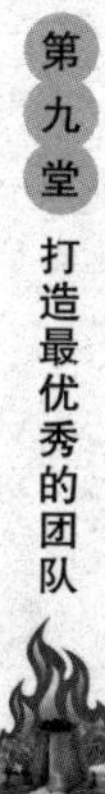

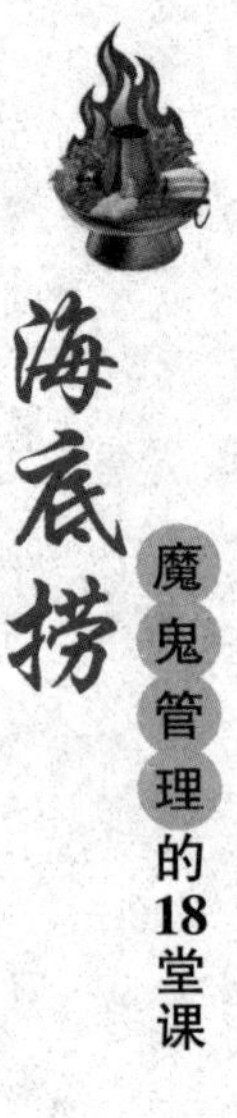

讲,集中培训相比分散培训来说,也是投入成本较小的一种方式,而且企业也更能统一标准。集中进行入职培训的好处远远不止这些,甚至可以说每一个新员工以后的工作都会受到入职培训的深刻影响。

此外,新员工到店后也会得到“礼遇”,为什么要用“礼遇”一词来概括?而不能用其他词。因为店里从店长到每一个普通员工,都是在“接待”新员工,并且这种“接待”堪称隆重。

店里所有领导都要轮流接待新员工

培训师考核新员工合格以后,会把他们分配到各店,都得首先由店长亲自接待。新员工进店以后认识的第一个人是店长。然后店长会告诉新员工一些关键的注意事项,然后带着新员工吃饭,还要开一个沟通会。沟通会就是店长通过自我介绍,然后列举若干榜样,激励新员工好好干活。店长之后,大堂经理、后堂经理,以及实习店长、实习经理(有的店有,有的店没有)会轮流接待新员工。程序都不会有太大的差别,都会介绍自己,留下自己的手机号码。试想,领导都这样接待新员工,其他人焉能不热情?

新员工提前下班,单独吃饭

店领导的这些接待大多是在晚饭的时候进行的,新员工的晚饭是由接待经理亲自安排,然后提前下班吃饭。新员工的下班时间一般是和下早班的人一致,要比正常上班早一两个小时。接待经理会亲自通知新员工下班,并且亲自搬桌子、凳子,摆碗筷,给新员工打饭。新员工吃晚饭也不是和大家一起,他们都有单独的,就只能几个新员工在一起。培训一批人分配到店大概是 8 天,新员工的这种待遇大概会持续四五天到一周。因此,接待新员工并给予优厚待遇是店长及经理们的常规工作。

师父的认真指导

在海底捞，能够带自己的徒弟是一件很幸福的事，只有优秀员工才能带徒弟。并且，指定师父是在例会上进行，所有的员工都看在眼里、记在心里。在例会上店长为新员工“征师父”的时候，响应很是热烈。每个师父都会拉着徒弟的手坐到自己身边，大家都会用热烈的掌声表示欢迎。店长也会很郑重地告诉师父们，要在业务和生活上关心徒弟，徒弟的发展就是他们的发展，徒弟没有进步就是他们的工作上的不到位。经理给新员工沟通的时候也会问新员工师父对他们好不好，及时了解情况。就因为这些，师父们不敢怠慢，不能怠慢。有的员工说，我的师父有时候还会带我们几个徒弟出去聚餐。

对新员工有跟踪调查

调查的对象是新员工，但针对的却是其他人。比如店长有没有在第一时间接待，经理们有没有安排好生活，领班有没有把店里的情况说清楚，师父有没有认真带你。还有吃得习惯不习惯，住的舒不舒服之类。这些调查也是地区人事部做的，有时候就是培训师在做，因此也可以算是回访。新员工这几天受到的这些“礼遇”，至少可以激励他们在一个月内都能保持良好的工作势头。而一个月以后就习惯了，也就融入这个团体了。

再者，领导时刻都在每一个员工身边。海底捞的店长、经理在店里都有很高的个人威望。主要原因并不是他们的职位，而是所有员工都会有这样一种心理：如果我需要帮助，店长和经理一定是最可靠的人——不论是生活上的事情还是工作上的事情，只要我开口，他们就会帮我，甚至不用我说，他们都能办得到。店长和经理们都不会呆在办公室，绝大部分时间都是在工作第一线，哪里最忙、哪里最需要人手，哪里就能看到他们的身影。一是指挥员工之间相互协作，二是随时帮助需要帮助的员工。员工会这样喊：“林姐！我这桌客人要点菜，帮我给那桌客人加

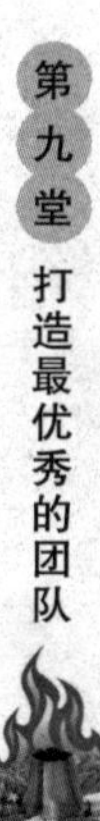

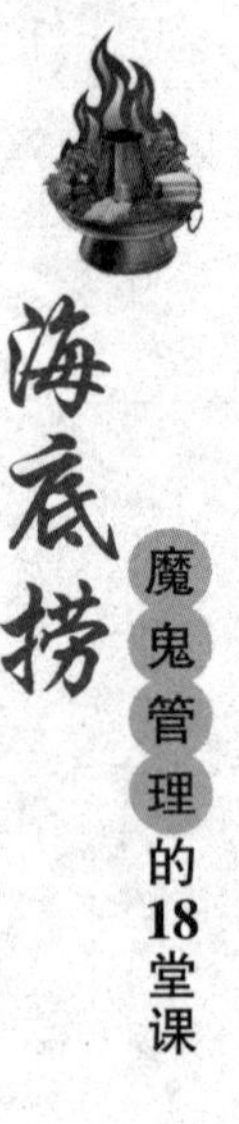

一下豆浆。谢谢！”也会喊:“林姐(海底捞牡丹园店店长,虽然不到20岁,但上上下下都这么称呼她)！帮我把单子带到后厨一下。谢谢！”一个普通员工,他需要什么样的上级？一定是一个能够随时帮助自己的上级,而不是经常坐在办公室,或者还经常不来上班的上级;一定是一个能够随时鼓励自己的上级,而不是一个经常批评自己的上级;一定是一个能够用实际行动告诉自己哪儿做得不对的上级,而不是一个只知道批评自己的上级;一定是一个对业务十分熟练的领导,而不是一个没有实践能力和把控能力的领导。

协作比分工更重要

海底捞不同部门员工的上班时间都是一样的,只分早班、正常班、晚班。同一班次所有人都一起上班,一起下班。那么肯定中间的工作量是不一样的。于是,调派清闲的人去忙的部门帮忙就是领班和经理们的重要日常工作之一。他们总结出了从不同部门调派人手的规律,比如早饭之后调派洗碗间阿姨们到上菜房帮忙摘菜、洗菜,12点半以后调回;随即调派几名传菜员到上菜房帮忙配菜,1点左右调回,并且调出几名上菜师傅出来帮忙传菜;2点钟则会调派很多不忙的人到洗碗间洗碗、擦盘子。在海底捞,通常能看到,往往在同一个区域服务的会是很多不同部门的人。比如送锅底的是配料房的人,给客人进行桌上服务、发毛巾的是服务组的人,收台、撤餐具、加豆浆的是传菜组的人,拖地的是保洁组的人,传菜过来的有可能是上菜房的人。

由于入职培训是全面的培训,进店以后也会轮岗,年轻人一般都会经历所有的前、后堂程序,而年纪稍微大一些的人也差不多知道后堂大多数程序,所以协作起来一点都不困难,也不会出现权责不明的问题。对传菜员有一个很基本的要求,就是来回不能空手。其实这也是对每一个人的要求。店长如果从前堂到后堂去,也不能空着手,而是会带上一个撤下来的锅底,或者捎回去几张服务员来不及下的菜单。撤台一项工作,牡丹园店105张桌子,只有4个专职撤台人员。因为收餐具、送餐具这些工作大家都顺手帮着做了,他们基本上只需要擦桌子。有的实习生去了,说:我传菜的时候,发现有时很难做到回去不空手,因为有时候实在没什么可带回去的,能带的都已经被大家带回去了。“来回不空手”这个要求太厉害了,极大地提高了效率,节约了成本。

分工是提高效率的好事, 但是如果规定每个人只做自己的事而对其他人的工作置之不理就显得太僵化了。因为由于工作性质差别,每个部门最忙的时段不一致, 帮助别人并有别人的帮忙能够将劳动量均匀分摊下来,而大家能互相帮忙也能收获一份快乐和幸福。接受别人的帮忙以后,被帮助的人绝对不会吝啬多说一声“谢谢”,而距离就会在不知不觉中被拉近。海底捞设计这种相互协作的制度,其实就是创造一种人人相互关爱的环境。我认为他们做的很好。因此,我在这里花了大的篇幅去讲述,我们也能感受得到海底捞培训确实是取得了很好的成果。

2010 年 6 月,海底捞正式创办了自己的培训学校,海底捞把它称为“海底捞大学”。海底捞的员工更直接,称它为“海大”。这就为优秀员工及骨干人员提供深造的机会,进一步提升了内部人员的综合素质。

此外,在海底捞的企业目标中,把创建一个公平、公正的工作环境为他们的第一目标。公平、公正给员工带来了公平竞争的氛围,也让员工有了工作激情。

因此,在海底捞,每个员工在低位被摆正及提高以后,所焕发出来的是一种强烈的主人翁意识,是一种自动自发的工作态度,他们将企业当作自己的家一样,去爱护和维护企业。

魔鬼管理训练课

海底捞的管理始终坚持一个信念:“员工比顾客重要。”海底捞通过教育和培训来提升员工的素质,从而达到最好的效果。

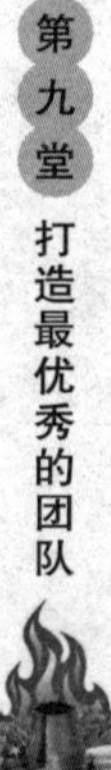

海底捞的“变态服务”

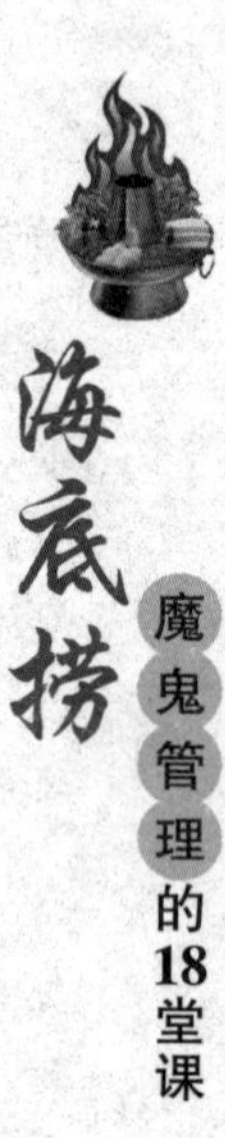

服务是制胜秘诀

尽管有人担忧,但对于海底捞在美国开设分店这个问题,更多的人还是相信“美国人也无法阻挡海底捞”,原因就像不少网友说的“只要是地球人,就无法拒绝海底捞的服务”。

今天,如果你走进海底捞,排队等待用餐往往是不可避免的,但这一个极其枯燥的过程,在海底捞却成为一个让顾客印象深刻的环节。其间,服务员会时不时送上免费的饮料、水果和点心,顾客既能免费享受擦皮鞋、上网、美甲等服务,也可以随意挑选打牌、下棋之类的娱乐项目。因此在漫长的等待中客人们感到不是那么着急了。

像这样贴心的服务,张勇已经使其延伸到海底捞从用餐到结账的各个环节中:上了饭桌,火锅菜可点半份,饮料可以免费续杯,水果免费……针对不同的顾客还有特殊服务,比如对女士,会赠送皮筋,用来绑起头发,避免粘到食物;顾客中有孕妇,服务员会送上柔软的靠枕;戴眼镜的客人则会得到擦镜布,以免热气模糊镜片……

除此之外,“海底捞式服务”还格外大方。在卫生间准备了免费的护肤品和牙刷牙膏;糖果几乎可以无限拿取。有意思的是,因为服务员在不停地给排队等候的客人发饮料和小吃,有些客人还没等到去上桌吃火锅,就感到差不多已经吃饱了。

尽管免费服务的项目种类繁多,但张勇却并不担心亏本。在他看来,这些小小的付出都只是生意应付的成本,而特色服务所积累的人气,却可以换来更大的回报。用大方、人性化的服务换取口碑,是张勇尊奉的逻辑。

渐渐地,"服务"成了海底捞的制胜法宝,几乎所有到海底捞吃过饭的人都会对海底捞的服务伸出大拇指,而这些人中的绝大多数,都成了海底捞的回头客。

对海底捞的成功,张勇并没有避讳谈到自己成功的秘诀,"做好火锅跟做好其它传统行业是一样的,没有什么秘密可言,它就是要把我们千百年来所提倡的诚实经营,优质服务落到实处。"

对于试图模仿海底捞成功轨迹的企业来说,这句平淡无奇的话只是"顾客就是上帝"这一经典信条的翻版。但似乎只有海底捞把它变成了自己的核心竞争力,并使众多风投趋之若鹜。

可张勇似乎对这些投资者手中的真金白银却并不感冒。张勇坦白,"如果用了投资银行的钱,就要按人家的计划开店。可是我觉得生意跟人一样,该干活就要干活,该吃饭就要吃饭,该睡觉就睡觉。不是每年你想开几个店就能开几个店。"

但张勇还是想到了上市。他说,他总有一种无形的恐惧。"别人都以为现在海底捞很好,可是我却常常感到危机四伏,有时会在梦中惊醒。以前店少,我自己能亲自管理,每个店的问题能够及时解决,干部情况我也都了如指掌。现在不行了,这么多店要靠层层干部去管,有些很严重的问题都不能及时发现;加之海底捞现在出名了,很多同行在学我们。所以,我总担心。搞不好我们十几年的心血就会毁于一旦。"张勇这样说。

做好火锅跟做好其它传统行业是一样的,没有什么秘密可言,它就是要把我们千百年来所提倡的诚实经营,优质服务落到实处。

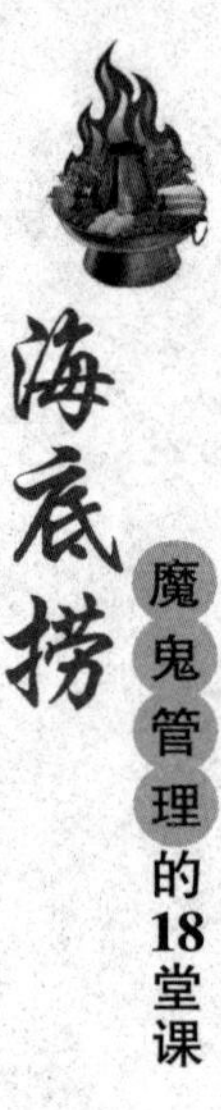

顾客是“上帝”

有人说，在海底捞，顾客能真正找到“上帝的感觉”，甚至会觉得“不好意思”，先不说送皮筋、防止手机被溅油的小袋子这些贴心细节了，孕妇会得到海底捞特意赠送的泡菜，分量还不小，如果人少，服务员一定会提醒你点半份……至于等候区的免费小点、茶水，乃至免费美甲，这些都是海底捞的首创。

至于对顾客提供大量赠品和等候区的免费小食品，张勇为何会看似不计成本地执拗坚持，一个汤圆的故事或可说明。

那还是很多年前，海底捞北京牡丹园店开业，生意并不好。到下午2点多时餐厅已经黑了灯，只留下一名服务员在门口值班。这时一个50多岁的男子从楼上下来，直接奔向餐厅，边走边说，快给我来碗面，脸色看上去非常差。他是低血糖，此时需要马上吃东西，否则可能晕倒。海底捞没有面，但是有汤圆。机灵的服务员很快就把汤圆端了上来。客人吃完擦擦汗，开始掏钱包，“多少钱啊？”他问。

服务员答：“不要钱。”

张勇当时就站在旁边，只是这个服务员那时还不认识他。听到如此回答，他都吓了一跳。

客人当然也不同意，坚持要给钱。但服务员坚持不收，“你不是生病了吗，做碗汤圆没关系的，要不下次你来吃火锅吧”。

客人走后，张勇好奇地问服务员为什么不要钱，后者的回答让他惊讶。“反正没生意,这么大店面,一天租金都几万,这碗汤圆的直接成本可能1块钱都不到。你总不能把这几万块租金都算这碗汤圆里吧。再说,我这一块钱的广告打出去,万一他在哪里说海底捞好,肯定赚的不止一块钱。”

张勇此后很关注这个故事的后续进展。结局是:那位客人恰好是楼上那家证券公司的老总,他回去后下了个文件,公司的普通招待餐必须去海底捞,不然发票不予报销。当然如此莫名其妙的规定后来只坚持了几个月。但是让张勇印象深刻。

企业的生存与赢利主要靠两个支柱:一是产品,二是服务。产品是形,服务是魂。像所有行业一样,以往餐饮企业对于产品的重视程度远远大于服务。然而在产品同质化、需求个性化的时代,还有什么能够造成企业之间的差异化?还有什么能够区分出企业与企业之间的不同?唯有服务!服务对品牌的生存与赢利起着决定性的影响。

21世纪最大的竞争是什么,有人说是人才的竞争,有人说是产品的竞争,有人说是知识的竞争,但是海底捞人告诉你,服务才是21世纪的最大竞争力。

张勇发现,在低附加值的餐饮服务业,已经被倡导了无数年的顾客至上并不像想象中那样被大多数同行所重视。这让他确定了海底捞的宗旨——服务为上。在张勇看来,服务是海底捞获得成功的最大法宝,服务也是其与同行进行竞争的最有力武器。

在竞争如此激烈的餐饮市场中,众口难调,本身能给顾客一种满意体验,让顾客持续光顾已经是件很难的事情了,但是海底捞不仅做到了,而且做得更多。打造最完美的服务已经成了海底捞的一种企业文化,将服务至上奉为海底捞立店之本,让服务成为自己与同行的最大差异更成为了海底捞的最有力的市场竞争战略。海底捞,正在凭借这一点成为同行企业的领头羊,蒸蒸日上。

有些目光短浅的人认为服务是一种代价高昂的浪费,这种观点是完全错误的。因为我们必须正视这样的事实:服务质量是区分一家公司与另一家公司、这件产品与那件产品的重要因素。在高度竞争的市场经

济体制下，没有一种产品能够远远超过竞争对手，但是，优质的服务却可以区分两家企业。一旦你为顾客提供了优质的服务，无疑你就比你的竞争对手更有优势。所以，从某种程度上来说，服务无疑就是企业的一个隐形产品，也是直接影响其收益的一个最重要的产品。

我们随便翻开那些研究成功企业的著作都会发现，那些企业其实一直都将服务好消费者看成企业实现持续发展的根本。早在十多年前，海尔就清楚地意识到，当冰箱在省电、静音，彩电在尺寸、色彩等功能上分不出高低的时候，唯一的选择似乎就是价格战。价格战是没有出路的，出路在哪里？海尔发现，服务是个大问题。于是在各大厂商纷纷回避服务问题时，海尔创新性地提出了“免费服务”的“五星级模式”。当你购买的海尔产品出现问题，只要一个电话，就会马上（通常在当天或第二天）到你家。进家之前，海尔的维修人员先在自己的脚上套上“鞋套”，会在地上垫一块布，绝对不喝一口水，不抽一支烟，走时还会恭敬地告诉你如果有问题，随时打电话。同样，海底捞也成功地在餐饮业，将一场连锁火锅店在口味、品质与价格方面的竞争，转化为“服务之争”。

魔鬼管理训练课

21 世纪最大的竞争是什么，有人说是人才的竞争，有人说是产品的竞争，有人说是知识的竞争，但是海底捞人告诉你，服务才是 21 世纪的最大竞争力。

海底捞卖的是什么

海底捞卖的是什么？海底捞卖的是火锅呀，你一定会这样说。海底捞从事的是火锅行业，技术含量低，竞争激烈，他们一直在不断地创新，最近，海底捞推出了“海捞送”，火锅送餐，但是这些创新，别人很容易模仿，并不能真正成为海底捞的竞争优势。

在海底捞发展的过程中，张勇的个人品格给海底捞赋予了灵魂：张勇“心善”，自己啃吃亏；张勇“真诚”，不虚情假意。曾经卖过 20 万串麻辣烫的海底捞董事长张勇说：“如果客人觉得吃得开心，就会夸你的味道好；如果觉得你冷淡，就会说难吃；服务会影响顾客的味觉！什么是好的服务？就是让客人满意。什么是更好的服务？就是让顾客感动。”在张勇看来，要让顾客感动就提供超出顾客期望的服务，让他们享受到在其他餐馆享受不到的服务。在实践中海底捞把“服务”作为了自己的竞争战略，所以，海底捞卖的是“服务”。

服务这个词很普通，很多企业都在强调服务，可是什么是真正的服务哪？海底捞的服务又是什么？很多人总结出来海底捞“变态服务”的内容：等待区无限量免费水果、柠檬水、小吃、打牌、下棋、免费上网、女士修指甲、免费擦皮鞋；可以点半分菜，超量服务员会提醒；提供围裙、眼镜布、手机塑料套、主动换热毛巾；创建儿童天地、免费带孩子玩；卫生间有专职人员服务等等。

海底捞的这些服务，并非是学不会，而是做不好，为什么？那是没有看到这些服务背后的真正内涵，就是你为客户创造了什么价值。消费者

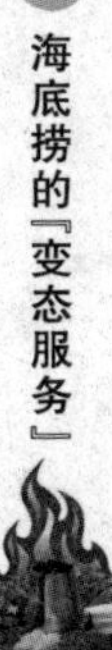

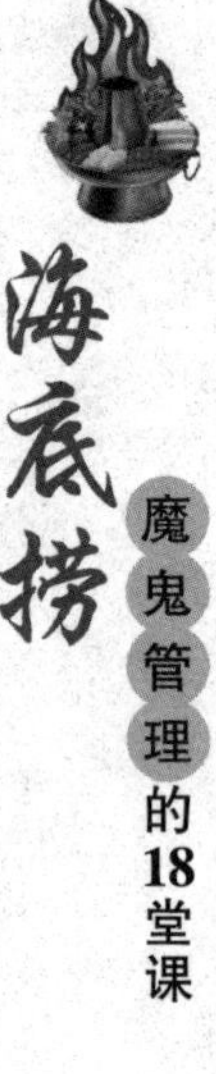

购买一种商品,是认为它存在价值,这个价值一般包括:适用价值、增值价值、易购价值、服务价值、安全价值、名誉价值、文化价值。即选择一种商品和服务对自己适用并且物超所值,购买方便,服务周到,在使用过程不会造成危害,商品可以对自己带来荣誉,而且符合消费时尚。

海底捞就是聚焦在为客户提供服务价值方面,它不仅仅是停留在具体服务服务内容上,而是让顾客体验到到“家”的感觉,这是价值的所在。所以,海底捞真正卖的是“情感”。然而这种情感一定是真诚的、善良的,如果你把顾客一个一个的都看作是“财源”的话,你会让他有到家的感觉吗?

还记得张勇说过的一句话:“客人是一桌一桌抓的”。海底捞初创的时候,张勇既是管理者又是服务员,规模大了,自然不能再自己一桌一桌地抓客人了,而是要别人来一桌一桌地抓客人。

张勇懂得海底捞卖的是服务,服务是由服务员来做的,海底捞的服务员不是简单意义上的服务员,准确地说,应该是销售员。这个定位,让他抓到了管理的核心,就是不是雇佣员工的双手,而是雇佣他的大脑,把顾客满意度当做管理的目标,抓住了营销管理的本质。所以,张勇要求海底捞所有的员工必须从服务员做起,其实就是从营销的基础做起。营销提高效益,管理的效益自然就会上来。

要想给顾客有到家的感觉,服务员自己必须把店当做自己的家才行,这就不难理解张勇为什么要把员工当做家里人了。张勇说:“我觉得人心都是肉长的,你对人家好,人家也就对你好;只要想办法让员工把公司当成家,员工就会把心放在顾客身上。”

俗话说:“好心有好报。”张勇的好心获得了好报,海底捞的店平均一年半就能收回投资。

魔鬼管理训练课

海底捞真正卖的是“情感”。然而这种情感一定是真诚的、善良的,如果你把顾客一个一个的都看作是“财源”的话,你会让他有到家的感觉吗?

把“服务至上”的理念发挥到极致

对于一个餐饮企业来说，没有顾客来，就意味着没有顾客产生。而能不能留住顾客，很大程度上取决于你能不能为其提供好的服务。

服务是心与心的沟通。我们有没有真心实意地为客户服务，客户心里很明白，他们能感受得到。服务做到真心实意，惟有舍得付出。“等价交换是商业的基本规则，凭什么我舍得付出？我能获得什么回报吗？”这是大多数人共同的心理。员工存在这种心理是正常的，也可以理解。

服务投入和回报之间往往有一个滞延期。很多时候，额外的投入还真没有什么回报。惟有那些真正热爱自己的事业，将服务好客户作为一种信念的企业，才会真正舍得付出。他们相信付出总会有回报，回报来得越晚，或许得到的越多。即使没有回报，也不影响他们付出的热情，因为他们觉得只有这样做才无愧于自己的事业和追求。问题在于如何让每个员工都能摒弃急功近利的心态，树立起舍得付出的理念。对于企业来说，这是一个挑战。

比如，海底捞在要求员工如此高标准服务客户时，也遭遇过员工的不理解。用中国式管理来定义的话，张勇对员工的管理及对客户的服务均可谓之“人性化”。这个价值转移的过程简而述之，就是“企业对员工好—员工有干劲——员工对客户好—客户体验良好—忠诚顾客再次消费和口碑推广——企业获利”这样一个很简单的逻辑。事实上，在西方服务营销理论中，早就有一个对应的概念“服务利润链”。

服务利润链是表明利润、顾客、员工、企业四者之间的关系并由若干链环组成的链。它可以形象地理解为一条将“盈利能力、客户忠诚度、

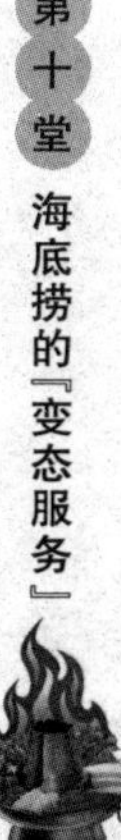

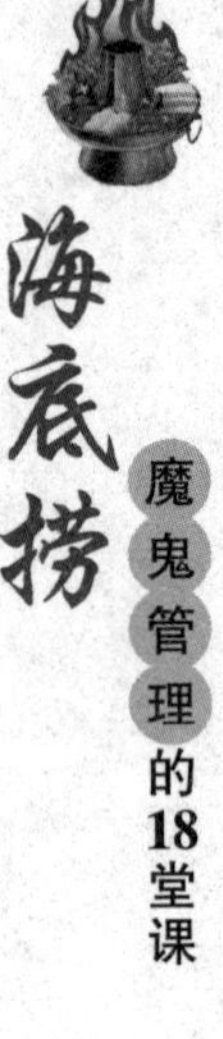

员工满意度和忠诚度"与生产力之间联系起来的纽带,它是一条循环作用的闭合链,其中每一个环节的实施质量都将直接影响后面的环节,直至最后的利润。

我有一次去海底捞就餐,有这样一段经历,让我深知海底捞深入每个员工骨髓的服务理念。

当我在海底捞因等待时间太长而准备离开的时候,一个擦皮鞋的小伙子和我有这样一段对话。

"先生,如果您刚才走的话,对于我们的火锅来说,不只是失去一个顾客的问题。每天那么多人排队,我们连您一个人都服务不周的话,我们海底捞还能开吗?"

如此看来,海底捞的员工真是深刻理解了服务的内涵。这能让员工把好的服务作为留住顾客的一种手段,也是为企业赢得利润的重要手段。这是海底捞的聪明之处,反之,一味地以追求利润的最大化为目标,忽略了顾客的感受,可能会让你丧失顾客,影响了企业的盈利。

星巴克的创始人、董事长舒尔茨的主张是:星巴克不是为了赚钱,而是分享美好的咖啡和体验。然而,如今的星巴克为客户提供美好体验的意识却逐渐薄弱。为了获取更多的回报,星巴克在中国大量更换供应商降低成本、改革薪酬体系——蓝莓奶酪在东莞加工制作,杯中的牛奶变成了蒙牛品牌的,而这些原本大都是进口的。

以前的杯子是美国进口的,现在国产的质地没那么坚硬;搅拌棒从木质的换成了塑料的,质量不如从前;星巴克北京店的矿泉水由巴黎水换成了圣培露,后者在超市的售价比前者低了2~3元,牛奶以前用的都是进口的雀巢奶,而从东莞来的糕点现在连外带的独立包装也没有了。

与消费体验质量下降相对应的情况是:2008年1月,因为业绩欠佳,舒尔茨解雇了现任CEO,宣布自己重新担任CEO,试图重振星巴克。

虽然我们单纯地说降低成本不一定会造成了咖啡体验质量的严重下降,因为蒙牛牛奶和东莞出产的奶酪在质量上未必比进口的差。但是星巴克不同于以往的"另类"经营方式却不值得我们效仿。之前的"星巴克不是为了赚钱,而是分享美好的咖啡和体验。"不就是为了给顾客提供优质的服务吗？背道而行的结果是什么？您看得到。

全国比海底捞大的火锅店有很多，但是像海底捞这么火的却不多见，曾经卖过20万串麻辣烫的海底捞董事长——张勇说："如果客人觉得吃得开心，就会夸你的味道好；如果觉得你冷淡，就会说难吃；服务会影响顾客的味觉！什么是好的服务？就是让客人满意。"在张勇看来，要给顾客提供超出顾客期望的服务，让他们享受到在其他餐馆享受不到的服务。做过管理的人都知道，让顾客满意，提供最优质的服务说起来容易，但是做起来却不简单，毕竟服务还是要人来完成，但是如果您想赢得顾客，您想追求利润，就必须从抓好服务做起。

海底捞火锅服务的标准化要求每一个服务员都让客人觉得他们在尽心尽力的服务，高高兴兴地工作。比如，有的服务员喜欢说话，他可以陪客人海阔天空，有的服务员不善言语，但她可以一溜小跑给客人去买烟；这种标准化轻易学不来，关键是要用心。海底捞火锅的很多具体服务方式，比如眼镜布、手机套、免费电话等等，这几年被很多餐馆效仿，可是有的也只是学到了形式，并没有深谙其内涵。

在海底捞，张勇在如何储备更多拥有海底捞火锅思维的管理者和一线员工方面，耗费了绝大部分的精力。海底捞火锅对店长的考核只有两个指标，一是客人的满意度，二是员工的工作积极性；总而言之，就是服务，让服务产生效益。

试想，如果您有一次让顾客满意的服务，他是不是会用自己的关系网为你介绍更多的顾客来啊，这其实是个隐藏着商机。以此类推，企业就会获得更多的利润。如此，服务好，顾客多，商机不断；商机不断，自然财源滚滚来。这就是我们应该向海底捞学习的。

魔鬼管理训练课

海底捞的员工真是深刻理解了服务的内涵。这能让员工把好的服务作为留住顾客的一种手段，也是为企业赢得利润的重要手段。这是海底捞的聪明之处，反之，一味地以追求利润的最大化为目标，忽略了顾客的感受，可能会让你丧失顾客，影响了企业的盈利。

第十一堂
好品牌引来好顾客

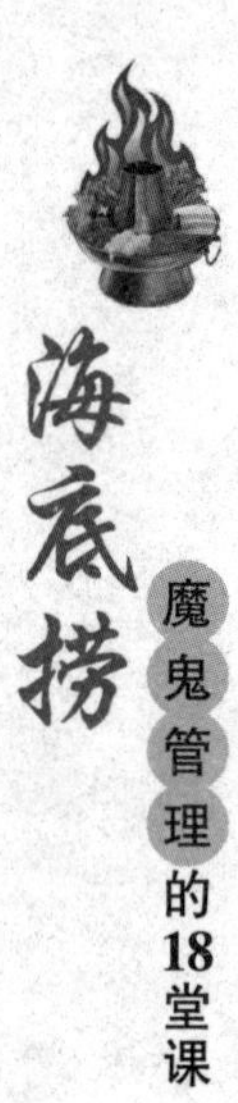

打造好品牌

品牌是一种承诺,企业坚守承诺,为消费者提供放心商品;品牌是一种信用,企业与消费者相互信任,相互依存;品牌是一种荣耀,消费商品就等于拥有品牌;品牌还是一种寄托,萌生希望,营造梦想,把生活渲染成五彩斑斓。

做品牌是现在很多商人的首选，企业的老板们再也不满足于固守田园解决温饱问题,而更倾向于把企业经营当作一项事业。在古老的中国大地，历史上没有任何一个时期像今天这样有如此多的老板痴迷于企业品牌的树立。企业品牌是一种象征,为顾客消费设定了固定的印象标签；企业品牌还是一种承诺，向顾客长期提供一种品质和口味的保证;企业品牌也是一个醒目独特的标识,通过这个标识,企业可以诠释自己的经营理念,规范经营行为,获得顾客认同。企业品牌并不神秘,是企业长期积累的必然产物。企业品牌也不见得必须奢华无度,执著于朴实也是品牌的一种性格。

塑造真正的企业品牌,需要一个强烈的品质制胜理念。商品品质是品牌基础。好品牌卖的是好商品,好商品的品质应该保持长期稳定。看看全聚德烤鸭百年不倒,就知道品质的稳定是多么受顾客欢迎,虽然烤鸭的售价高出同行一截,但为顾客所信赖。这就不难解释,为什么市面上充斥的伪劣商品虽然廉价仍然少人问津。做良心事,走自己路,完全没有必要照抄照搬那些成功企业的方式方法，但可以借鉴它们的整体思路。例如,如果想突出品质,那么就为品质找到一个能证明品质的说辞,如“不满意就无条件退货”、“当日采购的排酸肉,晚六点以后五折处理”,用近乎苛刻的标准要求自己,不给自己留余地,强迫自己用完美的商品和服务满足顾客需求。用这样的品质理念引领企业运营,企业必能创出金字招牌。如果理念和行为不统一,这样的理念就是虚伪的、骗人的,根本无法达到谈及品牌的高度。

企业商业模式要有强大的创富能力。商业模式不行,等于将企业放在了一条破船上,无论驾驭者怎样努力都无法远行。国外大型商业超市模式进入我国以后,农贸市场和小型食杂店避之唯恐不及。不是后者不努力,而是他们的商业模式无法和大型商业超市抗衡。商业模式已经老化,缺少创新,被市场冷落也是一种无奈的选择。企业之间的比拼,基础部分还是在于商业模式之间。

企业要有长远规划。没有远大构想的企业肯定不能长寿。企业的激情取决于它的终极关怀,而长远规划则是将这种激情释放在合适的商品、合适的市场上的有力保证。做正确的事情,远比正确地做事更重要。现在人们常说,未来的发展不取决于所在的位置,而取决于所朝的方向。长远规划,就是让企业从起点开始,把握好未来发展的方向。这种大局观的掌控,是塑造企业品牌的先决条件。经营定位是长远规划的重要组成部分。为企业品牌找到新的位置,个性迥异,与众不同。

企业要拥有独特的核心竞争力。各个企业的核心竞争力各有不同,无法一致。海底捞的创富系统可以学得会,但海底捞的创始人张勇却难以复制。在海底捞人眼中,张勇是海底捞的核心竞争力。因为,“别的老板不可能向张勇那样对员工好。”这话确实精彩。也有一些老板拥有生意不错的企业,但因为言而无信,对员工极尽吝啬,随便找个借口便要罚款扣钱,经常遭致员工集体罢工,难以形成良性创富系统。相对于这种无良老板来说,张勇的存在,确实可以称得上是海底捞的核心竞争力。拥有核心竞争力的品牌,才可以在市场上畅行无阻,席卷财富。

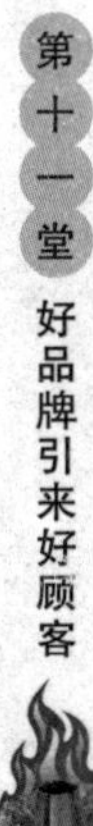

要有优秀商品做支撑。顾客牢记品牌,首先是对商品的喜爱。商品的功能、形状、价格、包装以及后续服务,均会直接影响顾客对商品的体

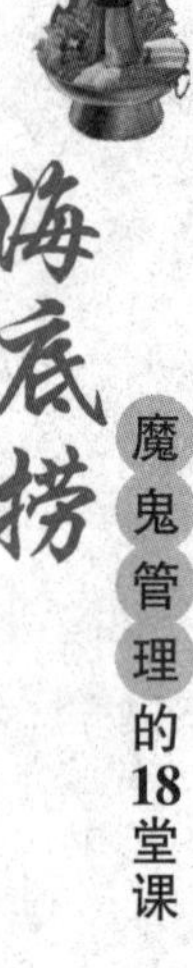

验。好商品才会赢得人心，形成反复消费。海底捞为自己设定目标——“好吃的火锅会说话”，就是在用优秀商品将头回客变成回头客。

建立规范的管理体系。建立规范的管理体系是打造企业品牌的保证。“人治”还是“法治”，决定企业品牌之路的行程。没有规矩，不成方圆。没有管理体系做根基，单独依靠企业投资人的亲力亲为支撑大局，无法保证企业始终如一地充满活力。领导在，是一个样；领导不在，是另一个样。依靠管理体系，不靠能人，这才是做好品牌经营的正道。

经营中处处遵纪守法。优秀品牌要为公众所接受，要符合法律和道德的双重标准。企业经营要高度自觉，不能违背顾客意愿。近年来，有一些企业置公共道德于不顾，大胆妄为，频频制造食品安全事件，不但损害了顾客的健康，而且让广大守法经营的企业同行也受到牵连。这样的企业，如何能取得顾客信任？如何能获得顾客的支持呢？优秀的品牌企业，要和广大顾客站到一起，为顾客谋取利益，取得顾客的信赖，成为顾客心中的朋友。

要形成狂热的企业文化，应做到以下几点。

第一，企业文化应是好人文化。至上而下做好人，企业才能端正品行树立正气，淘汰那些影响企业发展的恶人、懒人、贪人。

第二，企业文化应是责任文化。员工应具备责任心。对自己有责任，对别人尽责任，这样的企业才会具有强大的凝聚力。子女最基本的责任是对长辈的孝心。没有孝心、不尽孝道的人，是绝不会对企业承担责任的。

第三，企业文化应是公平文化。人生而平等，不仅仅是被看做一个理想，而且还应该将其设置为制度。级别可以有高有低，分工可以不同，但在个人发展的机会上，所有的员工都是平等的。

第四，企业文化应是改变命运的文化。激励员工，通过自己的奋斗来提升自己，用双手改变命运。

为员工规划人生目标，帮助员工成功。大多数从事底层工作的员工是不甘平庸的，他们也在努力奋斗，希望用自己的聪明才智与辛勤劳动改变命运。那么，他们应该怎么奋斗呢？

他们的发展轨迹比较容易成功的有两条：一是按照自己的兴趣和条件，结合工作状况，走提升专业技能的道路，如从学徒工到技师、从服务员到前厅经理；二是通过自己的打工经历，学习和模仿成功企业老板的商业经验，建立属于自己的创业体系，即在心智、阅历和技巧逐步成熟之后开店创业。

魔鬼管理训练课

品牌是一种承诺，企业坚守承诺，为消费者提供放心商品；品牌是一种信用，企业与消费者相互信任，相互依存；品牌是一种荣耀，消费商品就等于拥有品牌。

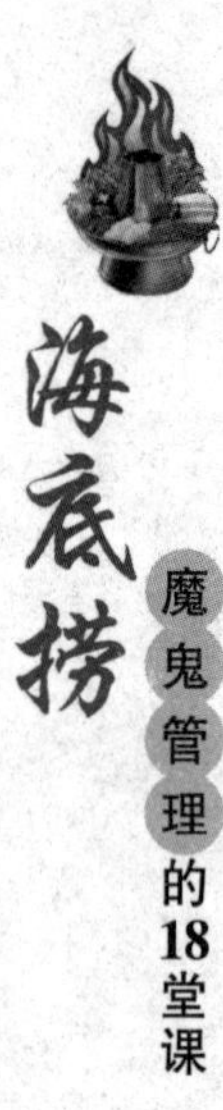

给产品一个准确的定位

如果把市场想成一张地图,这张地图上分布有许多产品,而每个产品依据各自特色,拥有自己的所属位置。这张图上有些区域热门,有众多产品聚集,聚集的产品少;消费者可以根据自己的需求,轻松地在这张产品地图上,找到满足个人需求的产品,这就是定位的概念。定位——就是帮你的产品在市场上找到一个位置,可让消费者根据个人需求轻松找到你。

从技术层面来看,产品定位就是指塑造产品独有的属性,借此使产品或品牌能在目标消费者心中建立其特殊的地位或鲜明的形象,并建立起归属性与独特性。

为什么要帮产品定位?

攻占消费者大脑,是定位的任务。现今我们渗出的不仅是一个信息纷杂的年代,也是一个产品爆炸的年代。你一定不相信,但有研究指出,都市区的人们每天接受到的广告信息将近5000份,我们的大脑受尽骚扰,不仅懂得抗拒广告信息,还会自动删除大量不相关信息。

业主若想要攻占消费者头脑,就必须要花更多巧思,帮产品找到"首席位置",宁让产品在市场当鸡头,也不要当凤尾;让产品信息近期可能地单纯化、简单化,让它能在消费者心中产生犹如初恋般的刻印力量,这就是定位的终极任务。定位法则改变了现在广告的游戏规则,在现代广告里,我们能听到的是比较,而不是夸大。

如何找准产品定位?

首先,找出产品独卖点。广告大师奥格威说:“杰出的承诺乃是广告的灵魂。”找出产品中对消费者最重要的信息,即产品独卖点,或是创造出顾客想要的价值。

承诺可以是实质的产品利益点,也可以是诉求心理层面的利益点。了解消费者在乎什么,找出顾客在乎的产品承诺,不仅能让自己的产品与惊蛰敌手有所区隔,也方便与消费者进行营销沟通,让产品在消费者心目中有个明确的位置。找到独卖点,把这独卖点当成坐标,把产品放在市场地图上,然后再用创意包装这独卖点,与消费者沟通。如果市场上产品定位都相当清楚,那么消费者便能很容易找到可满足个人需求的产品。

尽管如此,不是所有的产品都能从产品本身找出独卖点,所以也可不用产品利益点来定位,而借由消费者的特性伙食社会趋势来做区隔;这样的定位就要靠敏锐的观察力,观察什么概念能打动消费者,让他们产生认同,然后再用创意包装。

找到能为产品说话的定位后,还要靠长期与消费者的沟通,才能将此定位概念深植人心,而一个正确的定位可用上数十年。一旦确认了定位,就不要随便改变,随意更改不仅浪费之前所有的营销努力,而且还会混淆消费者对产品的认知。

产品的定位相当于一个人的灵魂,企业也是一样。只有对产品定位,才能有企业的战略、方针和发展方向。有了这个发展的大方向,才有了企业的灵魂。

张勇为海底捞制定的广告语是“好吃的火锅会说话”,也就是说,海底捞的定位是“好吃的、会说话的火锅”。火锅大类是没有异议的,但海底捞把火锅分成了会说话的火锅和不会说话的火锅两类。海底捞属于会说话的,有些火锅则属于不会说话的。这样他把其他的火锅推到了自己的对立面。企业经营定位经常使用的方法就是把其他同类企业推到对立面去,让自己和它们明显不同。

精准的品牌定位之后,有效的品牌推广则是使品牌深入人心的重

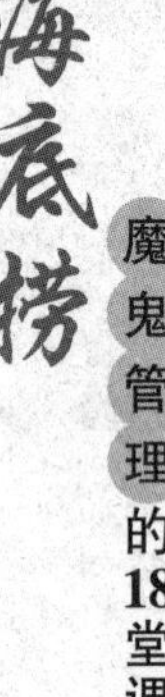

要手段。海底捞的总经理张勇明白，在最短的时间里使海底捞品牌深入人心，必须要选择一个适合的宣传平台，对于餐饮行业来说口碑无疑是最省钱而最有效的宣传手段。我们来看看海底捞是怎样实现火锅的“说话”功能的。

用真情说话

要让顾客感受到某种情感，并被强烈打动，必须要真真切切地具备真诚服务的热情。亚伯拉罕·林肯说过：“你可欺骗所有人于一时，或欺骗部分人于永远，但你不可能永远欺骗所有的人。”情感营销应该有真情实感，而不是企业一相情愿的矫情或作秀。所以，海底捞的服务员对待客人的态度，确实是发自内心地要让顾客满意，笑是真笑，心是真心。只有真情才能换来顾客真诚的回报。

用细致说话

在低附加值的餐饮服务业，虽然家家都在喊“顾客至上”，但实际效果并不理想。而海底捞专注于每个服务细节，让每个顾客从进门到出门都体会到“五星级”的服务：停车有代客泊车，等位时有无限量免费零食提供，有免费擦鞋、美甲以及宽带上网，还有各种棋牌供大家娱乐；为了让顾客吃到更丰富的菜品可点半份菜；怕火锅汤溅到身上为顾客提供围裙，为长发顾客递上束发皮筋，为戴眼镜顾客送上擦眼镜布，为手机套上塑料袋；洗手间也有专人为你按洗手液、递上擦手纸巾。服务员不仅熟悉老顾客的名字，甚至记得一些人的生日以及结婚纪念日。服务员“五星级”的体贴服务使得每一位顾客在内心深处感到欠了海底捞的感情债，以致变成回头客和忠诚顾客。甚至帮助海底捞到处宣传。

用品质说话

海底捞在原料采购上,所有蔬菜类菜品直接来源于农户。农户将菜从地里采摘之后直接送往公司,减少了菜品的市场滞留期,保证了新鲜度。同时,品控人员会对每一样蔬菜进行农药残留检测,只有合格的菜才能被允许收货,首先在源头上保证了菜品质量。

在菜品清洗加工上, 海底捞物流配送中心的蔬菜加工车间控制在6~8 摄氏度,每天有专门的品控人员对食品的验货标准、各车间和库房的温度、湿度进行严格控制,并对生产现场的卫生环境进行检查监督。

在产品配送和储存上, 海底捞要求整个过程中必须保持 0~4 摄氏度,对配送的车辆有严格的温度控制和设备要求;为了保证食品安全,对配送车辆也进行了检查、清理、消毒,并在车辆中安置好温度记录仪,以便第二天对异常温度进行分析处理;对于时间的控制也极其严格,蔬菜类产品在物流配送中心保存时间不超过 36 小时,门店 0~4 摄氏度保鲜库的保存不超过 1.5 天。海底捞还建立了菜品安全的追溯制度,以保证一旦发生食品安全问题,能迅速反应。

用诚信说话

有餐饮同行闻听海底捞生意火爆,便组织单位骨干到海底捞考察。其实,从那些人进门开始,服务员们就看出来他们是同行。面对同行的故意嘲弄、指责,海底捞员工始终微笑着服务。海底捞信奉诚信,不论是普通顾客,还是到店考察的餐饮同行,只要是进店消费,都会以诚相待,不差分毫。

这样围绕定位做文章的结果,是让竞争对手输得心服口服。

可见,海底捞的成功,关键在于确定了自己独特且能打动消费者的品牌定位——“让火锅自己说话”,这一定位具有高度差异性,同时避开了同其他火锅及餐饮巨头的直接碰撞竞争,开辟了自己的生存空间,为

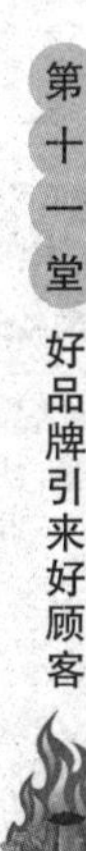

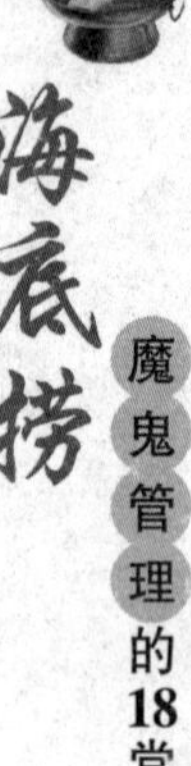

海底捞迅速引爆火锅市场奠定了良好的基础。

海底捞点燃火锅市场的成功给了我们许多启迪和思考：企业完全可以实现跳跃式发展，也许机会就在身边，关键是我们是否拥有把握机会的能力。

魔鬼管理训练课

产品的定位相当于一个人的灵魂，企业也是一样。只有对产品定位，才能有企业的战略、方针和发展方向。有了这个发展的大方向，才有了企业的灵魂。

地球人拒绝不了海底捞

在北京,如果你要提四川简阳这个地方,或许没多少人知道。但是,你要问北京那家火锅店最火?很多人肯定都会告诉你“当然是海底捞啊。”北京各种档次的餐馆林立,很多餐馆都不担心没有顾客。可在海底捞,很多客人宁愿在外排队等候很长时间,也要在这里就餐。其生意火爆的程度让很多知名餐馆、酒店看着眼馋。人们不禁要问,一家来自四川简阳小县城的火锅店,怎样在北京创出如此骄人的业绩,引发了“海底捞”现象。

之前,我的一位朋友告诉我,他对海底捞还很陌生。一次,几个朋友要聚餐,有人点名要去海底捞吃火锅。他反问道,“一个火锅有什么好吃的,还要跑那么远?”他的朋友说,“海底捞的服务太好了,我喜欢那里的环境。”他知道说不过他,就同意了。

于是他们就驱车前往,来到了离市区较远的,一个看上去有点像旧工厂改造的餐厅,面积看上去很大,他们到的时候,已经有些人在排队等待了。像多数火爆的餐厅一样,热情的服务员给了他们一个号。于是,他们开始等待。在等待的那段时间里,惊喜连连。

他这样描述当时的经历:

热情的服务员为我们送上了些零食,说,“如果饿的话,可以先垫垫肚子!”

我心想,“啊,有没有搞错!我吃了你的零食,等会儿吃火锅的时候,

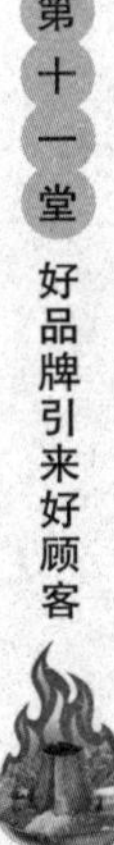

不是就要少吃些东西了吗？那我不就可以少点些东西了吗？真想不明白，想想肚子也有些饿了，先垫垫吧……”

等了一会儿，就轮到我们了。我们一行5个人进去后，很快找到了一个位置就急着坐下来。

刚坐下，热情的服务员又过来了，对我朋友中的2位女士客气地说：“看您们2位的服装，一定是要当妈妈了吧！我们这张桌子是电磁炉的，会有些辐射，对您和您和宝宝有影响，我们二楼有传统的火锅桌，我们马上为您安排，可以吗？”

我心里一惊，“啊，连这个细节都想到了！真是好服务啊。”

服务业靠什么赢得竞争？惟有服务。惟有靠服务的质量和效率才能取胜。张勇谈到他创业的时候说，“那时我连炒料都不会，只好买本书，左手拿书，右手炒料，就这样边炒边学。可想而知，这样做出来的火锅味道很一般，要想生存下来，只有态度好点，客人要什么速度快点，有什么不满意多陪笑脸。因为我们服务态度好，上菜速度快，客人都愿意来吃，做得不好的客人会教我做。我发现优质的服务能弥补味道的不足，从此更加卖力，帮客户带孩子、拎包、擦鞋等等。无论客户有什么需要，我都二话不说，一一满足。就这样做了几年后，海底捞在简阳当地已是家喻户晓。”

优质的服务为什么能弥补味道的不足？因为味道的不足仅仅是个技术水平问题，而优质的服务却是个态度问题，服务能创造价值。我们可以原谅一个人的水平差点，因为能力有高有低是正常现象。但是，我们却不能容忍一个人的态度差，更不能容忍别人不尊重自己。优质的服务恰恰体现了对顾客的尊重。

客户不是上帝，客户也没拿自己当上帝。但是每个客户都渴望得到一点尊重，都渴望被公平对待，都希望自己花的每分钱都物有所值。事实上，中国的消费者对企业很包容，有时只要“服务态度好点，速度快点，多陪笑脸”就能赢得客户的原谅和好感，甚至就能让自己从同行中脱颖而出。

然而，张勇却不完全认同大家夸耀海底捞取胜的关键是“服务”，他认为制度和流程也很重要。这不禁让我肃然起敬,觉得在众人的吹捧中能够保持清醒着实不易。

到海底捞就餐,服务好,就心情好;心情好,胃口就好。其实这是一种典型的心理反应。海底捞的老板和员工正是抓住了顾客的这一心理特点,做足了文章,才牢牢地抓住了顾客的心。

魔鬼管理训练课

到海底捞就餐,服务好,就心情好;心情好,胃口就好。其实这是一种典型的心理反应。海底捞的老板和员工正是抓住了顾客的这一心理特点,做足了文章,才牢牢地抓住了顾客的心。

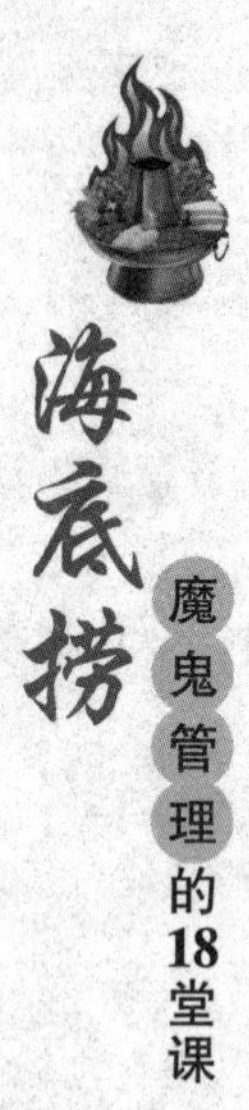

海底捞的忠诚顾客

北京的海底捞六店，每天一到晚上7点，门口就总是停满了车挤满了人，推门进去，连饭店的大堂里都坐得满满当当，没错，这都是“等客”，他们宁愿在海底捞坐着排队，也不愿意去另选一家。一位张姓的女士告诉编者，她已经等了将近半个小时了，但还是很愿意等下去，就因为喜欢在海底捞吃饭，在海底捞吃饭比在其他的任何饭店吃的都舒心。张女士称自己已经记不清来海底捞吃过多少次了，甚至和店里的服务员都成了熟人。此刻，张女士正一边嗑着为“等客”准备的瓜子，一边乐呵呵地跟来来往往的服务员互相打着招呼。

一个饭店能不能火，要看饭点儿的时候自己的大堂里有没有“等客”，有人愿意花时间等着给自己送钱，这样的饭店想不火都难。海底捞火了，火就火在海底捞抓住了顾客的心，而不是像一般饭店一样只想着怎么抓住顾客兜里的钱。

张勇，海底捞的掌门人，从一开始就晤到了这一点。今日的消费者，在乎的不再是饭钱的多少，不再是饭菜的实惠，也不单单是食物的美味，最重要的是能不能吃得舒心，说白了，就是服务。张勇的高明之处就是在于看到了消费者对服务需求的巨大市场空间。搞定了客户的心，就等于占有了市场份额。可如果想让消费者从心里感觉到幸福，一般化的标准无误的服务方式显然无法做到。海底捞就是想到了常人没有想到的，做到了常人没有做到的，在海底捞，从一个洋溢热情的微笑，一句贴心的话语，到一个干净的毛巾，桌面上的一个小摆设，这些都让消费者感觉幸福和温馨。

有顾客称，在海底捞吃饭，就像在自己家里一样，这种感觉是在其他饭店无法得到的。海底捞正是通过自己的温情服务法抓住了顾客的心，赢来了越来越多的回头客，所以才有了现在饭店大堂里“等客”都人满为患的景象。

夏天一直是火锅的淡季，但是海底捞却在三伏天里依然持续火爆。北京的夏天是出了名的热，许多火锅店要么改做其他菜式，要么直接关门歇业，而海底捞却能让顾客在三伏天里排队等候吃他们的火锅。天一热，人都容易不耐烦，更何况是等候，而海底捞却能做到让顾客在等候时依然开心舒适。海底捞在顾客等候时，不但提供免费的饮料、果盘，还可以上网、玩扑克，甚至还有擦皮鞋和美甲的服务，许多见识过海底捞这种服务的人都说，不得不佩服海底捞，他们想的真是万分周到！

开饭店能做到让顾客等候已经是很不容易了，但在顾客等候的时候又能做些什么呢？是不管不问忙碌自己的，还是端茶倒水献上温情？这就是平庸者与成功者的区别。细节之处往往决定整体的成败。

曾经有一位李先生带几个朋友到一家饭店就餐，这家饭店饭菜不错，档次也高，服务也算周到，李先生他们去的时候正是饭点儿，没有位子了，因此只能在大厅等候。但就在等候期间，因为饭店没有准备多余的凳子，李先生一行就只能站在大堂干巴巴地等着。过了一会儿客人中就有不耐烦的了，要求去另一家吃，李先生只好带领朋友另寻他家。这样的情形不可谓不多见。许多饭店由于空间有限，没有留出供客人等候的区域，也有不少饭店根本没有配备多余的椅凳，更别提在顾客等候的时候如何服务了。

同样是开店，有的客源滚滚，有的门可罗雀，为什么？原因就在于经营者是把顾客放在第一位，还是把顾客钱包里的钱放在第一位。

在顾客等待的时候，可以做些什么，是什么都不做，还是主动送上殷勤，留住顾客，这完全取决于经营者自己的选择。如果没有多余的空间，至少在前台多备几个凳子，不要让顾客站着等候。送上一碟瓜子，

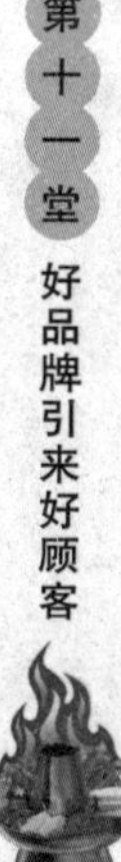

根本算不上什么花费,却能给顾客留下个不错的印象,这种有利而无害的事为什么不能去做?海底捞的成功不是偶然,但海底捞的成功也可以复制。把海底捞的想法融入到自己的企业之中,同样可以造就不一般的成功。

如今的大多数商家和企业,谈起服务二字,都明白它的分量,却还是难免在心里看轻它,觉得商场之上,利润才是永远的老大。一门心思追逐利润,却发现利润不但没有增加,反而越来越少,就算找原因,找来找去,也总是在企业结构、生产流程或者业务水平上摸索,这无异于缘木求鱼。抓住顾客的心,是任何一个饭店,一个销售型企业的制胜法宝,海底捞打出的温情牌赢得了顾客的心,也就赢得了丰厚的利润与良好的口碑。

魔鬼管理训练课

抓住顾客的心,是任何一个饭店,一个销售型企业的制胜法宝,海底捞打出的温情牌赢得了顾客的心,也就赢得了丰厚的利润与良好的口碑。

第十二堂

商品——吃出幸福的感觉

海底捞的菜品可以点半份

相信，去过海底捞的顾客，都享受过海底捞极具人性化的服务。海底捞的服务员对顾客的细致和无微不至的人性化的理念渗透到了每一个小细节中，就连在海底捞的点菜方式上，也是别出心裁、独树一帜，因此深受顾客的欢迎。

在海底捞就餐的顾客可以享受到一种特殊的服务，那就是在海底捞消费的顾客在点餐时，所有的菜品都可以点半份。而且服务员还会根据顾客的喜好为他们推荐菜品，如果顾客点得过多，服务员还会善意地提醒顾客不要浪费。显然，这样既为顾客省了钱，还可以让顾客享受到更多的美食。

然而与之相反的是，很多餐厅为了赚取更多的利润，不注意细节，只顾眼前，不考虑顾客自身的消费能力、人数、用餐习惯和口味偏好，一味地让顾客多消费，导致吃不完而浪费的事件时有发生。这样不仅降低了顾客对餐厅的满意度，还会对这样的餐厅的印象大打折扣，以后自然不会再光顾了。

海底捞的管理层认为，在点菜时注意以下一些技巧，基本可以让客人满意：

(1)根据不同客人的心理需求，向客人介绍餐厅的特色菜、时令菜、招牌菜、畅销菜等，在介绍时多向顾客阐述菜品的典故、食法、营养知识等，让客人觉得你专业，并乐意接受你的推荐。

(2)在客人点菜过多,或者在原料,或者口味上有所重复时,要善意地提醒顾客,注意荤素搭配,在点菜时遵循宁少毋多的原则,避免造成不必要的浪费,表现出为顾客着想的态度。

(3)点海鲜、鱼类时要写明做法、斤两,并且重复一遍加以确认。

(4)有特殊要求的客人要写明客人的要求和忌讳,如不吃大蒜、不吃辣、不吃香菜、不吃猪肉等等。

(5)避免盲目推销和恶意推销,要根据顾客的饮食习惯和消费水平向顾客推荐菜品,避免顾客有被宰的感觉。

(6)在客人全部点完之后,再次向客人重复一遍菜名,检查有无遗漏。

(7)在客人点菜之后,如果有些菜品已经售完,要及时地告知客人,并推荐与原来菜肴的口味相似的菜肴。

(8)在点菜之后,不要忘记问客人是否需要酒水,并根据不同的情况加以适当地介绍。

(9)上菜的速度不宜过快或过慢,并要主动地为客人把菜加热。

张勇说,把点菜的服务做到细致,做到让顾客满意,就一定要注意以上的几点技巧。而且,海底捞的副经理杨小丽强调,点菜是顾客在进行消费活动的初始阶段,关系到整个服务过程的成败,如果服务得不周到,就很有可能令客人对你产生不满,甚至拂袖而去。对此,杨小丽说:"这就要求服务员的服务要到位,要细心周到。"此外,海底捞的管理层认为,从顾客的角度去考虑,服务人员也不能够忽视顾客对饮食的不同需求。比如:

第一,从客人的就餐人数考虑。就是根据客人的用餐人数来决定点菜的数量。如果只有两个客人的话,服务员就应该明白,基本只需要点两到三个菜就足够了。如果客人点了四个或者四个以上的菜,就要善意地提醒客人,而这样就能够令客人感受到服务员是站在顾客的角度去考虑问题的;如果客人是三到四个人,就可以多点几个菜,四道菜或者五道菜,外加一个汤……即按照客人的人数来点餐,人数越多,给客人搭配的菜肴也就越多,而这样就避免了不必要的浪费,也容易得到客人的认可,加深客人对餐厅的印象。

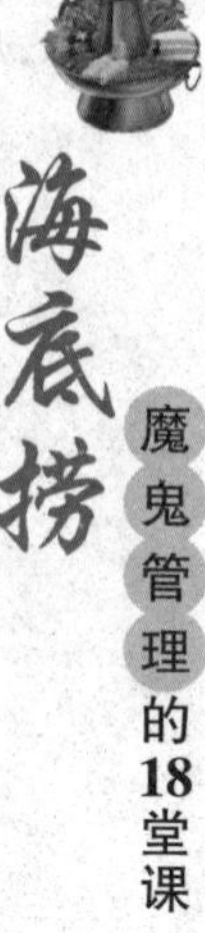

第二，从客人的消费习惯考虑。对待不同地方的客人，他们的饮食习惯以及饮食的口味一定也有所不同，这时服务员就要注意，要根据客人的不同习性来进行有效的推荐。例如广东地区或者港澳地区的客人的口味偏向于清淡；河北、天津等地的客人喜欢口味浓重一点的菜肴；江浙一带的客人喜欢偏甜口味的菜肴；四川、重庆地区的客人喜欢口味偏辣一些的菜肴。此外，不同年龄段的客人的饮食习性也是不相同的，如老年人喜欢松软、量少、精致、易于消化的菜肴；年轻人喜欢时尚、美味的菜肴等。

第三，从客人的消费能力考虑。服务员在进行点菜时，要充分考虑到客人的消费能力，按照客人的消费能力去为客人有针对性地推荐不同的菜肴。如针对一些商务人员或者高消费者，就可以适当地为客人推荐一些中档、高档的菜肴，像海鲜、野味、菌类等特色菜；针对一些中档或中低档的消费人群来说，他们不追求奢华和高档，因此可以适当地推荐一些家禽、素食类的菜肴。

第四，从客人的健康考虑。在为客人点餐时，也要充分注意到营养健康。在协助客人点餐时，要有意识地引导客人选择营养健康的菜品合理搭配。比如芹菜可以降血压，对于有高血压的客人，就可以根据芹菜有利于高血压患者的健康去为其推荐相关菜品。

可见，餐饮服务人员在点菜的细节上也要充分地照顾到顾客的情绪、分析顾客的心理、站在顾客的角度、了解顾客的不同需求和切身感受，从而让顾客在你所在的餐厅体会到宾至如归的感觉。

魔鬼管理训练课

餐饮服务人员在点菜的细节上也要充分地照顾到顾客的情绪、分析顾客的心理、站在顾客的角度、了解顾客的不同需求和切身感受，从而让顾客在你所在的餐厅体会到宾至如归的感觉。

利用菜单盈利的秘密

餐饮行业的盈利秘密，十有八九藏在菜单里面。商业模式的设计和经营思想的体现，必须通过菜单来完成。通过对海底捞菜单的研究，我们不难发现海底捞对于顾客心思的研究可谓细腻。

海底捞菜单上的种类名目繁多，分类细致，既能尽可能迎合更多顾客的口味，又方便顾客点菜。随着时间的推移，海底捞还会重新设计菜单，加入更多友情提示的内容，以更好地服务顾客为己任。

例如，随着菜单的不断完善，海底捞专门在菜单中添加了"新品推荐"。2010 秋季主推蔬菜滑和荆沙鱼糕，2011 春季主推河水鲜鱼丸、包心蟹丸、XO 丸和香草鸡片。这六个品种的创意分别来自鄂菜、粤菜和澳门豆捞火锅，很多火锅顾客都不是很熟悉，新鲜别致，毛利率较高。手工丸滑类则完全属于川渝火锅的创新之举了，将澳门豆捞模式的精华部分照单全收，更是别具一格。而且，这类菜品因为市场反映良好，加之成本有所增长，在 2011 春季菜单上大都上涨了 2 元。

海底捞特色菜的设计，囊括了川渝火锅的精髓鲜毛肚和内蒙古海拉尔火锅的招牌特色手切羊肉，它和涮、煮类商品一道，成为海底捞拉升销售额的主力。豆制品和其他类、绿叶蔬菜类属于低价高利菜品的得意之选，只是京沪杭白领们所享受的价格，较之川渝地区要高出很多。从季节菜系列的设计上，可以明显感受到海底捞菜单变动的频率。

除此之外，每位 9 元的自选小料，确是海底捞的高明之处。火锅是

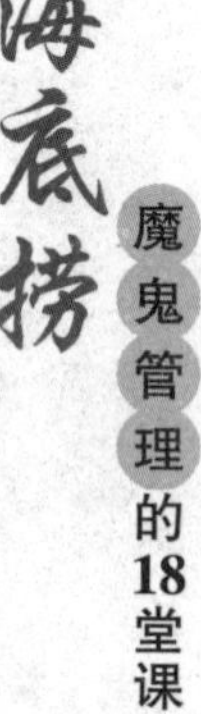

否好吃，往往在于小料的选配是否合理和足量。有些火锅店按份收费，导致客人在消费后半程出现要一份吃不了的情况，于是就不再点了，火锅越吃越寡淡，口感就不是很好。而按位收取小料，在顾客就餐区设立可以随意拿取30余种价格昂贵小料的展台，顾客没有了费用负担增加的顾忌，就可以放心添加，一来保证了菜品口感的鲜美，二来提高了顾客满意度。同时，按位收取小料费用也可以保证单桌顾客的基本消费数额，有利于提升销售收入。

再者，凉卤类菜品及小吃比较亲民务实，也足见张勇对人们消费心理的揣摩，其初衷不过是想更好地服务顾客罢了。酒水类商品能够感受到顾客的喜好和习惯，多数白酒品种定价设置在17~76元，意味着海底捞顾客群体特征呈现出家庭化、同事化倾向，对白酒消费量不大。

在友情提示这个环节，除了常见的桌号、包间、服务员等三项，还增设了泊车号、顾客姓氏、客户特殊需求记录等内容，表现出海底捞人的用心和周到。网上订餐地址和外卖电话的设置，更是方便服务员随时告知企业的服务项目。

在菜单的印制水平上，海底捞也丝毫不敢马虎。无碳复写印制的彩色菜单，清楚规范，一目了然，比一般火锅店的廉价随意之作实在是好得很多。尤其在菜单的背后，海底捞专门设计了一个"加退菜表格"，用于处理火锅店常见的加退菜问题，即使服务员的现场紧急情况处理，也不会有后顾之忧。

小菜单藏大智慧。只要你有一颗为顾客真诚服务的心，只要你够"用心良苦"，说不定您的企业也是下一个"海底捞"。

魔鬼管理训练课

小菜单藏大智慧。只要你有一颗为顾客真诚服务的心，只要你够"用心良苦"，说不定您的企业也是下一个"海底捞"。

巧用菜单做营销

面对竞争激烈的餐饮市场，如何把顾客吸引到自己的门前，这需要餐厅全体工作人员的共同努力；但其中有一点，小小的菜单也是不可忽视的推销高手，通过菜单来调动客人的消费热情，引起客人的好奇心，对餐厅的赢利非常有效。比如客人在菜单上看到一些新奇有趣的菜名，就想知道这种菜的具体做法和由来，有些菜甚至可以说出一个典故。这样的菜名既活跃了气氛，还给客人留下深刻的印象。除了菜名，客人对价格问题也相当敏感，如何让客人感到到此餐厅消费物美价廉、物有所值，这就需要我们在餐厅赢利的情况下制定出诱惑客人的好价格。同时，一份精心策划的菜单也不能“原地踏步走”，应该学会“见风使舵”，适时地以新面孔来抓住顾客的视线。

一般情况下，一些火锅店对火锅的菜单往往不会重视。或许他们会认为菜单是无关紧要的一部分，因此他们大多抱着凑合的心态制作火锅菜单。如此一来，制作出来的火锅菜单非常简陋，只是简单地将菜品价格列在一张薄薄的纸上，然后把这张纸塑封。试想，当顾客拿着如此简陋的火锅菜单点菜时，将会是怎样一种心情？然而，在海底捞却不会出现这样的问题。因为海底捞非常看重对火锅菜单的制作——在张勇看来，火锅菜单制作的好坏不仅能影响到顾客的就餐心情，还能关乎到海底捞的营销。简单来说，菜单制作精美程度在一定程度上能影响到海底捞顾客的多少及营业额的高低。因此，海底捞选择借用精美的图册进

行日常营销。

那么,在日常经营中海底捞是如何将精美的图册运用在营销中的呢?

首先,在海底捞的所有店内,一本本制作精美的点菜单会呈现在顾客眼前。当顾客拿着菜单时的第一感受是沉甸甸的,翻开菜单的第一页就会被图文并茂的菜品所吸引。一位初来海底捞就餐的顾客曾这样评价海底捞的菜单:"在我去过的所有火锅店中,海底捞的菜单是最漂亮的。菜单拿到手里很重,菜品精美的图案让人垂涎三尺。当我第一次拿到这样精美的菜单时,甚至有一种在婚纱店翻看精美相册的感觉。"其实,这位顾客对海底捞菜单的评价并不夸张——海底捞选择的是专业制作菜单的设计公司严格制作菜单的,并且它还选用类似于影楼婚纱相册的材质对菜单进行包装,而经过如此制作后的菜单自然与其他火锅店的菜单大不相同,当然会给顾客留下深刻的印象。

据业内人士透露,海底捞制作这种精美的菜单需要花费很多的钱,甚至有同行嘲笑海底捞在"烧钱"。但海底捞并没有理会,而是坚持将精美的菜单呈现在顾客眼前,以便吸引到他们足够的重视。从日常经营中取得的效果来看,大多数顾客对海底捞制作精美的菜单都非常认可,并认为这是海底捞向他们提供高质量服务的第一步。事实上,这不仅是海底捞为顾客提供优质服务的第一步,还是海底捞营销策略中非常重要的一个环节。

其次,海底捞在制作外卖单时也不含糊。现实中的一些餐饮企业不会在外卖单上下功夫,因此制作出来的外卖单非常粗糙。而海底捞在这一点上要比这些餐饮企业强很多——当顾客拿到海底捞的外卖单后,不仅会感到外卖单纸张的手感非常舒服,还会被外卖单上精美的菜品介绍所吸引。一位同行业的火锅店老板曾质疑海底捞制作精美的外卖单,认为这将大大增加海底捞的经营成本,且利润被压缩。但张勇却不这样认为,在他看来,决定餐饮企业利润的高低与餐饮企业的营销有一定的关系,而制作精美的外卖单虽然增加了运营成本,但从长远来看却对顾客做到了有效营销,从而收获了更多的利润。

再次,海底捞将印有精美图案的宣传单,以向外投放的方式实现营销。当顾客在海底捞排队的过程中,可以翻开海底捞在大厅明显位置摆放的精美宣传册。宣传册上记载着海底捞的发展历史和菜品信息。当顾客看着这些精美的宣传册时,对海底捞的认识又会加深一步。再比如,在一些公共场所,如地铁站、公交枢纽站等地,路人也会被精美的宣传册吸引,于是忍不住取一份来看。这样一传十、十传百,就会有越来越多的人知道海底捞,并有了去海底捞就餐的欲望,而海底捞的营销策略也因此达到了目的。

由上可以看出,海底捞在菜单上下功夫,从而制作出了有别于其他餐饮企业的菜单。当别人以为这样会增大海底捞的支出时,海底捞却用高收益弥补了菜单支出。因此,可以说海底捞制作精美的火锅菜单不失为一种高效的营销策略。

魔鬼管理训练课

小小的菜单也是不可忽视的推销高手,通过菜单来调动客人的消费热情,引起客人的好奇心,对餐厅的赢利非常有效。

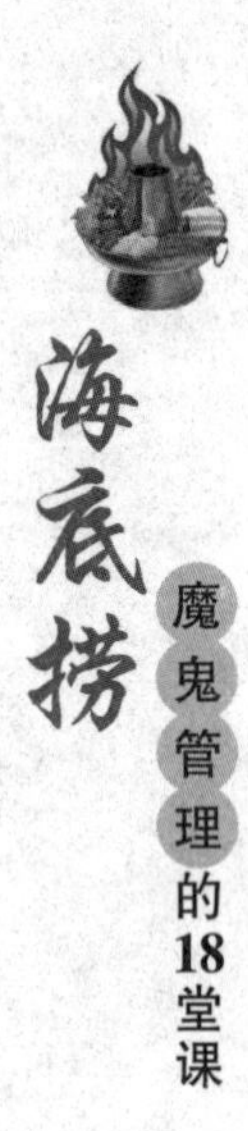

走出门送出去发展外卖

“海底捞火锅也有外卖了。顾客只需打个电话，就能够在家里吃上与火锅店里味道一样的火锅。”

海底捞的生意实在火爆，以至于一直以来它都在努力消除“等位”这个甜蜜的烦恼，当开新店，扩大等位区，提供免费水果、饮品，免费美甲、擦鞋等贴心服务仍不足以挽留顾客遗憾的背影时，2009年6月，海底捞毅然推出了火锅外卖服务——HI捞送。

服务项目包括外送菜品、包带厨具、专人服务，甚至郊外野炊。当竞争对手还在店里围着顾客打转时，海底捞开始用车轮将生意做到了客人家门口。这家以服务著称的企业总是能不断地给顾客制造惊奇和惊喜。

火锅外卖这一点子并非海底捞首创，早在2005年，国内的火锅业巨头，也是海底捞的主要竞争对手小肥羊火锅就推出了火锅外卖业务。但火锅外卖并非易事，若想大规模开展外卖业务，需要对人员、设备、配送、流程、成本、市场等多方面考虑周全，且需要至少两年以上的时间进行核算和筹备，是一项非常繁复而庞大的工程，因此小肥羊目前更多的还是侧重于内部管理与后台建设。

而特立独行的海底捞，就是敢为天下人所不敢为。在做了大量的调研和筹备工作之后，海底捞公司决定将火锅外卖作为一项企业战略，大张旗鼓地开展起来。

“我们从有想法到正式推出HI捞送，花了差不多一年的时间。”HI

捞送创始人之一、海底捞西单店经理陈群兰说。从2009年5月起,海底捞开始在北京、天津、郑州筹建呼叫中心、外送团队;6月,HI捞送正式启动,在北京地区,紫竹桥、西单、望京3家等位率较高的门店成为首批外送试点。

“火锅外卖大有可为,尤其在店铺租金日益高涨的大环境下。”陈群兰算了笔账,HI捞送如果每天能送出1000桌,就相当于新开了3家店,而且还省下了房租、装修、水电气等诸多成本,利润相当可观。要知道,海底捞新开一家店的成本,保守估计也要600万至800万元。

海底捞的外卖之路走得并不容易。在实行火锅外卖的前3个月试行期中,海底捞发现了许多未曾设想的问题,比如:网络订餐系统不尽如人意;208元起送的要求并未在网站公告;“四公里内1.5小时送到”的含混表述常被误读为“四环内1.5小时送到”;遇到恶劣天气、交通,需要提前和客人沟通可能会出现的延误;外送火锅需要登堂入室,自备鞋套非常必要;很多客人不喜欢洗碗,HI捞送需要增加一次性碗筷……

不过,最让HI捞送头痛的还是如何搞定时间。和麦当劳等“半小时内送达”的快餐速度相比,“HI捞送”“四公里内1.5小时送到,五环以内2小时送到”的速度明显迟缓,而延误也是时有发生。此时,外送员通常会主动致歉并以打折弥补失误。有网友曾撰文打趣说,“提前6小时预订的HI捞送外卖‘晚点’一个半小时,900多元的账单,实付800元”。海底捞对因此而造成的损失照单全收。

HI捞送北京区经理彭梅坦言,现在的HI捞送还是“测试版”,海底捞将努力完善以呈现让客人满意的“正式版”。对于从零开始的HI捞送团队来说,他们似乎有很多应该被包容的理由,比如外送员不熟悉线路、找不到小区、习惯于店内工作而难以自如驾驭电动车、接线员缺乏经验以致对送餐距离预判失误、外送点太少……但这些理由,顾客未必买账。尽管经过3个月的摸索,2009年HI捞送9月的延误率已比8月缩减了一半,但彭梅承认,延误仍是HI捞送满意度最大的敌人。

追求完美的海底捞必须尽快提速,尤其在订单逐月攀升的情况下。

来自H1捞举的统计,北京地区近两个月的订单量都是以50%的速

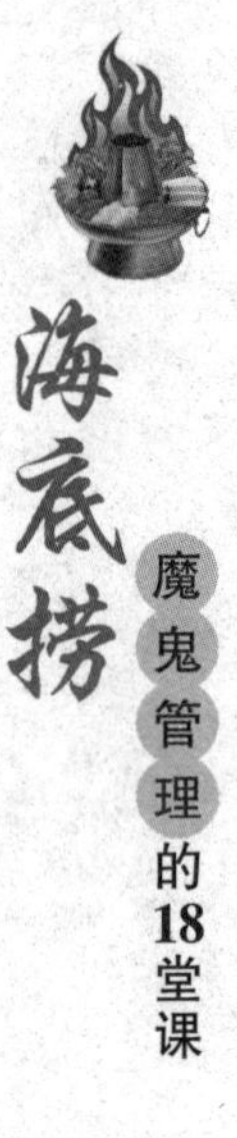

度递增,预计 9 月能送出近 3000 桌火锅。这也让 HI 捞送每个送餐点的外送员从 3 人一下激增到 10 人,电动车显然来不及配齐。所以,当你发现身穿红色 T 恤、背着印有“HI 捞送”字样外送箱的年轻小伙在街边拦的士,不要惊诧。

很明显,“测试版”HI 捞送急需一场席卷人力、设备、系统等的全面升级。陈群兰说,新员工培训正在紧锣密鼓地进行,而 HI 捞送正计划完全独立,实现流程一体化管理。届时其电话、网络订餐及打印系统将全部更新优化,更重要的是,HI 捞送将拥有独立的操作间,新增多个送餐点。这些都将大大减少备餐送餐的时间。

HI 捞送队伍也将“鸟枪换炮”,送餐员将身着印有醒目“HI 捞送”标志的统一服装,骑着崭新的豪华电动车走街串巷。按照彭梅的描述,升级后的 HI 捞送, 从接到订单到完成备餐将从现在的 30 分钟缩减至 15 分钟左右,而完成一份距送餐点 5 公里之内的订单只需 40 分钟。

当然,服务升级的后果之一就是提价。尽管相比麦当劳、肯德基六七块钱的外送费,HI 捞送 19 元的菜品外送费已经有点“昂贵”。

但用陈群兰的话来说, 火锅的外送成本要远高于肯德基和麦当劳:火锅菜品的包装成本高、备餐流程繁琐,外送员送餐上门后还要帮客人摆盘、倒锅底、布置餐具。时间、人力、服务方面的成本都高于快餐。目前,单就北京的 HI 捞送的送餐点也还是非常有限, 却要覆盖北京五环内的每个角落,与布点星罗密布的快餐巨头相比,花费的交通成本也更高。

“当 HI 捞送逐渐完善,最终通过市场评测,成为‘正式版本’,外送费及最低消费标准可能会提高。”彭梅打个比方,现在 HI 捞送是在“试营业”,就像商家刚开业推出优惠一样。当不断追加的投入达到服务升级之后,消费者在享受快捷的同时自然需要付出成本。

“我们的外送员都是从门店精选的优秀员工,而且外送工作相对危险,HI 捞送在薪酬方面的成本也比较高。”彭梅补充说。

尝过苦头的 HI 捞送已经学会了对距离精打细算, 现在北京 HI 捞送正在研究“5 公里以内 29 元,之外每公里 4 元钱”的送餐费调价方案,而最低消费标准也可能由现在的 208 元提升至 260 元。当然,一切都要等 HI 捞送“达标”以后。陈群兰说:“只有客人都竖大拇指了,我们才考虑涨价。”

魔鬼管理训练课

当竞争对手还在店里围着顾客打转时，海底捞开始用车轮将生意做到了客人家门口。这家以服务著称的企业总是能不断地给顾客制造惊奇和惊喜。

绿色经营，保证菜品质量

一家餐馆最重要的就是前厅和后厨这两个部分，除了在前厅的各方面的服务环节力求做得到位的前提下，真正想要实现一家餐厅的长远发展和立足，就必须充分重视菜品的质量问题。顾客到餐馆吃饭，最主要的还是希望能够吃到美味的菜肴，因此菜品的质量就是一家餐馆是否能够得到顾客认可的最直观、最重要的因素。

在菜品的生产和加工的流程当中，从原材料的买入到菜品的加工制成，主要分为三个方面：原材料的质量和卫生控制、菜品的生产流程控制以及科学的厨房管理控制。对于餐饮企业来说，要想保证菜品的整体的质量，张勇认为，必须从以下四个环节入手：

把握好原材料的质量

把握好原材料的质量关是餐饮企业提高菜品质量的第一个必要的条件——原材料的质量是决定菜品质量好坏的一个关键因素，只有优质的原材料才能够制作出美味优质的菜肴。此外，原材料的产地、品质、品种、储存状况，以及新鲜程度等都是影响菜品原材料质量好坏的重要因素。如今的菜品原材料的质量问题一般的表现主要有：冒充产地、品种等，而这样就会导致食品的质量和新鲜程度下降；储存时间过长导致的食品不新鲜的问题；部分投机商以次充好造成的原材料质量问题；害病、污染导致的质量问题等等。针对以上这些问题，可以看出，餐饮企业必须加强对食物原材料的质量监督，加大对食品原材料的控制和管理，提高原材料的质量。而这就要求餐饮企业做到以下两点：

(1)配备专业的采购和保管人员。

(2)建立对原材料质量、数量的监督控制程度。

作为海底捞创始人的张勇，在餐饮事业方面，他的思考也比一般的人更为深远。无论是在食谱的搭配还是在原材料的选择上，都力求营养平衡、健康，整个环节都会做到以人为本，以顾客能够吃得健康为首要的目的。其实，当下这种健康的餐饮理念，也在引领着餐饮业向着一个更高的层次发展。在菜品的打造上，以绿色、健康为使命，将国学与餐饮艺术很好地结合在了一起。

袁华强说："做企业和做人其实是一样的道理，餐饮业要想全面强大发展下去，不能够单纯地从利益的角度出发，只关注菜品的味道和店铺的豪华装修，而是更应该注重物流乃至整个食品系统的健康、稳定、安全。"近几年来，海底捞投入巨资和人力，搭建了大型的食品体系，并建立了专门的管理部门对整个食品系统进行严格的监督和检查。可以说，不管是从食品的管理体系，还是到基地化管理原材料的搭建上，都保证了由种植到加工，到运输，再到销售的一系列系统的产业链模式。而且，海底捞还按照麦当劳的全球物流配送标准建立了上海、北京、郑州、西安四大物流配送中心，并引进了一批先进的现代化设备，以保证原料和底料的品质安全。

菜品的配份，加工和制作烹饪的过程规范化

菜品的配份、加工和制作烹饪过程的规范化也是提高菜品整体质量的重要因素。菜品的生产流程主要包括加工、配份、制作烹饪三个程序，其间管理人员要针对生产质量、产品的成本以及制作规范三者来加以监督、指导和制定生产标准。因为这样才能够控制好生产过程中的损耗，并保证员工能够按照工作的规范来进行操作，形成最完美的生产加

工流程,以期达到保证菜品质量较高标准的目的。以下几点,餐饮企业可以借鉴:

(1)加工以及切配的环节要定岗定位。在厨房中的切配以及加工的流程里,各个操作的程序分工不同,也决定着各自岗位的不同。而厨师的不同的知识水平、技术以及做菜的经验、熟练程度等都会影响其职位。

(2) 炉灶上的烹调要做到定位。中国菜向来的做法就是多种多样的,不能要求每一个厨师都对某种烹调方法精通,所以可以根据炉灶烹调师不同的资历等加以划分和定位。按照他们各自不同的功能让他们担负相应的烹调方法,承担不同规格、层次的内容,以使他们充分发挥出自身所具备的炉灶功能。

(3)实行配方投料定量的调味方式。菜品是加工程序繁多、复杂且技术性较强的一种手工的劳动成品。在餐厅多人操作的环境下,想要达到一种统一的菜品质量标准的难度很大,而调味的方法更是难以达到统一。因此为了使菜肴的整体质量统一,并达到相对稳定的状态,就必须在一个标准线上对一些复杂,以及复合口味的菜肴实行统一的标准量化的配方投放的原则。将预先调制好的各种复合口味菜肴的调料按照需要分配到各个厨房使用。这种科学、统一、规范的调味的方式对复合口味菜肴的整体质量可起到一定的稳定作用,也能提高整体的烹饪效率,不失为一种很好的方法。

(4)重要的生产环节要定人。菜品的加工制作除了有切配和加工制作两大主要环节之外,还存在着若干个细小却不容忽视的,与菜品的质量有着密切关系的环节。比如销售的核算、菜单的创新设计、菜肴的装盘、围边等。在整个菜品的制作过程中,技术性强并且变化很大的环节就要定人,即安排专人负责某一环节。

严格把守食品卫生安全关

严格把守食品卫生安全关是提高菜品质量的一个不可缺少的条件。食品的安全问题一直贯穿于食品原材料的选择、加工、生产、制作和销售的全部过程中，因此确保食品的卫生安全的状态是保证菜品质量的关键,同时这对顾客的健康也至关重要。

而餐饮企业的管理和经营者必须明白的一点就是,不卫生的食品会让企业的经营受到很严重的损害。根据调查显示,顾客对餐饮的食品卫生的安全问题十分重视——顾客在光顾餐厅所考虑的诸多因素中最首要的一条就是菜品的卫生安全问题,其次才是菜品的口味、餐厅的气氛、环境等。可见,餐饮企业要为顾客提供安全可靠并有利于健康的菜品,就必须首先把食品的卫生安全放在首位。具体来说,可分为以下几点:

(1)注意原材料的卫生控制。原材料的卫生状况决定着菜品的卫生质量,因此厨房在采购、验收、库存,以及原材料的领取上要认真地加以辨别。如果食品有异味或者腐烂就不能拿来使用,而不能由感官做出判断的可疑食品就要交由卫生防疫部门加以鉴定，之后再决定是否可以拿来使用。

(2)注重菜品的卫生方面的控制和生产环境。厨房是菜品生产的最主要的场所,因此各种设备、设施以及工具的使用都不可避免地会碰触到食物。如果卫生环境很差,不仅会影响到工作人员的身体健康,还会使食物受到不同程度的污染。因此,为了保证菜品的整体质量,必须做好环境的卫生工作,严格实行卫生责任制度,并逐渐落实到实际的工作当中去。

(3)重视菜品生产过程中的卫生控制。厨房的菜品生产过程包括粗、细加工,切配以及烹饪等几个环节,每一个环节都应该做好对食品安全的控制。比如对原产品的清洗,确保没有异物;避免出现污染;对冷冻食品的解冻过程要保证品质；配制食品的时间要尽量接近加工制作的时间,对不能及时制作的原料要立即冷藏;菜品的器皿要保持洁净卫生,等等。

(4)重视对餐饮工作人员的卫生控制。餐饮工作人员在工作中会不可避免地接触到菜品，因此每个餐饮工作人员的个人卫生和身体健康的状况都是值得重视的因素。国家卫生法规定,餐饮工作人员应该每年做一次体检,以保证自己不带有任何传染性的疾病来进行工作。而且,

餐饮工作人员进行工作时必须穿统一的干净卫生的工作服，并且保证定期清洗，勤换工作服。此外，还要求餐饮工作人员要做到注意培养自身良好的卫生习惯，严格要求自己，从而保证菜品的质量能够符合卫生安全的基本要求。

强化科学的厨房管理体系

强化科学的厨房管理体制是餐饮行业提高菜品质量的一个关键。因为菜品的质量的好坏不仅与厨师的个人技术和经验水平有关，与厨房的工作团队的整体素质有关，更重要的还在于餐饮企业如何对厨房的相关部门实行全面有效的监督和质量管理有着密切的关系。可以说，只有改革掉落后的厨房生产模式，使厨房的整体规格更加标准化，才是强化科学的厨房管理体系最关键的一个因素。以下几点，餐饮企业可以借鉴：

(1)强化以厨师长为主要核心的管理机制。高效率、高素质的厨房生产就需要与较高的生产力水平相适应的管理模式，在这种模式的基础之上对现有的厨房管理体系制作出一些必要的补充、尝试和调整。而厨师长是厨房最主要的指挥者，应该负起整个厨房业务的生产、管理、技术等方面的责任，充分发挥出自己的主观能动性和协调事务的能力。

(2)建立质检体制，也是全面提高菜品整体质量的一个行之有效的方法。高质量的产品必须是生产和管理互相作用，并相互制约，相辅相成。因此厨房应该设置质检体制，并对各部门、各环节的质量加工进行监督，消除不合格的加工成品，进而从根本上杜绝不合格的菜品进入餐厅内。

(3)让培训人员深入厨房，也是一个提高菜品质量的有效方法。近年来，许多有经验的精明的餐饮行业的经营者都很重视培训部门，把培训部门作为企业持续发展的加油站。而事实也证明，理论和实践的充分结合才是培养人才，并在岗位上发挥出作用的主要原因，因此只有让培训人员深入厨房，及时了解厨房在食品加工生产的各个环节中的薄弱和优势的环节，并采取面授机宜、理论和实践相结合的方法，才能使技术、生产、质量上存在的许多问题得以及时有效地解决。

(4)食物的采购和保管等都应该接受餐饮管理部门的监督和控制。保管也是餐饮部门的一个不可缺少的生产环节，只有充分地重视起来，才能够有利于餐饮部门对采购、保管工作的实施和控制。从根本上做到能够积极主动地为厨房的生产服务，使整个生产流程更加具体、合理、系统，成为一种能够更有效地为顾客服务的良性循环。

从上面这些分析和总结可以看出，菜品的质量控制是一个系统的工程，提高菜品质量不仅仅是技术的问题，更是管理的问题，只有将两者有效地结合，监控菜品的生产和消费的全过程，才是保证菜品质量的根本保证。

魔鬼管理训练课

菜品的质量控制是一个系统的工程，提高菜品质量不仅仅是技术的问题，更是管理的问题，只有将两者有效地结合，监控菜品的生产和消费的全过程，才是保证菜品质量的根本保证。

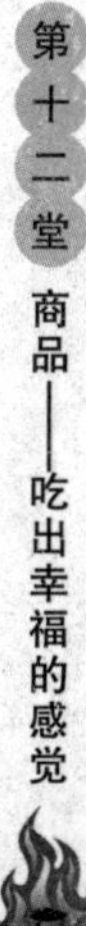

海底捞雇人心，得人心

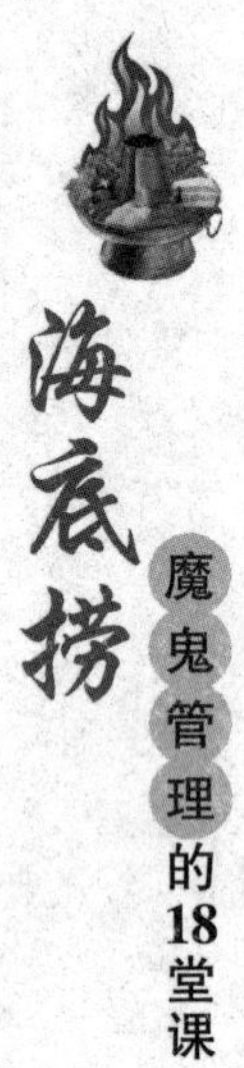

赢得消费者的心，企业才能立足

我们要知道，现代人消费，不只是为了吃，更需要的是舒心、愉快。只有给顾客创造愉悦的心情，才会赢得消费者的心，企业的经营才会长久。从这个角度来看，海底捞可以说是迎合了这个趋势的发展要求，并充分做到了这一点。

先看以下几个场景。

迎宾区：

顾客刚到店门口，已经有服务员热情地迎了上来："先生，您好！您是来用餐的吗？"得到顾客的肯定之后，服务员马上在前面引路，将顾客引进大厅。

顾客进到大厅，别的服务员迎上来，接替了刚才的迎宾员，将顾客带到用餐的餐桌前。如果就餐区座位已满，服务员则会带着你到专门的等位区等待。

等位区：

有扑克牌、象棋、游戏、可以上网的电脑，服务员穿梭其中，手里端着盛着各式各样的水果、点心的托盘，微笑着走向顾客的桌子。

就餐区：

开始就餐，由于火锅的热气大，顾客的眼镜被热气蒙住了，正要擦，这时餐桌边的服务员给顾客递过来了一个眼镜布。擦完眼镜后，顾客正想归还，服务员说，"先生，送给您的，您平时用着方便。"

在就餐的过程中，不等顾客杯子里的水喝完，服务员就主动上来给顾客斟满。

卫生区：

顾客问服务员："洗手间在哪里？"

服务员回答："先生，我带您去。"

洗手间打扫得非常干净。顾客出来，刚走到洗手台前，旁边的服务员已经帮他拧开了水龙头。顾客洗完手，一个服务员微笑着递过来一张擦手纸。然后还能看到棉签、皮筋、牙刷、牙膏、护肤品、摩丝、梳子等供顾客免费使用的生活用品。

海底捞的员工不仅用自己的职业精神将服务做到了让顾客满意，更将之升华到了让顾客被自己的快乐感染的地步。这里的每个员工都在用自己的快乐感染着每一位顾客，让每一位顾客在消费的过程中不仅获得了身体上的愉快感觉，更体验到了心理上的愉悦。

这是一篇发表在《牛津管理评论》上的文章，从作者的经历中我们可以一睹海底捞服务的魅力。

前天在西安讲课，晚饭后，我独自散步，走到了一家海底捞火锅店楼下。出于对海底捞管理创新的仰慕，我决定现场观摩一下。之前，我从未到过任何一家海底捞的店面。

乘坐电梯来到三楼，在门口迎接顾客的小伙子热情招呼："请问您几位？"我回答说："就我一人。"小伙子稍有迟疑，但很快就说："好，目前尚无空位，请您持号牌等候。"说完就写了一张卡片给我，并立即叫了一位服务员把我引到就餐区域中间的一张候位桌旁。服务员招呼我坐下，倒上开水，打开点心盒，让我品尝，告诉我一旦有位就会通知，说完就离开了。

我坐下后，仔细观看了卡片上的内容，除了统一的印刷文字之外，就是手写的"20"号和我到达的时间"6:45(晚上)"，反面写着6项免费服务项目。不到5分钟，又有人给我送来了一盘炸薯片，同时还有一壶茶水，并请我再等一会儿。估计是看到我没有喝水，也没有吃桌上的点心吧。

我道谢之后，告诉服务员："你们不用招呼我。"服务员离去后，我开

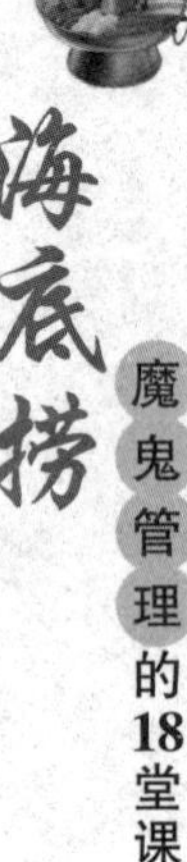

始观察店里四周忙碌的员工。我发现所有的员工都在移动之中,完全没有其他饭店常见的员工倚靠、顾客喊叫情形。不仅如此,而且传菜员们一律都是小跑步行进。我真担心他们撞到同事身上,因为拖地的员工也在不停地工作,地面上几乎可以用一尘不染来形容。也许是训练有素的缘故,传菜员个个身手敏捷,右手高举菜盘,穿梭在餐桌与同事之间,仿佛 NBA 球员一样功夫了得,躲闪腾挪,收放自如。我左顾右盼,就像欣赏杂技一般。

我虽然只在店里观看了 15 分钟,但在等待期间,总共受到服务员五次关照。除了前面介绍的二次之外,第三次是问我可否提前点菜,因为排在我前面的只余下 10 位了。第四次是服务员给我送来一碗稀饭,让我先暖暖胃。第五次仍然问我是否可以先点菜了,前面只有 6 位等候了。

一看时间过去了 15 分钟,我不好意思再坐下去了,因为门口还有络绎不绝的顾客进来,便起身离开。回到门口,我将候位卡片交还小伙子,并告诉他我此行的目的就是观摩学习。我说:“海底捞的管理和服务在管理界广为传扬,今日一见,果然名不虚传!”

当我道谢正要离开时,一位女生快步走来,双手递给我一件散发着香气的小礼品,口中说着“欢迎您下次再来!”

海底捞反其道而行之,把就餐排队这个极其枯燥的过程变成了一种享受。除了海底捞的免费服务项目能在心理上缩短客户的等待时间,为了缩短客人无谓的等待时间,从迎宾员开始,到餐厅的引导员,到传菜员,再到就餐区招呼顾客用餐的服务员,每个人都以最快的速度为客户提供服务,尽量缩短自己所用的时间,做到了分秒必争。比如,海底捞的服务员可以做到 3 分钟上锅,5 分钟上菜。他们连结账的时候都不放过,一般的餐厅都会将收费和提供发票的服务放在收银台,而海底捞却是将之分开的。因为考虑到北京市的服务业发票都是机打发票,开票、出票都需要一定时间,但并不是每一位在海底捞用餐的客户都需要打印发票。通过将收银和开发票分开,如果有多个客户需要结账时,可以减少客户的等候时间。

其他各行各业,你如果消除了员工工作中的等待,那你的管理就成功了。海底捞的员工没有一个人会在工作中出现等待，正因为员工的不等待，才换来了顾客的快乐的用餐之旅。

海底捞向消费者传递出这样一句承诺："海底捞就是让你快乐的地方。"没错，如果问海底捞最特殊的地方在哪里，如果问顾客为什么能笑着走进海底捞，心满意足地走出海底捞，可能答案有很多种，但其中之一一定是在这里能感受到久违的快乐。海底捞就是凭着超水准的服务赢得人心。

魔鬼管理训练课

只有给顾客创造愉悦的心情，才会赢得消费者的心，企业的经营才会长久。从这个角度来看，海底捞可以说是迎合了这个趋势的发展要求，并充分做到了这一点。

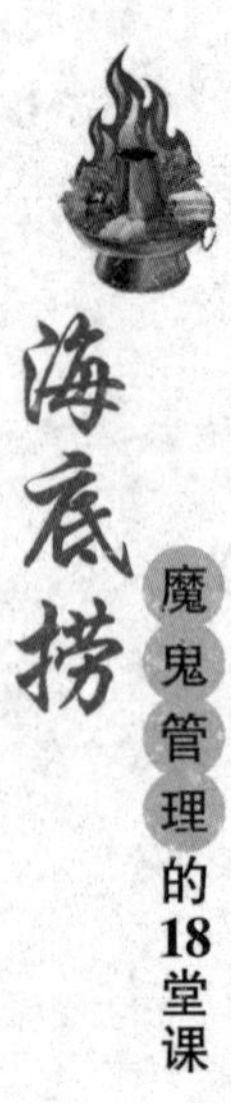

用关爱去留住员工的心

很多餐饮管理者都会喊出“顾客至上、员工第一”的口号，我相信很多领导也明白，一个餐饮业的成功是离不开一班终于职守、热情好客、业务熟练的员工。现代餐饮业发展迅速，竞争越来越激烈，但我们依然喊着那句“古老”的口号：21世纪最大的竞争是什么？是人才的竞争。

人才？这是一个让很多餐饮管理者纠结的词、伤心的词，餐饮管理者说，我们很重视人才，也注重培训人才，但是餐饮业对“人才”的吸引力并不大，餐饮业的人才是凤毛麟角，餐饮企业也会到各个高校去招聘，但是来应聘的寥寥可数，就算终于招到了，能一直留下的却又更少。

很多人都分析过餐饮“人才”留不住，餐饮员工流失量大的原因，我想从事餐饮业的管理人员应该都知道，在此就不赘述。我今天想说的是要留住员工、留住人才，降低餐饮业员工流失率，应该从小事做起、从心做起。

最好的管理艺术就是爱。只有对员工的爱才能换来员工对企业的爱和忠诚。管理学上有一个著名的“南风”法则，也称为“温暖”法则，源于法国作家拉封丹写过的一则寓言。北风和南风比威力，看谁能把行人身上的大衣脱掉。北风首先来一个冷风凛冽寒冷刺骨，结果行人把大衣裹得紧紧的。南风则徐徐吹动，顿时风和日丽，行人因为觉得春意上身，始而解开纽扣，继而脱掉大衣。南风获得了胜利。

这则寓言形象地说明了一个道理：温暖胜于严寒。领导者在管理中运用“南风”法则，就是要尊重和关心下属，以下属为本，多点人情味，使下属真正感觉到领导者给予的温暖，从而去掉包袱，激发工作的积极性。

西南航空公司总裁赫伯·凯莱赫说：“以爱为凝聚力的公司比靠畏惧维系的公司要稳固得多。”公司的管理制度不会帮管理者解决所有的问题，带人最终还是要靠带心，只有亲身融入到员工之间，爱他们，关心他们，才能有效地凝聚大家的向心力，才能换来员工对工作、对公司的忠诚。

美国管理学家托马斯·彼得斯曾经这样大声疾呼：“你怎么能一边歧视和贬低员工，一边又期待他们去关心质量和不断提高产品品质！”公司的管理制度不会帮管理者解决所有的问题，带人最终还是要靠带心。

20 世纪 90 年代早期时候，海底捞规模还不太大，有一天一个服务员很不在状态。张勇脾气比较暴，就说了她。她扭头就跑了。张勇当时没办法去追她，忙完之后找她的时候看到她在宿舍蒙头大哭。张勇问她怎么回事儿，她说她爸在工地打工时候摔下来了，腿摔断了，工头跑了，需要交 2 万元押金。那时候的两万元对于海底捞来说可谓是一笔大钱，张勇一冲动就把钱给交了，说“你不用还了”。过后他很后悔，认为这样会造成不公正。她表现也不算最好，一下给她那么多钱，那时候服务员一个月工资才一百多块钱，给她这么多钱，她根本还不起。其他员工怎么想呢？后来张勇了解之后发现没有造成不公正，大家觉得张勇这个人对员工挺好，张勇这才放了心。

每个公司都会有一些需要你帮扶的困难员工。作为员工的领导，你有责任关心员工、解决员工的后顾之忧，这是调动员工积极性的重要方法。如果条件允许，你应该掌握手下员工的个人情况，对于员工，尤其是生活上有困难员工要心中有数，时时给他们安慰、鼓励和帮助。这样做不仅受关心者本人会感激不尽，生死效力，还会感染他周围的人，对于稳定人心来说，无异于是一颗“定心丸”。

市场经济学里面有句话：“关心员工就等于关心我们的顾客。”这是一句名言，更是一个经验。任何一个企业要想获得发展，任何一个管理者要想获得提升，首先必须关心自己的员工，因为员工是推动企业发展

的推动力！

海底捞员工们最引以为傲的就是公司提供的衣食住行。海底捞员工以刚刚离开家乡的年轻人居多，在陌生的城市中，不太会照顾自己的生活。为了让他们工作得更加舒心，海底捞设置了一个特殊的职位——宿舍长。她们大都由 40 岁以上的女工来担任，唯一职责就是照顾好这些刚离家的年轻员工。一位员工曾这样描述自己的宿舍长："她把我们的寝室打扫得干干净净，把我们的床铺叠得整整齐齐。天冷了，她把热水袋灌好，一个个塞进我们的被窝。"

除了宿舍长的照料外，海底捞还有一个专门的员工组织来负责提携普通员工，这就是海底捞"工会"。海底捞的"工会"与通常意义上的工会不同，它是一个由海底捞骨干、核心员工组成的组织。张勇为海底捞的工会赋予了特殊使命，他在工会成立时说："一个无法回避的事实是，我们绝大多数员工来自农村，他们有一个共同的特征就是没有受到良好的教育，因此不可能像公务员和白领那样过上体面的生活。在陌生的城市，他们几乎没有任何有效的方法受到这个社会的尊敬。因此，我们必须有一个组织来帮助和关心我们基层员工的成长，这个组织就是我们的工会。每一个工会会员都必须明白一个基本道理，我们不是在执行公司命令去关心员工，而是真正意识到我们都是人，每个人都需要关心与被关心。"

工会要关心的不仅是员工的伤风感冒，还体现在培养员工的兴趣爱好上。一名员工在和外国顾客交流时，说起了流利的英语，随后公司为此举行了一次英语竞赛，并为优胜者请来了外语老师，"让员工能够发挥自己的特长，从而在工作中获得乐趣，使工作变得更有价值"，更重要的是为他们提供了改变命运的平台。张勇曾在工会宗旨中承诺，即使公司垮了，他也不会丢下工会会员不管。

中国台湾著名学者曾仕强在谈到中、日、美三国企业文化时说。中国的企业文化就是"安人"，如果把人安顿好，他自觉了，工作就好了。"安人"不是"管人"，我们不少企业的人力资源管理传统观念难改，总是想着法子琢磨人、治人、卡人，缺乏人性化管理。

事实上，人才对企业的忠诚，是企业管理者用“心”换来的，只有管理者用“心”，人才才会安“心”，才会最大限度地发挥其才智。一个企业要想通过服务营销战“攘外”，就必须先做到“安内”。有了员工满意才有客户满意，可以说“安内”是“攘外”的基础和保障。只有关爱自己的员工，让员工满意了，才能让这些企业的“将士”们心向一处想、劲往一块使，最大程度地发挥团队的战斗力，才能收获客户的满意与忠诚。

魔鬼管理训练课

任何一个企业要想获得发展，任何一个管理者要想获得提升，首先必须关心自己的员工，因为员工是推动企业发展的推动力！

改变监控方法笼络人心

1927年，人际关系理论创始人乔治·埃尔顿·梅奥接受邀请，组织了一批哈佛教授成立研究小组，致力于研究福利对于生产力影响的实验，也正是这一实验，打破了人们许多想当然的观念。“福利实验”的目的是为了能够找到更有效控制和影响职工积极性的因素，经过对实验结果的归纳，梅奥他们基本排除了以下四点：一是改进物质条件和工作方法，可导致产量增加，二是安排工间休息和缩短工作日，可解除或减轻疲劳，三是工间休息可减少工作的单调性，四是个人计件工资能促进产量的增加。结论是什么？改变监督与控制的方法，能改善人际关系，改进工人的工作态度，促进产量提高。

如此看来，早在八九十年前企业家们就不得不沮丧地承认，单纯改善工作环境，提高工资，采用竞争性的绩效制度，甚至丰富业余生活都不能使其与产量增加形成正相关关系。实验者认为，企业中的人际关系才是一切的核心。

这样来解释今日海底捞和星巴克的所作所为，似乎就有了久远的理论基础。少花钱多办事的本事谁都想有，但巧妇难为无米之炊，明白了最核心道理的企业，其实就是在做那桩“巧妇巧为少米之炊”的买卖。

“你对员工好，员工才对企业好，对顾客好。”张勇的理念非常之朴素。而北大光华管理学院两位教授对海底捞为时一年多的深入研究，甚至派人“卧底”之后，惊讶地发现：海底捞服务员对职业的认同感，竟远高于他们所带的MBA学生。万名员工的流动率一直保持在10%左右，远低于国内餐饮业28.6%的平均流动率。甚至在张勇做出那样的公开承诺———“哪怕只做了一天店长就辞职的，都会送最高8万的安置费，大区经理离开则送家火锅店”之后,其管理层的流失率几乎可以忽略不计。

张勇在企业的成长过程中始终做到把多数是来自于农村、文化程度不高的服务员们当成家里人,以家里人的地位对待员工,以尊重态度礼遇员工。把员工视为兄弟姐妹、同胞手足,员工自然把海底捞当作心肝来呵护。所以,他得了员工的心,员工以感恩的心态投入工作,以超出顾客想象的服务赢得了顾客的心,海底捞自然赢得了市场。

海底捞的故事告诉人们,要想让别人如何待你,你首先要如此待人。作为管理者,员工就是你的一面镜子,他们的一举一动,都是你的行为反馈。作为决策者,更要明白此理,正所谓“种瓜得瓜,种豆得豆”。

当然不仅仅是海底捞,如何调动员工积极性成为越来越多企业领导者关注的话题,个中举措也可谓是乱花渐欲迷人眼。谷歌的魔幻厨房早已不是什么新鲜话题了,无论厨师的手艺还是菜式的搭配都可谓颇具匠心,更有人称其水平堪比五星酒店。也许这一说法较为夸张,但员工免费用餐、菜系多元、食材新鲜原则都是别家公司望尘莫及的。尽管此后免费厨房不再免费,但毕竟造就了 Facebook 等众多跟随者,也可谓开风气之先。

宝洁作为众多毕业生首选的外企,待遇虽然不及“五星”华贵,但也已相当不凡。除了内部提供的娱乐健身设施外,其医疗福利制度也颇为全面周到,相关福利部门的长期储蓄计划也给每个员工成为股东的机会。而欧莱雅则认为无论是好的日常福利还是薪水待遇都不及给年轻人施展自我的平台来得更有价值,所以非常注重员工“劳”与“力”的结合。当员工以诗人的梦想与农民的实干实现了一个又一个成就,欧莱雅的激励机制都会给予公平、及时的肯定。欧莱雅中国总裁盖保罗更是一名爱好赛车的意大利人,喜欢利用各种机会、各种场合与员工沟通,每一次新员工培训都亲自参加,激励其在欧莱雅实现梦想。

魔鬼管理训练课

作为管理者,员工就是你的一面镜子,他们的一举一动,都是你的行为反馈。作为决策者,更要明白此理,正所谓“种瓜得瓜,种豆得豆”。

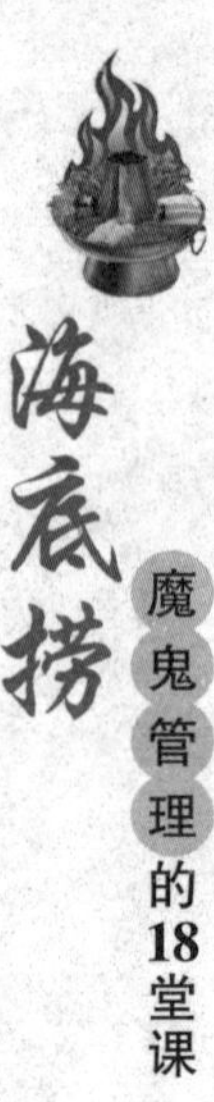

奖罚分明——提高员工的执行力

如今很多企业在发展过程中都会普遍遇到同样的问题——员工的执行力普遍不高。比如,企业管理者构想了很多战略规划和决策,甚至还制定出了执行这些战略决策的规定,可员工的执行效果却大打折扣,经营结果总是与企业的战略构想相距甚远;由于企业管理者管理经验不足,使企业在员工管理方面出现问题,进而导致企业设立的战略规划难以实现,甚至出现经营下滑的情况;企业管理不够人性化,员工缺少积极主动的工作,使得企业制定的发展规划成为一纸空文。

其实,企业出现这样的问题归根到底是员工的执行力不够所导致。而很多企业在思考如何提高员工执行力的问题上,往往都会走一些弯路:一方面他们想从优秀的企业管理中找到解决问题的答案,而这些问题的答案主要来源于书籍或教案中,但当这些企业实施后才发现所谓的答案并不能完全解决问题;另一方面他们会通过到其他优秀企业中参观的方式试图找到答案,可优秀企业的管理理论用到自己的企业中却难有作为。在这种情况下,这些企业便陷入到了一种无助的状态中。然而,在海底捞创始人张勇看来,企业之所以会陷入到无助的状态中,是因为他们没有真正努力并执著地寻找答案。张勇认为,只有做到真正意义上的奖罚分明才能提高员工的执行力。

或许很多企业认为奖罚分明是一件非常轻松简单的事情,但在实际中却不然。很多企业在开设企业之初,员工积极性非常高,且取得了不俗的成绩,可随着企业规模的扩大以及员工人数的增多,企业发展却出现了问题。张勇认为,企业出现问题很重要的一个因素便是忽视了奖罚分明。因为企业规模扩大以后,员工规模也随之增多,这样在员工管理上就会出现谁该做什么、该怎么做、谁能做得最好等情况。而此时,管理问题也随之而来。于是,很多企业管理者就抱怨道:“此前的管理方法怎么就不灵验了呢?”

海底捞之所以能有效管理好员工、并提高员工的执行力,很大程度上就取决于它能够做到奖惩分明,即应该奖谁、应该罚谁,该如何奖励、该如何惩罚。

关于应该奖谁、应该罚谁,海底捞会做到如下几点:

为每名员工设立工作目标

海底捞的管理层认为,如果没有给员工设立明确的工作目标,就不知如何对员工的工作进行考核和评价,更甭提奖惩了。要做到这一点需要企业能明确自身的发展方向,并制订出符合企业发展的战略规划,然后根据企业设立的工作目标科学统筹地安排员工参与其中,做到让每一名员工都有工作目标。海底捞在北京创业初期的目标是要在北京立足,因此他们制订了周密的发展规划,并将工作目标告诉所有员工,使员工带着明确的工作目标投入到工作中去。

为员工设立工作标准

“没有工作标准,工作目标等于空谈”——这是海底捞管理层会议上经常提及的一句话。在他们看来,光有目标而没有相对应的工作流程和方法以及完整的工作标准的话,员工很难完成工作目标,而这样也便失去了奖惩的意义。要做到这一点,可以说海底捞的管理方式值得借鉴。他们会对火锅店的业务流程进行梳理,对员工应该掌握的业务技能和工作流程等方面进行科学有效的划分,以便让员工能按照制定出的工作标准进行工作,从而提高工作效率和执行力。

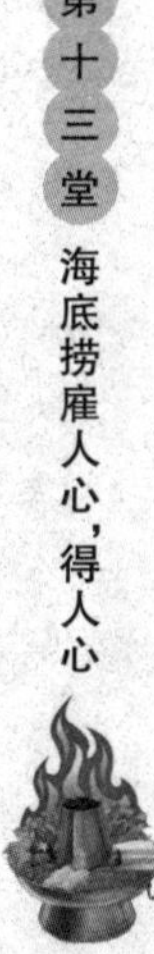

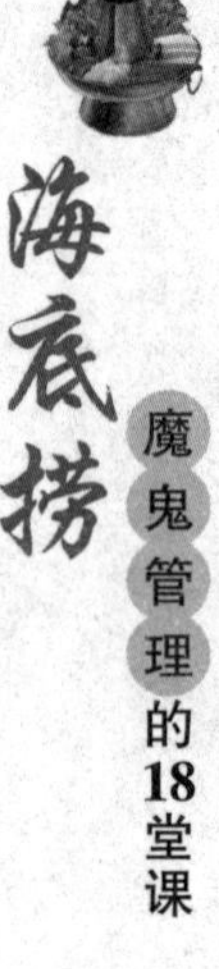

建立一套科学的评估机制和改进工作效率的措施

一般情况下，当企业有了发展的明确目标和明确的工作标准后，企业在员工管理方面也便有了扎实的基础，但为了能真正清楚“应该奖谁、应该罚谁”，还必须要考虑如何对员工的工作进行评估和改进。在这种情况下，就需要企业尽快建立起一套完整的，且科学、有效的评估机制，并对员工在工作中出现的问题加以解决和改进。因为这样才能提高员工的执行力。

关于该如何奖励、该如何惩罚，企业可借鉴海底捞的如下经验：该如何奖励、该如何惩罚，这样的问题看似简单(很多企业管理者只是简单地认为，奖励就是提高工资，惩罚就是扣工资)，可在实际中，这远没有他们想象中那样简单。其实，现实中很多企业都是因为没有做好奖惩措施才出现了适得其反的效果的。那么，该如何奖励？该如何惩罚呢？在张勇看来，奖惩的方式既包括物质方面的奖惩，也包括精神方面的奖惩。物质方面奖惩的形式有升降工资、奖金的分配、职务的升级等；而精神方面的奖惩主要有职位提升、荣誉表彰等。比如，海底捞对那些在工作中表现突出的员工会给予出国游玩、享受股份的奖励；而对于那些在工作中经常出错的员工也会给予适当的处罚措施：降职、降工资、停职处罚等等。

通过以上的论述，相信大家能从海底捞员工管理中看出奖惩分明的重要性。因为这些管理措施对于大多数企业而言都是行之有效的，同时也是提高员工执行力的最好武器。而海底捞就是这样一家能严格执行奖惩措施的企业，因此它在员工管理经验方面也比其他企业拥有更多的话语权。

魔鬼管理训练课

海底捞之所以能有效管理好员工、并提高员工的执行力，很大程度上就取决于它能够做到奖惩分明，即应该奖谁、应该罚谁，该如何奖励、该如何惩罚。

建立超雇佣关系的八大策略

所谓超雇佣关系，就是超出普通的工作与付给薪水的雇佣关系，这是留住人才的核心部分，也使得其他的竞争对手不能仅仅用更高的薪酬和职位就把你的员工挖走，建立超雇佣关系需要的是温馨的工作环境，融洽的人际关系和积极的工作态度。

建立温馨工作环境

A.建立共同观念，相互忠诚

培养职工的归属感和主人翁的精神是从建立共同观念开始的。如果经营者清晰地定义了餐馆的观念以使员工有章可循，那就可以在每个员工的心中植起一个统一明确的企业精神，使他们明确，我们餐馆的目标是什么，是为了发展壮大还是保持现在的规模但提供更高档次的饮食和服务？是局限在原来领域还是实行多样化？未来餐馆的组织是什么样的，各部门会有怎样的发展？等等。

企业精神的制定应该由许多员工来共同完成，这样不仅可以集思广益，还可以让员工感到这是他们自己的企业精神，是他们自己的餐馆，也有助于培养员工的忠诚感。

忠诚感是餐馆甚至许多更大的企业进步的重要因素之一，但忠诚是相互的，如果你期望员工对你忠诚，你也必须对他们忠诚。对员工忠

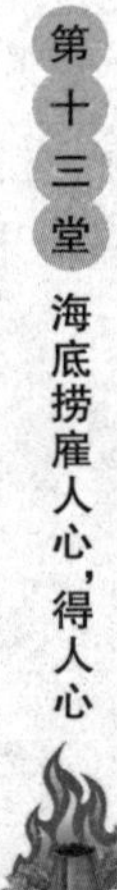

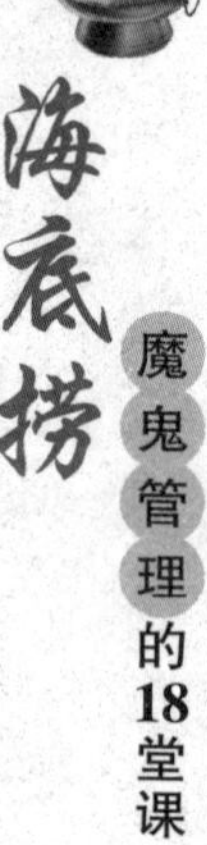

诚意味着尽量避免裁员，意味着当他们在客人那里受了委屈的时候你要给予理解和支持，意味着允许员工犯错误，不要动不动就以解雇或减工资来威胁，必要的时候，忠诚还意味着当员工需要帮助的时候，你要充当一个朋友的角色，给他们额外的忠诚的表示。

餐馆的服务员小李平常工作表现不错，但在一次给客人上汤时，由于那例汤又沉又烫，上菜的位置又挤，她尽管百般小心，还是不小心将手指沾进了汤里。此情景刚好被席间一位从香港回来的中年妇女看见，她老大不高兴，嘴里直嚷着：如此不卫生的做法，她要求换一个汤，这弄得那位新来的服务员很难堪，这事情餐厅主管也觉得处理起来棘手，最后由餐馆经理出面处理。当时，经理当着客人的面很严厉地批评了小李，并向客人道歉和换上新的例汤。此时，小李也知道自己是犯错了，但没有想到经理会当着客人的面教训她："连起码的服务要素都未弄清。"她心里备感委屈，眼泪直往心里流。那几天，小李心情很坏地照常上班，可到了周末，她和餐厅主管及几位业务骨干一起被经理邀请到家中吃晚饭。晚饭间，气氛相当融洽，大家有说有笑，经理向大家敬酒时说了一番话，其中一句是："为了餐馆的生意，有时候我会当着客人的面批评大家，我知道这样做会让你们下不了台，但这也是市场的需要，说到底还是为了大家的利益。"聪明的小李马上领会了经理的一片用心，几天来的委屈和难过一下子都消失了。当时，她感动地对经理说："总经理，你不用多说了，我们以后会好好干的。"

B.营造家庭气氛，感受我被重视

有些经营者认为企业就是企业，和家庭大不相同，如果家庭的亲情带到工作中，那会使餐馆的管理混乱。其实，家庭氛围并不意味着放弃管理，也不是说职员可以不分高低为所欲为，而是说，在紧张的工作环境中，大家彼此关照，彼此忠诚，共同对外，共担责任。家庭成员也会为日常琐事而争吵，但清晰的分歧可以用餐馆的规章来解决，不清晰的分歧就要依靠情感因素来解决，不会在员工的心理上留下阴影。

家庭氛围主要表现为：

1.管理者知道每个厨师、服务员甚至洗碗工的名字，大概了解他们的家庭情况,比如家住得远不远,有几个孩子,有没有老人要供养等。了解了这些情况,适当的时候有些问候和表示,管理者就可以同职工建立起一对一的关系,让基层的员工感受到重视。

北京某外企集团属于一个很大的跨国企业，仅在北京就有数百名员工，但几乎每个员工都和企业的高层管理人员有 E—mail 的联系,在电子邮件中大家互称姓名,员工自愿地向主管讲一讲当天的工作情况、遇到的困难等,主管对员工进行问候、提出建议等。在工作之余,上与下建立起一种平等的近乎友谊的关系。

2.庆祝成功、生日,灵活安排时间。要让餐馆的员工在共同承担责任的同时,也要有机会分享欢乐,这并不意味着一定要经常聚会,但在某些特殊的情况下共同庆祝还是可取的,因为,员工之间以及上下级之间的纽带会因庆祝而得以加强。

对于每一个员工的生日、工作周年纪念日、调动、升迁其他重要的事情,都可以借题发挥,大家庆祝一下,借着这种比较宽松的气氛,管理者可以趁此机会说几句赞美的话,增进同事间的感情。很多成功的公司都有员工定期聚会的惯例。大家一起共享蛋糕、饮料等。有一家小饭馆,规模不大,但生意很好。每个月的最后一天,老板和老板娘都会把当月计划利润额的超收部分拿出一部分请员工到当地比较有名的餐馆去吃一顿饭,赢利越多去的档次越高。这样做既是作为对员工的一种奖励,也是带员工学习别人的经验长处的一次培训。后来随着餐馆规模的不断增大,这种每月一次的惯例改在自己的餐厅举行,但庆祝的性质并没有太大的变化,只是将学习别人改为回顾自己。餐馆的工作氛围一直非常融洽和谐。

由于家庭和个人的需要,有时上班时间对员工的压力较大。在这种情况下，灵活地安排工作时间也是管理者增进餐馆和谐气氛的有效策略之一。除了厨师，餐馆的其他基层工作人员的工作时间都可以很灵活,因为员工互调工作时间的余地比较大。在这种情况下,管理者可以根据自己餐馆的营业时间和员工提出的要求统一考虑，较灵活地排出工作时间表。

以上这些,都是想说明一个道理:餐馆的管理在严的前提下大可不必太过死板生硬，在明确规定的基础上灵活变通可以让工作环境更有人情味。

3.公正运用“递进式”处罚方法,该炒就炒。这一策略有两个部分:一部分是应用“递进式”的处罚方法;另一部分是要公正。递进的惩罚方法意味着当员工违背了公司的章程时,采取周密的步骤来进行惩罚。随着递进的惩处过程,其力度不断增加。

(1)第一步是介绍情况。在这一初始阶段,要确保员工全面了解餐馆对员工在行为和表现方面的要求。通过这一步骤可以解决大部分因不明确要求而引起的问题。

(2)如果问题还存在,第二步就是口头警告。在交谈过程中,管理者要告诉犯错误的员工餐馆对他的要求,尤其是要指出他存在的错误,要和员工达成纠正问题的协议。并明确告诉犯错员工,如果问题仍得不到改正,可能会有进一步的惩罚。

(3)第三步是书面申斥或警告。写下你希望员工何时、以何种方式纠正错误行为或克服困难,要再次强调,如果问题得不到纠正,可能采取进一步的行动。这样的警告一份给员工,一份放到其档案中。

(4)如果问题还得不到解决,下一个步骤就是暂时停职。这包括给员工1~30天的离岗时间。通常,三天就足够表示态度的严肃了。员工返岗时,必须上交一份纠正问题的书面计划。一般来说,员工经过这一步处理后,要么改正,要么辞职。

如果问题还存在,就要果断地将其辞退。有时,在我们该解雇一个不合格的员工的时候,总是有些犹豫,尤其是互相之间已经建立了亲密的关系,或者他和别的员工关系很好的时候。这种当机不断的做法很危险,因为如果你容忍无效率或是低效率的员工在餐馆中,其他人就可能受其影响,把整个士气带坏。某饭店的老板把自己从前做知青时的战友的女儿安插在自己的饭店作服务员,但她未经过任何训练,又仗着父亲同老总的特殊关系消极怠工,迟到早退,只热衷于和客人拉关系,互换电话,经理虽对其不满,但碍于老板的面子迟迟没有处理。周围的员工,抱怨之后,逐渐对管理层产生了怀疑,大家都工作得很没情绪,怀疑自己"为什么要努力工作"?经理察觉到员工流露的情绪,数月后才将那位女服务员炒掉,可此时要重新振作起积极的工作氛围,已经不那么容易了。

学会真诚地赞赏员工

一种积极的关系对于保持餐馆的持续发展和工作效率是非常必要的。在日常工作中使用"诚恳"、"诚心诚意"的字眼看似多余,其实不然,你对员工的赞赏必须是诚恳地、真实地表现出来,真诚还是假意员工一眼就能看出来。

如果餐馆内有人是值得赞赏的,不管他是干什么工种的,你都要表示出来,找出正当的理由来赞赏或感谢员工,多数情况下,值得赞赏的行为、业绩或成果是显而易见的。但在某些情况下,你通过细致观察得来的赞赏更能赢得雇员的好感。有些值得注意或赞扬的行为也不太容易看得出来,很多员工在做着应该做的事情,而不在管理者的面前表现他的业绩,有些人也许很谦虚,故意不在管理者面前表现,他们不想做无聊的事或哗众取宠。有些勤勤恳恳的员工不喜欢吹嘘,但每个人其实都希望得到别人的认可。

对于"最终"成绩要给予奖赏——如厨师开发出一道新菜式,或服务员的拾金不昧,但这种事其实并不经常发生,所以管理人员对于那些日常中有良好进展的员工也要适时地表示赞赏。

如果你没有看到值得认可的出色业绩,要继续寻找,你会发现有些日常的行为是值得你注意的,不要以为那些按时上下班的行为是例行之事就不去为此奖励员工。某酒楼有一个将近中年的服务员,工作表现一直不错,但她家里有个患老年痴呆的老人,所以她每天一到下班时间就走,从不加班,即使客人还很多也不例外。同事们虽然理解,但忙起来时也会有怨言。有一次,在开会时,经理对大家说,他前一天来得比平时早一个小时,可当时那个中年的服务员已经来了,而且开始做开店的准备工作。经过调查,经理发现这位服务员因为早上要送孩子上学,所以

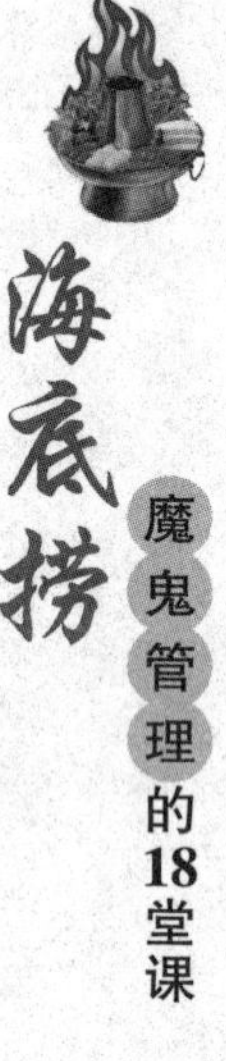

很早出门,很早就来到酒楼,但并没有因为没到工作时间而闲着,反而抓紧时间做些清洁等琐碎的工作,对此,经理对这位服务员作出了由衷的赞赏。当时,这位一向沉默少言的服务员一时间竟感动得流出泪来,从此她更加勤恳地工作,更重要的是其他员工也完全理解了她,并对放工后加班少了许多怨言。

员工开始可能并未有太多的期望,可是如果你赞扬他们,他们会喜出望外,对于有些看上去脾气糟糕或反应冷淡的人管理者也不必介意,有些人只是不知道怎样接受称赞,在内心深处,他们也许觉得很温暖,很高兴,因为他们的努力被注意到了。

但要提醒的一点是:赞赏不要过火,要事出有因。赞赏应该是一种殊荣,如果做得过于频繁,这一行为就失去其重要性和价值了。

寻找机会与员工交谈

有很多时候,餐馆或是其他的单位留不住员工并不是待遇不好等客观因素,而是因为员工觉得自己跟老板的关系不好,因此,和员工建立起一种私人的和睦关系是很有用处的。

管理者不必把每个厨师或服务员都请到自己的办公室来,但可以常常走出办公室,到厨房、餐厅去巡游一番,让大家都看到你。在这个过程中,常停下来与员工交谈,问问他们的工作情况甚至问问他们的家人。当员工觉得你跟他们谈话很开心的时候,他们就会很愿意与你交谈,甚至会提出一些很好的建议。当你发现员工中有了些不对劲的地方,或你感觉到有的员工特别想找你谈一谈的时候,管理者就应该主动去找他们,这时就需要倾听的技巧了。

倾听也许是最重要的沟通交际技能,很多事情都是通过倾听而了解到的。但倾听又常常被忽略,过去管理者教员工怎样说、怎样做,但却往往没有意识到自己还需要学习怎样听。现在,许多管理人员都逐渐意识到听的重要性,甚至通过专业培训来提高“听”的技巧。

1. 尽可能地排除干扰因素,关上办公室的房门可以消除大部分噪音,可以暂时不接听电话,以免注意力被分散。专注地倾听别人的讲话对于沟通非常有帮助。

2.要面对说话的员工,这表示你给予了说话的员工完全的注意力,使其感到更自信而舒适,其次,这样也便于你在听的时候同时观察说话者的目光和表情。

3.边听边想,注意说话的内容和谈话者的语调、音量以及沟通的强度,既要听出内容,又要听出员工所表达的感情。要通过表面的语言听出谈话者的意思和意图。有时候,情感比实际的语言更有意义。

4.适当的时候,要记录讲话的内容。这个举动向讲话者表明,你是认真的,并且很愿意记录下他讲的内容。其次,在听完之后,作为管理者,你也许需要对于员工讲的情况采取某些行动, 记录常常有备忘录的作用。第三种好处就是记录下关键信息使你在回答问题的时候更有准备。

5.在员工讲完之前要控制好情绪,不要回答问题,不要打断别人,也别作出一副我知道你想说什么的表情。

听的目标是更清楚地了解你的员工的工作情况,心里的想法意见,而不是你去辩解、争论、指导或回答,"听"的全部任务就是抓住所传达的信息,然后在充分理解之后回答。"听"和"说"是不能同时进行的。

信任你的员工,给他们自信

如果管理者不能信任餐馆里的员工,他们又怎么可能安心工作呢?如果你开始怀疑某个采购员或厨师,那你应该首先问问自己:我为什么不信任他呢?是因为他做过某些令你怀疑的事情吗?你是直接了解到的, 还是道听途说?如果你得到的信息不是直接的或带有个人感情因素,你就应该亲自去确定这一事实。

当然,如果查明了你的怀疑是有根据的,而且问题仍然存在,作为管理者就应该当机立断,直接面对那个员工,讲清楚你的顾虑和态度,问题严重,你可以解雇他,或把他调封另一个部门,千万不要让这种怀疑的氛围继续蔓延,因为这样会严重地影响士气。

大多数情况，管理者最终会发现，起先的怀疑是没有根据的，那你就要尽快表明你对员工的信任，两种方法：第一，你可以直接用语言表达；另一种方法就是让那个被错误怀疑的员工去担任另一个重要的工作。例如，当你发现你怀疑的那个采购员其实一直在尽心竭力地帮你用最便宜的价钱买到最好的材料的时候，你可以增加他的采购范围和权利，这样，你对他的信任就不言而喻了，流言也可以得到遏制。

自信的员工工作起来更有效率，他们对自己、对餐馆、对自身的价值都感觉良好，这样他们才会更愿意留在这个岗位上。在一般的行业，雇员的信心来自两个方面：外部和内部。但餐饮业有个特殊的情况就是，服务员有时要受客人的气，遇到无礼的客人，服务员的自信心有时会受到很大的打击。所以，餐馆的管理者在建立员工信心这一点上，任务更加艰巨。

首先，管理者要向员工灌输一个理念，那就是：客人的态度不能完全作为对自己工作水平和职业等级的标准。对不讲理的客人还要微笑和容忍，并不是因为客人高服务员一等，而是因为他是客人，认识到这一点，在餐馆这类服务性行业中尤其必要。其次，管理者要在餐馆内部建立一个自信自尊的工作氛围，这有以下几种方法：

1.定期找出优秀的员工，为他人树立榜样，把优秀员工的照片贴在客人也能看见的地方，培养员工的自豪感。

2.经常开部门会议，各部门在其内部讨论工作，当讨论进行到大家都不感到拘束的时候就转换话题，让他们把注意力放到各自身上，让员工相互讲述对方的积极贡献，彼此都得到肯定。

3.让员工在便条上写出对其他同事的尊敬和信心。管理者可以在大家都会经过，或者连客人也会看到的地方放上几张可翻动的卡片，每张卡片上列一位员工的名字，每个人都可以在纸上写出对该员工的评价。

营造一个充满信任和欣赏的工作环境，将会令餐馆上上下下的每个人都能愉快地工作。愉快的工作所换来的效果，往往会使人发挥出主动和积极的工作态度和热情，这应该是每一个餐馆经营者所希望的结果。

不要突然让员工加班

餐馆的工作十分琐碎,许多餐馆的员工下班后都会有一个感觉:今天非常忙,非常累,但却不知道自己都干了些什么。这种效果常常会令较年轻的员工感到很沮丧,因为一天的工作让他们丝毫看不出自己的价值。

每个员工都希望自己是有价值的,这个价值体现在他们能帮助餐馆完成某个确定的目标。为了减少员工那种"忙了一天什么也没干"的感觉,管理人员应该首先排定工作时间表,使员工能够充分、有效地工作;其次,要承认他们工作的价值,甚至令洗碗工也明白他的工作并不是无谓地浪费时间。

紧张工作之后不得不停下来等待别人,没有人喜欢这种工作方式,所以管理者在排定工作的时间表时,不要一开始就给某些员工的工作安排得太紧张,而到了一定的阶段后他又不得不停下来等别人。要平衡好各个员工之间,厨房与餐厅之间,采购与厨房之间,初加工与烹饪之间等的工作时间与顺序,尽量使每个工作时间段都充实有序,不要出现一会儿忙得要命,一会儿又没事可做的局面。

要训练员工,培养他们在闲下来的时候找事情做的习惯,给他们一些建议,或者列出他们应该做的事情,还要建立餐馆中的团队意识,员工就会更卖力工作。在许多情况下,他们会帮助那些超负荷工作的同事,管理者应该鼓励这种行为,亲眼看到的时候要马上加以肯定。

这里给餐馆经营者一个小建议:如果客人不多的时候,可以安排员工轮流休息几分钟,没有必要驱使员工每一分钟都处于工作状态。在工作中安排适当的休息时间(尤其这种休息是由员工自行安排的),让他们的身心得到片刻的松弛,会令工作更有效率,也更能接受长期的工作,不会天天都想着一有机会就转行。

餐馆的工作时间有其特殊性,不可能像其他行业那样实行规范的八小时工作制。在许多餐馆加班就成了员工的家常便饭。香港某酒楼以其

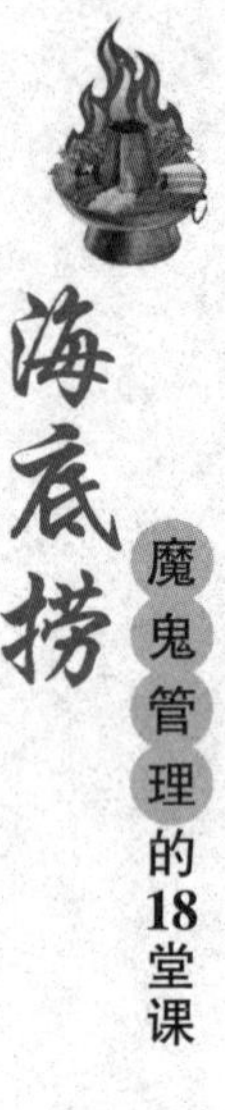

生意的繁忙红火在行业中颇为有名，但其人员流动非常快，两年前还惹过一起官司。该酒楼厨房的一名女工以过分使用雇工的罪名起诉酒楼的经理，据这名女工说，她从大陆来投奔香港的丈夫，因为难以找到工作所以不得不在这间酒楼打工，但由于工作太过劳累，而且几乎每天都要额外加班到很晚，导致其无法顾及家人和孩子，使得其丈夫在酗酒后失手将儿子打成重伤。

且不说这单官司的结果如何，但从这个女工的投诉可以看出该酒楼在员工工作安排上的确存在问题。由于餐馆的工作时间的特殊性，管理者更应该在一开始就明确地排定好早班、中班、晚班的工作时间，不要让加班成为一种惯例，这会让员工感到不堪重负，而且不被尊重。

一些敬业的员工在为你工作一天之后，也许下班后有自己的计划，他们不仅是你餐馆的职工，他们还担负着家庭的义务，有社交活动或其他的事情，就算没有具体的计划，他们也希望下班以后能轻松一下。如果经理突然告诉他们要加班，超过正常的工作时间，这种变化就会把员工本来的计划打乱，如果加班只是偶尔一次，而且事先得到了通知，多数人会觉得比较容易接受。大多数员工愿意在正常的工作时间内努力工作，而不喜欢被人随意改变工作时间的长短。时间长了，员工会觉得很疲惫，要么抱怨管理人员不把他们当人看，要么抱怨经理缺乏计划和组织能力。这样的工作氛围，怎么能留得住员工呢？而且，员工也会将高层与基层对立起来，这样，他们也就完全失去了努力创新的积极性。

魔鬼管理训练课

超雇佣关系，这是留住人才的核心部分，也使得其他的竞争对手不能仅仅用更高的薪酬和职位就把你的员工挖走，建立超雇佣关系需要的是温馨的工作环境，融洽的人际关系和积极的工作态度。

第十四堂

大胆授权，让海底捞越做越大

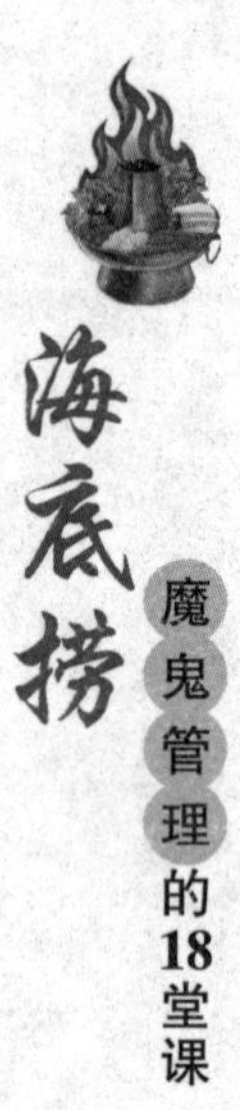

权力永远不能大于制度

为什么制度没有神圣性？为什么团队对规则没有敬畏感？核心的原因是领导的权力已经大过了制度的威力。在相当一部分企业中，不是制度说了算，而是领导说了算，很多人不是看制度的规则，而是看领导的脸色。大多数的情况是领导大于制度。如果在企业一个领导的权力大，制度的威力相应地就会变小。如果领导的权力变小，制度的威力就变大。所有世界最顶尖的企业一定是制度的威力大于领导的权力。

英特尔公司的总裁曾发现他的员工经常迟到，扣工资也解决不了问题。最后总裁想了一个办法，他每天第一个到公司去上班，然后就在门口迎宾。那些迟到的人员看到总裁到门口欢迎自己上班，便暗暗发誓明天不再迟到，那些早到的员工看到总裁比自己都早，明天一定要比总裁到的早。渐渐地，所有那些早到的和迟到的员工都有一个共同的决定，就是要比总裁早到，这样时间久了，总裁就是最后一个来上班的了。

身先足以率人，律己方能服人。如果你不身先又不律己，怎能让你的员工心服口服，怎么让人能够产生对制度的敬重呢？所以有很多的企业，会出现一个重要的问题：员工迟到他耿耿于怀，领导迟到却往往找一各种理由和借口搪塞。

有很多企业的领导者说："我跟我的员工不一样，他们每天晚上下班就走了，有时候我要应酬客户，往往通宵达旦，所以早上晚来一会儿也无可厚非。"试想，如果管理者晚上弄到凌晨四点，你的员工都没看见，你早上迟到了或者没有到场，你的员工全都看见了。你让自己的权利大于制度，那么以后还怎样重拾员工对你的信任呢？一家知名公司的高管每个礼拜一早上，总监以上的人全部到公司，站在楼底下进行“迎亲”(迎接同仁上班)。每当礼拜五，所有的高管在“送亲”。他们总是礼拜一最早来的人，礼拜五最后走的人。不要小看了这个举动，企业管理者不妨在你的公司尝试一下，假设每个礼拜一，总经理、总裁、董事长都在门口迎接员工上班，员工是什么感觉？礼拜五的晚上，董事长、总裁、总经理欢送他们下班，离开你的企业，这又是一种什么样的感觉？想必是十分美好的！

在企业中，很多领导要求下属开会期间不允许接打电话，结果开会期间领导接了电话，有些领导一边拿着电话，一边说：“对不起，我这个电话比较重要。”领导经常要求产品不打折，结果找到领导最后却打折了。这样一来，管理者的执行威力、制度威力就永远出不来。

这里，建议管理者设定一个制度，以后每次开会，在正前方放一个洗脸盆，里面盛满水，谁手机响起，直接把那个手机扔进洗脸盆。在制度执行的第一天早上，你就跟太太说：“太太，今天早上我 9 点开会，您 9 点 10 分给我打电话，如果没有听到我的回答，您听到水声，恭喜您，配合成功。”

这样，下一次你再开会，把洗脸盆往那里一放，你就不用提醒大家关手机，他一看到洗脸盆，就一定会把手机关掉。你这一次损失掉一个手机，未来避免的损失可能是几百部、几千部、几万部手机所创造的价值，所带来的收益。

领导权力大，制度的威力就小；领导权力小，制度的威力就大。领导的权力和制度的威力成反比。所以你弱化了领导，就强化了制度；你强化了领导，就弱化了制度。

因此，为什么在很多的企业中，老板在就有执行力，老板不在就没有了执行力，因为很多人无视制度，只看重老板。如果一个企业想从人治到法治，而让法治产生威力，最重要的一个关键就是，淡化领导的威信，即强化制度的威信；弱化领导的权力，即强化制度的威力。惟有这

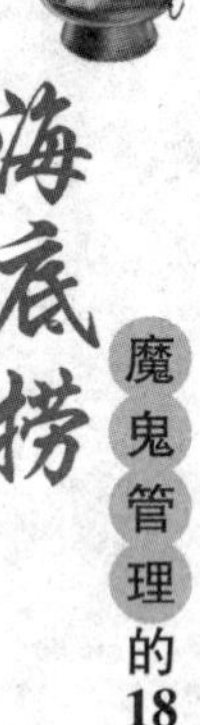

样，你的员工才会有自觉性、约束力，而未来你的公司才会通过硬性的制度，省时省力、快速有效地拿到你想要的成果。

魔鬼管理训练课

如果一个企业想从人治到法治，而让法治产生威力，最重要的一个关键就是，淡化领导的威信，即强化制度的威信；弱化领导的权力，即强化制度的威力。

亲自监督与善于授权

“鞠躬尽瘁、死而后已”的诸葛亮常常使后人‘泪满襟’。一生谨慎的诸葛亮在享受人们崇敬的时候，也引来一些非议，原因是诸葛亮不懂得授权，不信任任何人，事无巨细，事必躬亲，最后累死在疆场，蜀国因此灭亡。一个国家的安危系于一个人是危险的，同样一个企业，一个团队的成败系于一个人同样是危险的。强调执行力的现代企业管理，授权更是关键环节。可以说不懂得授权，就谈不上执行力。

笔者曾供职于一家世界知名外企的客户服务中心，部门经理非常尽职尽责，也非常辛苦，加班加点是经常的事情，即使病了也不敢休息，因为一旦他休息了，整个客户服务中心就陷于瘫痪，所有工作无法正常展开。并不是没有相应的管理制度和工作流程，这家企业有严密科学的一整套管理方法，但因为工作性质是与‘上帝’在打交道，有很多例外事件、突发事件需要当场决策。上级管理部门曾经为这位部门经理配备了几任副手，最长的干了不到两个月，不是主动离职，就是因部门经理的建议而免职。最后的解决办法竟然是部门经理被调离了客户服务中心。为什么会产生这样的结局呢？原因是这位部门经理虽然能力突出，但总以自己的水平要求下属，下属所作出的努力总也达不到部门经理的要求，作出的指示非常详细，下属的工作主动性、积极性遭到压制。上级管理部门认为这位部门经理在授权方面存在致命的缺陷而影响了整个团队的工作效率。

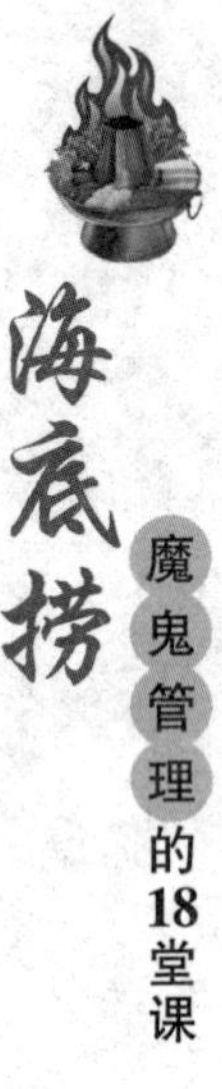

这位部门经理的管理方式是典型的“指令”型授权，它的特点是管理者坚持一人独挑大梁，对下属的工作不信任，不放心，为了取得良好的结果，特别注重过程管理。这种授权方式给下属巨大的心理压力，同时也培养了下属的依赖性。放不开手的属下只有惟命是从，不做任何决策、不负任何责任。虽然管理者操心费神，最终的结果只能是整个团队毫无生气，毫无创造力，目标的达成与否全系于管理者一身。这样的下达指令型的授权，其实就是没有真正的授权，管理着必须亦步亦趋地监督下属，而下属离开管理者的指导就会不知所措。这样的团队怎么可能有执行力呢？无论多么完美的计划，多么伟大的目标，成功与否只能依赖管理者一个人，这种状况对于一个企业是相当危险的。从另一个角度讲，有多少管理者能够如此事无巨细地管理属下呢？有多少时间能够供管理者思考一些全局性的事情呢？

与“指令”型授权相对应的‘信任’型的授权，这种授权方式不仅仅注重过程管理，更关心的是结果。我们也可以称之为‘目标管理’型授权。这种授权方式给予下属充分的信任，提高下属的积极性和责任感，最终提高团队的执行力，因为信任可以激发下属最强烈的动机，使下属全力以赴完成目标。这是现代企业管理所提倡的授权方式。怎样实施‘信任’型的授权呢？

首先明确目标或预期的成果：在制定目标时，管理者必须与下属对进行充分的沟通和协商，要多花时间相互讨论，确定彼此对目标的认知一致无误。讨论重点在于目标或预期的成果，不在于具体执行和操作的手段。只有经过充分的沟通，管理者与下属取得足够的默契与共识，制定的目标才更具有可执行性。沟通有一个重要的原则，管理者与下属因为种种原因无法就目标达成一致，管理者必须明确目标，下属对管理者制定的目标要无条件的执行，这称之为有限沟通。另外对完成的时限也要有明确的约定。

其次要明确下属应遵守的规范：授权有一定的限度，所以必须加以规范，规范有两点需要注意。一是避免规范太多太细致，这样导致约束太多而失去了授权的意义，某种程度上又还原回“指令”型授权。然而也不可过度放任，而失去控制。另外对可能出现的难题与障碍，管理者要事先告知下属，避免无谓的摸索。规范中还应该包括例外报告原则和流程，计划永远赶不上变化，所以要用例外管理来预测和适应变化。比如上文提到的案例，表面看来面对的顾客需求千差万别，难以规范，实质上，通过对以前发生所处理的事项进行总结、归纳，不难划分出几个大类来，再单项金额的控制，有效授权就很容易实现。

再次要明确可用的资源：目标的完成需要确定的资源来支持和保证，如果资源不能够到位，目标则成为空中楼阁。对下属的考评也就纸上谈兵。资源包括目标团队的组成，物质资源的界定和使用方法，还应包括双方确定可用的技术或其他与目标达成密切相关的资源。

最后要明确考评和奖惩的标准：完整的'信任'型授权最后一个环节是考评。通常意义上讲，绩效考评是相对独立的一套管理系统，之所以将考评纳入授权体系，是因为授权的目的是完成工作目标，提高管理效率，没有考评的跟踪，无法检验授权的效力，无法检验授权过程中是否存在失误。考评当然就应制定细致的考评标准，以衡量下属工作的成效。依据考评结果订定赏罚措施，包括金钱报酬、精神奖励与职务调整等正面或负面的激励。

提倡信任型授权，并不是完全排斥指令型授权。授权的方式的选择因人而异，因业务形态而异。比如在工厂的一线的从事单一劳动的生产工人，客观环境变化的影响相对较小，大多数情况下选用指令型授权可能更为适当。即使是信任型授权，在的大原则不变情况下，对不同的人采取不同的授权方式，权限大小相应也要量体裁衣，切不可生搬硬套。对不够成熟的下属、能力和经验都有欠缺的下属，比如新进的员工，目标不必订得太高，指示要详尽，并且充分提供资源；监督考核要相对频繁，奖惩也可以更直接。换句话说，对于这类下属，信任是有限度的，对过程的关注度要高于对结果的关注度，在下属完成目标的过程中要给予及时的帮助和指导。管理者需要时间和耐心，对下属进行相当的培训，培养下属的能力，以期望将来能够承担更大的责任。培训不可能一次实现目标，需要岗前、岗后、岗中多层次的培训。对成熟的下属，因为

他已经具有丰富的经验和较强的工作能力,实施完全信任型的授权,可分配挑战性高的任务,制定更高的目标,精简指示,减少监督考核的次数,考评标准也要简单抽象。

无论成熟还是不成熟的下属,对于信任型授权都会有一个适应过程,初期可能是不适应的,管理者需要给下属习惯的时间,放手让下属去做。有的人认为实施信任型授权会比较费时,但我们认为这种投资绝对超值。从提高执行力的角度,即使一时浪费时间,将来却能省掉不少麻烦。管理者必须真心诚意以提高执行力为出发点,而不是单纯追求结果。

信任型授权以提高团队绩效为目标,以调动员工的积极性为目标,最终完成组织的目标。因此善于授权可以收到事半功倍的效果,对组织绩效、对个人绩效的提高均是有益的。对员工的信任是对员工最大的激励,超出任何物质的、非物质的奖励措施。中国有句古话,"士为知己者死,女为悦己者容",说的也是这个道理。获得授权的下属因为有较大的自主权,可自行决定如何完成任务并对结果负责,也就无从推委,只有竭尽全力达成目标。一句话成功的授权是有效管理,成功的授权可以提高执行力。

魔鬼管理训练课

一个企业,一个团队的成败系于一个人同样是危险的。强调执行力的现代企业管理,授权更是关键环节。可以说不懂得授权,就谈不上执行力。成功的授权是有效管理,成功的授权可以提高执行力。

权利适当的下放，省心又省力

和多数企业家相比，张勇的生活实在潇洒很多。

他最近两年都不怎么去巡店了，看看书，有时去旅游，或者在自己家的小区里陪那些退休的老头儿玩玩小麻将。当然，这两年海底捞出名了，许多外部应酬还是推不开的，拒绝难免被认为骄傲，“其实我不是骄傲，是企业太小。”他说。其实是他一向都明白，授权有多重要。

授权，是管理学中一个重要的概念。一个公司，每天所要决定的大事小情不计其数，如果领导者事事过问，事必躬亲，那就算是三头六臂，千手观音，也恐怕难以顾全。只有将权力分散出去，授权给各个管理层，一个公司才能够像由许多齿轮共同构成的钟表一样，正常稳妥地运行下去。

说到授权，海底捞的做法更是令人大跌眼镜。公司的财务支出权是重中之重，一般的企业都要经过多层审核，得到几个副总一个总经理签字才能动用较大的款项，而在海底捞，对于财务支出的权限则让人觉得不可思议：除了 100 万以上的支出需要张勇亲自签字外，100 万以下则由副总、财务总监和大区经理负责；采购部长、工程部长和小区经理有高达 30 万元的掌控权；而每一家海底捞火锅店的店长，也就是许多 20 几岁的小姑娘，则拥有 3 万元的财务支配权。这样的授权制度虽然大胆，但又不能不体现出张勇对于授权理念的重视和认同。

如果一个管理者认为他的职务权力只能由他个人行使，那就没有

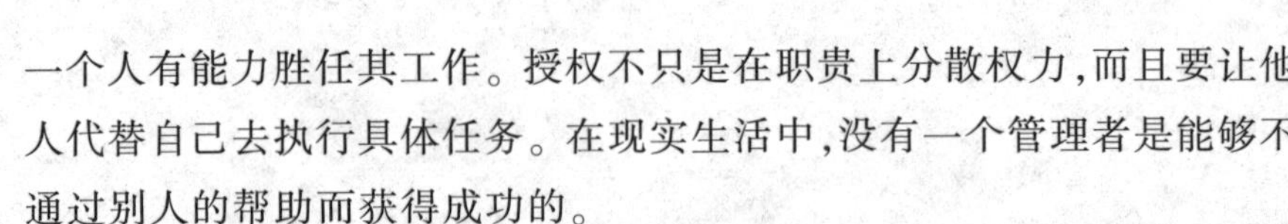

一个人有能力胜任其工作。授权不只是在职责上分散权力,而且要让他人代替自己去执行具体任务。在现实生活中,没有一个管理者是能够不通过别人的帮助而获得成功的。

现代社会,管理者工作千头万绪,极为繁杂,如果管理者事无巨细都事必躬亲,即使有三头六臂,也会应接不暇,难免事与愿违。所以,管理者必须学会正确授权。

授权与分权是管理者的一项重要工作,只可惜,许多管理者并没有悟出授权的真义。他们总是放心不下,凡事都想亲自去做,认为只有自己做才放心;或者别人做时他在旁边指指点点,以示自己在履行管理者的职责。

管理者不是超人,精力都是有限的。一个人只有一双手,每天只有24小时,公司里的事情又是千头万绪,如果试图自己去做所有的事情,即使把自己累死也做不完。管理者不是完人,也有自己不擅长的领域,不熟悉的方面,正因为如此,所以要授权,并且授权的时候要能够人尽其才,大胆启用精通某一行业或岗位的人,并授予其充分的权力,使其具有独立做主的自由, 能自己做出决定, 这能够激发他们工作的使命感。如此做,每一级的管理者必定可以圆满的完成各自的任务,从而达到公司发展的目标。

梁林刚到一家酒店担任公关销售部经理。以前他就在这一行干了多年,从销售代表一步一步做上来的,建立了很好的客户关系网,因此,客户找他的也特别多。前几天有三个重要会议来洽谈, 因为会议较重要,又是老客户,梁林就一个人全部谈了下来,并亲自做了三个会议的接待计划。他认为会议接待通知发下去后各个部门只要按照计划执行就是了,不曾料到其中一个会议在接待过程中出了些纰漏,造成客户投诉,结果老总把他叫去训了一通,说他并不适合做一个经理。

管理者,凡事必躬亲是不可取的。事必躬亲在一定意义上就是剥夺下属工作的权利,也相当于剥夺他们的成长权、成就权。况且,在一个团队中管理者随意介入下属分管的事务,一方面容易招致下属的反感,另一方面管理者过多地插手一线工作,会养成下属的依赖心理,甚至导致下属的懒惰，最终形成一种下属大事小情都汇报请示，管理者陷入琐碎事务的泥潭而不能自拔的局面。

其实，作为一个部门的管理者，更应该清楚自己的角色。作为管理者应该做好的是全面把握部门的管理，包括市场规划，对下属人员的培训，客户管理，做好与其他部门的沟通协调等事宜，而非事事亲力亲为。以前我们常称道"鞠躬尽瘁，死而后已"的敬业精神，很多企业的管理者就是这样，"天天两眼一睁，忙到熄灯"。但是，作为现代管理者更应把握的是全局，而非眉毛胡子一把抓，你必须学会如何将手中的权力尽可能地下放，这样才能更好地提高管理的绩效。

因此，企业的管理者掌握有效授权的技巧就非常重要，那么，有效授权的技巧都有哪些呢？

首先，必须克服害怕授权心理。管理者往往害怕下属能力比自己强，将来会夺自己的权，因而处处压抑下属的首创精神，导致形成"武大郎开店——不容大个儿"的格局，这也是西方著名行政管理定律——"帕金森定律"之一。所以，管理者首先必须克服害怕授权的心理。

第二，正确认识下属。正确授权很关键的一步是对下属的正确认识，管理者在授权之前必须对下属进行仔细的观察，通过西方人力资源管理中的"360度"考核方法，认识被授权者的能力，工作成熟度，所处于的成长阶段等。

第三，明确权责，使权责一致。授权的前提是明确职责，这也是搞好授权反馈与控制的前提。若是职责不清，就会不断发生摩擦，相互"扯皮"或"掣肘"，这是授权的大忌。明确权责既可以调动被授权者的工作积极性和创造性，又利于授权者对工作进行评价。另外，授权还须保证被授权者的权力与责任相一致，即有多大的权力就应担负多大的责任，做到权责统一。

第四，讲究方法。管理者在授权时必须因时、因事、因人、因地、因境、因条件不同，而确定授权的方法，权限大小、内容等。

第五，反馈与控制。为保证下属能及时完成任务，了解下属工作进展情况，管理者必须对被授权者的工作不断进行检查，掌握工作进展信息，或要求被授权者及时反馈工作进展情况，对偏离目标的行为要及时进行引导和纠正。同时，管理者必须及时进行调控，当被授权者由于主观不努力，没有很好地完成工作任务，必须给予纠正，并承担相应的责任。对不能胜任工作的下属要及时更换；对滥用职权，严重违法乱纪者，要及时收回权力，并予以严厉惩处；对由客观原因造成工作无法按时进展，必须进行适当协助。

是否懂得授权之道，是优秀管理者与平庸管理者的差别。现在已非单打独斗的年代，做为企业领导更应懂得如何有效授权，只有通过授权发挥团体的力量，群策群力，才能更好地实现企业的快速成长。

魔鬼管理训练课

只有将权力分散出去，授权给各个管理层，一个公司才能够像由许多齿轮共同构成的钟表一样，正常稳妥地运行下去。

将心比心，建立信任

什么能让员工感到幸福？优厚的待遇，人性的管理，亲人般的温暖，这一切海底捞都做到了，但是不是这样就已经足够？这一点只要考虑下一个普通人幸福所需要的因素就可以了。员工只是一个职位，一个代号，拿去这个代号，每个员工也只是普普通通的一个人。一个人想在世上获得幸福和满足，除了善待和尊重，还有重要的一点，那便是信任。

严格来讲，信任也是善待的内容，也是尊重的一种。而在海底捞，“信任”二字却变得更加具体，更加深入人心，让人难以忽视。

海底捞的服务员可能是中国饭店里权利最大的，一个服务员就拥有赠送客人礼品，加送菜品，甚至直接免单的权利，这在其他饭店根本是不可想象的。许多人听说这一点，都会对张勇提出疑问：“如果每个服务员都有免单的权利，那你就不怕他们会用这个权力让他们自己的亲戚朋友白吃白喝吗？”

张勇的回答是：“如果我给了你这个权力，你会这样去做吗？”

的确，将心比心，想让天下人不负我，我必不能负天下人。想要别人相信自己，自己就必须先信任别人。海底捞给了服务员莫大的信任，而海底捞的员工们，也对这种信任无比珍视。

每个企业如果能像海底捞一样对员工给予如此之高的信任度，那可能就会有两种结果：一种是公司被不良员工吃空偷空卖空，另一种就是所有员工竭尽自己所能让企业突飞猛进，无往不利。海底捞明显收获

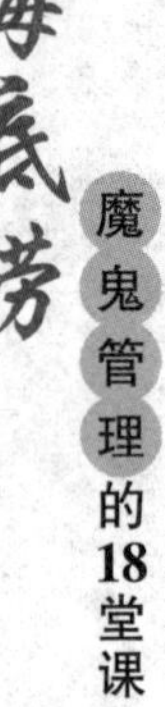

了后者,这到底是幸运还是某种必然?

石油大王保罗·盖蒂是一位善于取得员工信赖而又敢于信任下属的人,正是由于在他工作初期与自己的员工互相信任,才使得他的事业迅速发展壮大。

有一块地在森林里,所有者愿意出租。很多石油公司嫌这块地面积不大,且道路不易铺设而放弃了它。保罗·盖蒂和下属到现场看了这块地,断定这里可以采出石油。

但保罗·盖蒂却认为这块地没有前途,因为它的面积很小,而且交通极为不便,不适合用一般的开采办法开采。

保罗·盖蒂并没有立即决定放弃,而是鼓励员工们讨论一下,各抒己见, 看看是否有办法克服这块地的缺点。员工们见老板如此信任大家,就无拘无束地议论起来,你一言我一语,不少主意就出来了。

“我想我们可以使用小1号的工具挖掘。”一位经过认真考虑的职工说。保罗·盖蒂得到了一点启迪,他一直认为交通是这块狭小油田的死结,现在这位员工想出使用小1号工具挖井,那么亦可以考虑使用小1号的铁路作为通向这油田的交通工具。于是,他顺着那位提建议的员工话意说:“如果大家能找到人设计和制造出小1号的工具, 我们公司就能下手在这块地开采石油。当然,接着还有一个问题,就是怎么使用小1号交通工具把那里的石油运出来,请大家出些点子。刚才那位员工的点子真是太好了!”

保罗·盖蒂这么一说,鼓励了员工们动脑筋、想办法。大家都是与油田打交道的实践工作人员,既知道挖井采油的方法和难处,又练就了各种克难制胜的本领,各人总有不少经验和体会的。为此,大家无所约束地畅所欲言,把自己的看法谈出来,你一言我一语,由小1号挖井工具谈到小1号铁路和火车问题, 进而谈及找谁设计和制造这些工具和交通工具的具体方案。

众人拾柴火焰高。经过保罗·盖蒂的一番激励和鼓动,员工们为开发森林里那块含油丰富的小油田找到了一个圆满的答案。大家确定用小型铁路和小型器材进入那油田。

1927年2月21日，盖蒂石油公司终于在那块地挖出了第一口井，后来接二连三地挖出数口井，每口井都产出巨量的原油，接下来的几年里，这块油田为保罗·盖蒂赚了数百万美元。

不管是世界五百强，还是海底捞饭店，每一个员工都可能隐藏着惊人的潜能，只要你给予他信任，他就可能还给你一个奇迹。

魔鬼管理训练课

员工只是一个职位，一个代号，拿去这个代号，每个员工也只是普普通通的一个人。一个人想在世上获得幸福和满足，除了善待和尊重，还有重要的一点，那便是信任。

管理者要发挥表率作用

领导是一个团队的塑造者,有什么样的领导者,就会有什么样的团队。拿破仑曾经说过:“狮子带绵羊,绵羊要变成狮子。绵羊带狮子,狮子变成绵羊。”由此可见,团队领导之于团队的重要性。

方双华是海底捞西安片区的经理助理,他在培训领班时说:

“领班每天与员工生活工作在一起,下面连着员工,上面连着店长,是企业的黏合剂,作用很重要。怎么做好一个领班?我觉得我们农村人常说的‘村看村,户看户,群众看干部’这句话,是一个很有用的启发。

“领班的第一职责是起到带头作用。带头作用不仅是指上班时,脏活儿累活儿在前,也包括下班后,对公司制度要起带头的执行作用。比如我们一个店长,过年聚会时她强调纪律向员工郑重宣布,大家不要喝醉。结果所有人没醉,她醉了,醉得大闹宿舍,成为大家的笑谈。为此,她的威信大打折扣。

“领班的第二职责是关心员工。一个好的领班不能只把关心员工理解为有病关照和关心生活,更重要的关心是教会他们独立生活,承担责任,不断进步。如果一个员工在你手下连续做了两年的普通员工,那么你在生活中再关心她,她事后也不会感激你。为什么?你耽误了人家的青春。要么让她进步,要么放弃她,让她去别的地方谋发展,这才是对员工最好的关心。正如张大哥对我们的关心一样,他让我们用双手改变命运。这比任何关心都更有效、更长久。

“第三职责是协调安排。如果一个领班只会起带头作用和关心下属,不会协调安排,那他只能当劳模。我们有些领班就是不明白这个道理，客人多时，他们不是在上菜，就是在走动，忙得不亦乐乎，可是有些新员工却在手足无措地站着。领导批评他们，他们还很委屈。这些领班就不知道蚂蚁搬家的道理，所有蚂蚁都能忙，但一定有一只大蚂蚁在旁边协调安排。”

方双华不是一个演说家，是一个彻彻底底的草根管理者。可是丰富的实战经验让他俨然成为了一名MBA。

俗话说，“一屋不扫何以扫天下”。一个连自己都管不好的人。又怎能管好他人？管理的实质是影响力的发挥，它需要通过管理者的以身作则、率先垂范，激发每个员工的积极性，带领他们共同完成组织的目标。在这种过程中，管理者的榜样作用是十分巨大、影响深远的，可谓“言教不如身教”“榜样的力量是无穷的”“强将手下无弱兵”。事实也一再证明，一个单位或部门的管理者素质如何，能力如何，直接决定着这个单位或部门的工作成效。

管理者如何管好自己？笔者认为做好榜样是有效的方式，也应当成为优秀管理者的追求。管理者要严以律己，力争在多方面成为所在单位员工的榜样，通过不断提升个人的感召力，促进员工素质与执行力的全面提升，最终促进各项工作的良好开展。做好榜样，要做到以下几点。

修炼自己的人格魅力，提升个人影响力

一个优秀的管理者应该具备一种能让人钦佩、信服的人格魅力，因此来感召自己的下属。管理者要成为一个道德品行端正、公正、正直、无私的人；要以身作则，凭着扎实过硬的作风信服人；要心胸坦荡，做到用人所长，容人之短，谅人之过，这样才能赢得人心；要从容优雅，从容表现为“泰山崩于前而色不变”的大将风度，用自己的信心和能力处理问题，优雅则要求领导者要有风趣高雅的谈吐和得体的举止，用良好的形象得到众人的认可；要有高瞻远瞩的眼光，面对竞争激烈和繁杂变化的世界，能够找到正确的方向，并带领团队全力以赴；要善达人意，用坦诚亲切的感情亲和人。

要成为学习的榜样

21世纪的社会是个学习型社会,学习力等于竞争力,学习力等于生命力。从某种程度上讲,学习的速度等于成功的速度。社会曰新月异,情况千变万化,不学习,意味着跟不上形势的发展,必然被淘汰。管理者要带好队伍,必须比员工学习力更强,比员工学得更多、更快、更全面。不仅要做好自身学习,更要带领好、组织好下属学习各类业务知识、规章制度、操作技能,全面提升员工的素质与技能。要增强学习的主动性、计划性、前瞻性、系统性,不断提升学习效果,提升学习力对管理工作的促进作用。

要成为执行的榜样

个人与集体、"小家"与"大家",不免存在着利益冲突或矛盾。在管理实践中,我们遇到的最大难题之一是执行力不足。要解决这个问题,需要我们在全员树立与培养执行力的文化。这其中,管理者自身的模范执行、严格执行,对执行力文化的塑造具有至关重要的作用。当管理者在完成上级任务的时候,在执行上级规章制度的时候,在带领全体员工努力完成本单位或部门工作目标的时候,如果能做到"令行禁止""不找借口",则无疑对全员执行力的提升具有巨大的示范效应与杠杆作用。当管理者以自身高度的执行力与责任感,要求下属员工全面落实与提升执行力的时候,执行力不力的弊病将迎刃而解。随着全员执行力的提升,各项工作必将焕然一新。

总之,领导者要提升"领导力",既要练内功,也要练外功;要恰当地运用权力因素与非权力因素,树立权威使组织成员凝聚在自己周围;既要加强学习、提高素质;又要树立良好形象,加强管理。要注重严于律己,以身作则,以领导魅力带动、影响、促进广大组织成员改进工作,为实现企业的共同目标而努力奋斗。

通用电气总裁韦尔奇被誉为"世界经理人的经理人",但多数人对他的了解和尊重，并非是因为他在管理学基础理论上做出了多么大的建树(尽管他一本书的版权就卖了700万美元)，而是作为通用电气总裁与属下的有效沟通和示范，他经常手写一些“便条”并亲自封好后给基层管理者甚至普通员工，能叫出1000多位通用电气管理人员的名字，亲自接见所有申请担任通用电气500个高级职位的人，等等。正是通过这些简单有效的办法使韦尔奇的策略有效的贯彻下去，形成了一个具有强大执行力的优秀团队。

管理者往往都会把在缺乏执行力的原因归咎到员工素养不高，却忽略了分析自己从自己身上来发现根源。事实上执行力是管理者意志的体现，倘若管理者自身的管理能力本身较差，后面有关执行力的所有事情将无从谈起。

1.假如管理者怕承担责任，最后的结果只能是大家看到相互推诿扯皮的现象多了，敢于承担责任的人少了；

2.假如管理者的监督不到位，只能让大家看惯了在单位雷声大雨点小的现象；

3.假如管理者走形式主义，企业的各种文件、各种规章也是一纸空文。

这一切即使有着“严管重罚”的牌子，胡萝卜加大棒式的管理，详细的表格和程序，同样无法产生什么执行力。因此一些企业执行力薄弱的根源恰恰是在一把手身上。

管理者决定了整个团队的执行力强弱，一个企业的管理者决定着一个企业的执行力，一个部门的管理者决定着一个部门的执行力。执行力的实施就是管理者与员工之间的沟通和示范来推动的，因此作为一个优秀的管理者，必须身先士卒、百折不挠，由此产生的巨大的示范和凝聚作用，有效地激励和团结员工，共同实现企业目标。

管理者要严以律己，力争在多方面成为所在单位员工的榜样，通过不断提升个人的感召力，促进员工素质与执行力的全面提升，最终促进各项工作的良好开展。

第十五堂
海底捞用人的黄金法宝

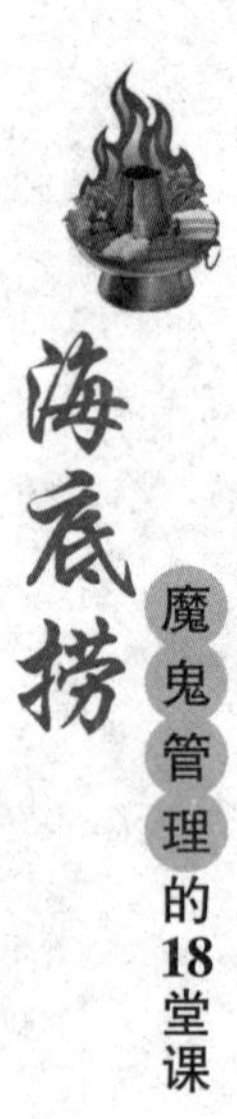

“不拘一格”的用人准则

选人用人一直是企业的重中之重。优秀的人才给公司带来的利润远远大于公司为其付出的薪水，而平庸的员工为公司创造的价值也许还不能弥补公司为其支付的薪水。如果公司为了节省开支,用微薄的薪水雇用不中用的员工,还要花费时间解雇他们,往往得不偿失。因此,企业人力资源部门在选拔人才的时候要遵守宁缺勿滥的原则，当出现职位空缺的时候,不要随便找个人滥竽充数。

海底捞曾经忙于扩张,大肆招揽员工,由于海底捞的条件优越,工资也高,很快就吸引了大批人来面试。负责人事的经理只是上报了来面试的人数,张勇听见人数大大超过预期,就觉得再开几家新店完全不成问题,结果等到新店开起来,新员工们一上岗,才发现根本不是那么回事。许多新员工没有经过系统的培训,后厨的不够专业,前厅的又太过散漫,还有的员工完全就是社会上的混混儿,来海底捞蹭吃蹭喝的。没过几天张勇就收到了来自新店的不少投诉信息。等到调查下去,才发现问题就出在新员工身上。于是张勇决定将新开的分店暂时停业,给新上岗的员工做系统规范的培训,只要还有一个员工没有达到要求,新店就绝不开张,张勇曾说:“哪怕承担再大的损失,也不能让一家不合格的海底捞来面向顾客。”

人才是企业发展的重要资源，那些成功的企业在招聘人才的时候都非常严格,经过层层筛选,找出最适合企业的优秀员工。美国苹果公司的招聘制度近乎苛刻,先后设立3道面试关,老板史蒂夫·乔布斯说:“只有这样才能保证进入公司的员工都是最优秀的。”公司招聘的目的只有一个,就是只录用最优秀的员工。

企业用人的第一个原则是考虑自身的需要,企业需要什么样的人,就招聘什么样的人。并不是学历越高就越优秀,企业应该根据职位的需要选择人才,能够胜任职位要求的员工才是合适的人才。因此,人力资源管理部门要做好人才需求分析,制订完整的人力资源规划,为招聘人才做长期的打算。管理者应该在企业的发展战略下,对公司现有人员进行分析,对需要配备的人员进行统计与预测。譬如像海底捞这样的餐饮企业, 对员工的文化水平要求不用过高, 但想要达到海底捞的服务水准,必须在人品和精神上有过硬的门槛才行。

企业为了完成目标,必须对员工提出一定的要求,不能满足这些要求的员工,就不是合适的人选。因此企业在招聘的时候,应在相应的职位下面写出对应聘者的要求,除了对专业知识和工作技能的要求之外,还应该考虑人才的道德素质、敬业精神、合作精神、对事物的洞察能力等综合素质。

中国人有保守意识和重视人情关系的传统, 很多企业不是以德才选人,而是任人唯亲,选拔的人才不具备完成工作任务的能力,结果耽误工作进程,影响企业发展。在中小企业中,这种现象非常普遍。聘用人才的目的是为了促进企业发展,正确的用人观应该是,只要有利于企业的发展,虽仇也用,反之,虽亲不用。

用错人的情况有两种,一种是员工的能力不足,或者员工不具备一些优秀的品质, 比如积极奉献和创新精神, 不能完成公司交给他的任务;一种是人才“高消费”,招聘高学历和高能力的人做一些简单的低级的工作。这两种情况都不会形成长久的聘用关系。第一种情况是管理者招聘人才的标准过低,员工不能满足企业的需求,企业只能解雇他们,花费时间和精力招聘新员工。第二种情况是管理者的招聘标准过高,大材小用造成人才的浪费,企业必然要为人才支付过高的薪水,否则员工就会不满意。此外,从事低水平的工作会让员工觉得不能施展自己的才

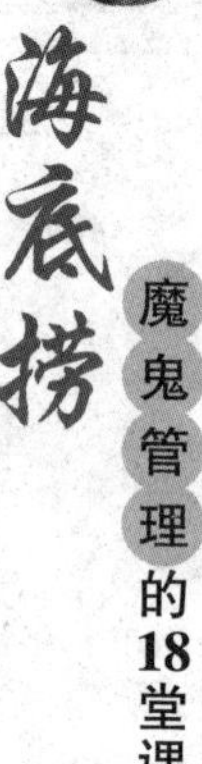

华，往往会跳槽寻求更好的发展机会。近几年企业招聘人才对学历的要求越来越高，中学教师要求博士学位，烧锅炉的要求大学本科以上学历，就好比给孙悟空一个弼马温的官职，结果企业招聘了一批又一批员工，留下的人很少，不得不继续招聘，造成人力物力的损失，也耽误了工作的讲展。

明智的领导者应该选用适合企业职位的人才，招聘员工以适用为标准。标准过低或过高都会使劳资双方产生矛盾，不利于建立长期的关系。标准过低不够用，标准过高不见得有用。

用人不当的另一种情况是聘用有才无德的人，德才失衡是用人不当的主要原因。有些领导者喜欢阿谀奉承，把吹捧者奉为知己和上宾，做不到用人唯贤，“亲小人，远贤臣”，损害到公司利益时，才后悔莫及。德才兼备是最基本的用人标准，很多企业管理者过分强调员工的才干，忽视了品德的重要性，导致用人不当，给企业造成巨大损失。

海底捞就曾有过这样一个例子，一名员工在海底捞的培养下逐渐成长为某分店店长，但后来被竞争对手用优厚条件挖走，还带走了店里的后厨经理、大堂经理和好几个领班，这对于海底捞的分店来说，无异于是釜底抽薪。

有时，人格比能力更重要，正如联想的董事长柳传志所言，“德”排在首位，才华次之。“无才无德是庸人，有德无才是好人，有才无德是小人，德才兼备是贤人”。企业所需要的是德才兼备的贤人。

魔鬼管理训练课

无才无德是庸人，有德无才是好人，有才无德是小人，德才兼备是贤人。企业所需要的是德才兼备的贤人。

疑人不用，用人不疑

“疑人不用，用人不疑”是领导者用人的一项重要原则。《孙子兵法》里说道：“将能君不御。”领导就好比树根，下属就好比树干，树根就应该把吸收到的养分毫无保留地输送给树干。领导者授权后，就要予以信任，不能授而生疑，大事小事都干预，事无巨细勤过问。只要下属有能力完成某项任务，授权后，就应允许他具有一定的自主权，下属职权范围内的事让人家说了算。只要不违背大原则，大可不必过问，不要随意进行牵制和干预。

一个部门领导管理好自己部门的关键是什么？就是能够分清什么事情应该自己做，什么事情应该分给别人做。企业领导对下属要充分信任，放手让他们工作，大胆负责。一般来讲，信任下属有这样几个特点：相信下属的道德品质；认可下属的工作态度；理解下属的内在欲求；明白下属的工作方法；肯定下属的工作才智；信赖下属的工作责任感。人被信任了，就有了责任感，于是，士为知己者死，才能把公司的事当成家里的事。

信任的标志就是授权。在这一点上，海底捞的管理者张勇就给所有的管弹者树立了榜样。

张勇在公司签字权是 100 万元以上；100 万元以下是由副总、财务总监和大区经理负责；大宗采购部长、工程部长和小区经理有 30 万元签字权；店长有 3 万元签字权，这种放心大胆的授权在民营企业实属少见。

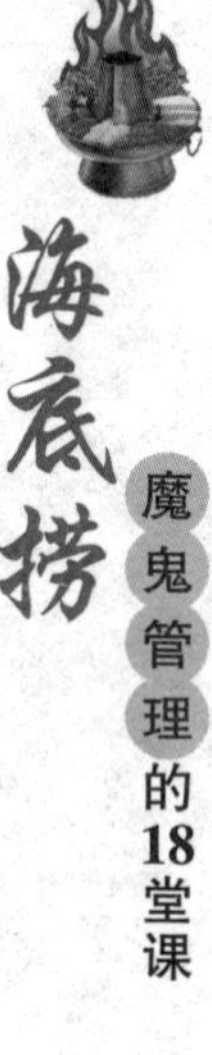

张勇对一线员工的信任更让同行匪夷所思。一线普通员工有给客人先斩后奏的打折和免单权。不论什么原因,只要员工认为有必要都可以给客人免一个菜或加一个菜,甚至免一餐。这等于海底捞的服务员都是经理,这种权力在其他所有餐馆都是经理才有的。

2009年春天,黄铁鹰把张勇请到北京大学给他的MBA学生讲课。一个学生问:“如果每个服务员都有免单权,会不会有人滥用权力给自己的亲戚朋友们免单?”

张勇反问那个学生:“如果我给了你这个权力,你会吗?”

整个课堂200多个学生,一下子鸦雀无声。

海底捞现有一万多员工,如果按照这些少数害群之马的道德标准和法律意识设计管理制度,海底捞就不是今天的海底捞。张勇是个抓西瓜丢芝麻的人,他没有放弃对绝大多数人的信任。

通用电气公司的总裁查理·里德在他的自传里说:“当人们犯错误的时候,他们最不愿意看到的就是惩罚。”其实,下属犯了错误,最痛苦的是其自身,应该给其改正错误的机会。

管理必须建立在信任的基础上,这样,授权才是有效的。管理者在给予下属任务的同时,必须附赠一份对下属能力的信任。如果你的下属在被授权之后,得不到你的信任,他就会觉得工作已经没有任何意义,自然就不会再积极地工作。

信任是互动的,在下属眼中,管理者就代表着公司。如果授权之后不信任下属,横加干涉,甚至动不动就回收权力,下属很难会有归属感,也不会再相信你,不会再相信公司,更谈不上对公司忠诚了。信任下属,就要相信下属的能力。在工作中,下属难免会犯错误,许多管理者对待犯了错误的下属,常常会噼里啪啦地训斥一顿,然后不是将其调走,就是降职使用,或者是不再给予重要性的任务。这样不但不能够起到让员工改正错误的作用,反而会让员工垂头丧气,对自己失去信心。更糟糕的结果是被骂之人忍无可忍,拍案而起,大闹一场而去。有智慧的管理者应该有宽广的心胸和长远的目光,不应该计较一城一地的得失,更不能因为下属的一次错误而彻底怀疑下属的能力,不再相信下属;要相信他们下一步能充分吸取教训，圆满完成任务。

海底捞刚进入北京时，非常不顺，租第一个房子就让人给骗了，而且骗去整整300万元。当主管经理带着自责万分的心情，做好了被张勇骂的准备时，没想到张勇异常的平静，他说："我哪敢骂。那个主管经理已经急得两天吃不下饭了，那几天电话我都不敢给他打。后来听说他们要找人绑架那个骗子，张勇才给他打电话。他说，你们就值300万元？马上干正事吧。"张勇尽管很心疼，毕竟这300万元是当时海底捞账上的全部现金。不过，张勇真没怨他，他认为自己去租同样也会受骗。

张勇对员工近乎溺爱的信任不免让很多管理者倒吸一口冷气。海底捞的大区经理拥有百万元的审批权，与其捆绑着的也正是犯错误的机会。如此高风险的授权制度，在私营企业中实属罕见。张勇如此大胆并非有规避风险的过人之处，而是一笔看似糊涂实则聪明的生意账。只有放开手脚，才能开动脑筋；也只有犯错误，才能让所学到的东西刻骨铭心。只有这样，才能加速员工的成长速度。

对被授权的下属给予信任，是确保授权成功的一种保障性投入。信任具有无比的激励威力，当下属对自己所承担的任务不自信的时候，当下属在执行任务，只需要再坚持一下就能成功的时候，当下属因为一时失误，受到他人指责与埋怨，进退维谷的时候，当下属受到了误解，心情抑郁的时候，如果管理者都能够给予充分的信赖，一定会对下属产生莫大的激励作用，换来一份厚重的忠诚。

魔鬼管理训练课

管理必须建立在信任的基础上，这样，授权才是有效的。管理者在给予下属任务的同时，必须附赠一份对下属能力的信任。

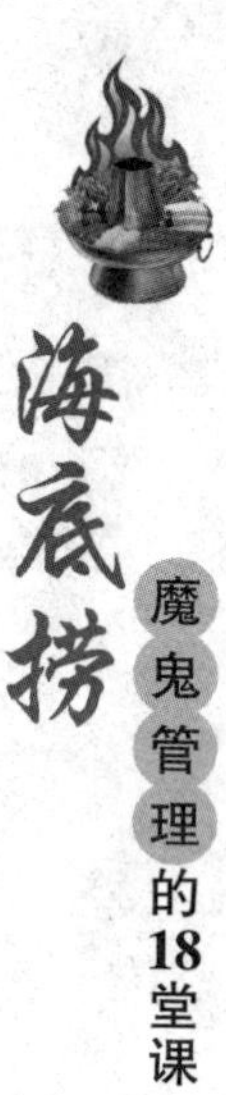

知人善任，用人所长

钢铁大王卡耐基曾经亲自预先写好他自己的墓志铭："长眠于此地的人懂得在他的事业过程中启用比他自己更优秀的人。"

汉高祖刘邦平定天下之后，在洛阳的庆功宴上就曾说过这样的话："夫运筹帷幄之中，决胜千里之外，吾不如子房；镇国家，抚百姓，给馈饷，不绝粮道，吾不如萧何；统百万之军，战必胜，功必取，吾不如韩信。此三者，皆大杰也，吾能用之，此所以取天下也。项羽有一范增而不能用，此所以为我擒也。"群臣听后，无不信服。

刘邦是很有自知之明的，他知道自己不是全才，也知道自己在很多方面不如自己的下级，他之所以能打败不可一世的楚霸王项羽，一统天下，是因为重用了一些在某些方面比自己能力更强的人，而恰恰是在这一点上，刘邦表现出了一个统帅最值得称道的能力。

汉高祖刘邦平民出身，豆大的字不识几个，但他用人的本事却是古来就为人所称道的。正如他自己所说，论起文韬武略，他的确不如张良、萧何、陈平、韩信等人，但他却能够用好这些比自己强的人，而且个个都是尽其所能，用其所长，所以他才能在并不占优势的情况下战胜项羽，开创汉家江山。

打天下夺江山如此，其他事业也是莫不如此。

海底捞的管理层平均年龄很小，其中北京大区的总经理袁华强也才刚过30岁，真可谓少年得志。中专毕业的袁华强2000年来到海底捞面试，靠着干活利索和吃苦耐劳而从十几个人中脱颖而出，被留在海底捞。从传菜员做到门童,再到会计和领班,袁华强可谓将海底捞里能干的岗位走了一圈儿。

由于袁华强敢想敢干,做事果断,接受新事物快,很快得到了张勇的器重,从一个最普通的餐厅员工一路提升到了大区经理的位子。现在袁华强一人掌管着20多家分店,2000多名员工,不可不谓位高权重,而在数年之前,袁华强却曾为了少了几百元的工资而萌生过离开海底捞的念头。在这个时刻,正是张勇及时出面挽留了袁华强。张勇的知人善任,不肯放过人才,也无疑为目后的海底捞留下了一位干将。

在袁华强进入管理层之后,这位年轻的管理者给海底捞注入了源源不断的创新动力。

在袁华强的鼓励下,海底捞的许多员工开动脑筋,为海底捞想出了"给客人擦鞋"、"为客人做美甲"等别的饭店从来没有的新鲜服务,也从而使海底捞被更多的顾客所铭记。而这些只是袁华强带给海底捞的无数改变之一。

意大利首屈一指的菲亚特汽车公司是世界10大汽车公司之一。谁也不会料到这家赫赫有名的公司,在20世纪70年代竟是个面临倒闭的公司,它连年亏损,经历了历史上最不堪回首的日子。

面对这种困境,菲亚特集团老板艾格龙尼大胆起用强过他的维托雷·吉德拉,任命他为汽车公司总经理,将公司全权交给他独立经营。

吉德拉管理才华出众,平易近人,具有不屈不挠而又吃苦耐劳、脚踏实地的性格。吉德拉上任后,果然出手不凡,大刀阔斧地进行了一系列行之有效的改革。在吉德拉的整治下,菲亚特汽车公司很快摆脱了困境,提高了劳动生产率,终于使汽军销售量达到了欧洲第一,吉德拉本人也由于经营有方而闻名,被人们称为欧洲汽车市场的"霸主"。

成功的领导者都有一种特长,就是善于借用人才,并能够用比自己更强的人才,激发更大的力量,这是成功者最重要的、也是最宝贵的优点。

任何人如果想成为一个企业的领袖,或者在某项事业上获得巨大的成功,首要的条件是要有一种鉴别人才的眼光,能够识别出他人的优点,并在自己的事业道路上利用他们的这些优点。

如果你所挑选的人才与你的才能相当，那么你就好像用了两个人一样。如果你所挑选的人才，尽管职位在你之下，但才能却超过你，那么你用人的水平真可算得上高人一等。

在知识经济时代，管理者更需要有敢于和善于使用强者的胆量和能力。在企业内部激励、重用比自己更优秀的人才，就能让企业变得越来越有活力，越来越有竞争力。

在现实生活中，我们也常看到这样的现象：有些领导人把别人的进步当成是对自己的威胁，对能力和学识超过自己的同事百般诋毁，说人家这也不行那也不是，甚至批得一无是处。

有的部门经理十分害怕优秀的人加入自己的团队，甚至害怕优秀的人被招聘到同一职能的其他团队，实在难不住时就孤立、不合作，直到把后者排挤到别的部门去，以除后患。但是，只用比自己能力低的人并保持这样状态的公司还能进步吗？还有什么机会建设自己的领导力呢？这种狭隘的做法既损害了公司的利益，也损害了自己的长远利益。

作为一名团队领导，要想做到善用比自己强的人，就必须克服忌贤妒能的心理。有些领导人之所以不用比自己强的人，除了怕这些人难以驾驭，甚至会抢了自己的饭碗之外，主要还是忌贤妒能的心理在作怪。总以为自己是领导，自己应该是水平最高的，各方面都应该比别人高上一筹。因此，遇上比自己能力强、本领大的员工时，就萌生妒意，采取种种办法压制他们。

对于团队管理者来说，忌贤妒能无异于是自掘坟墓。我国著名的文学家韩愈曾在他的传世名篇《师说》中讲道："师不必贤于弟子，弟子不必不如师。闻道有先后，术业有专攻。"这其中的道理同样适合于团队中领导和员工之间，你不必样样都要比你的员工强，你要做的就是要用好这些比你强的人。

魔鬼管理训练课

成功的领导者都有一种特长，就是善于借用人才，并能够用比自己更强的人才，激发更大的力量，这是成功者最重要的、也是最宝贵的优点。

向员工提供发展空间

优秀的厨师希望在专业方面有所发展，年轻的员工也希望在餐馆的工作能让他们看到某种长远发展的可能性，没有人会在一个看不到将来的地方安心工作的。

所以，帮助员工以最快的速度成长是非常重要的，不要担心当他们羽翼日益丰满时就有可能离开你。如果员工感觉到自己仍有余地发展，他就会留下来。

将业绩与薪酬挂钩

员工离开某个雇主而投奔另一个，其主要原因往往是为了得到更多的薪水和福利。这种激励与诱惑已经存在许多年了，而且还会继续发挥着影响作用。作为一个餐馆的经营者或老板，一方面要理解员工的这种合理要求，另一方面又要注意掌握住对员工计酬的几个问题。一是薪酬奖励要有原则。长期以来，薪酬计划的目标之一就是把报酬和业绩联系起来，也就是说干得越好报酬越高。但总的来说，这个目标实现起来并不容易，主要原因之一就是业主和员工的期望并不一致，员工觉得雇主太贪心，雇主觉得员工没努力，另一个原因是餐馆中员工的工作很琐碎，很难有明确的审核标准。这些结果其实都是管理不善造成的，所以，有几个规则是不能不遵守的：

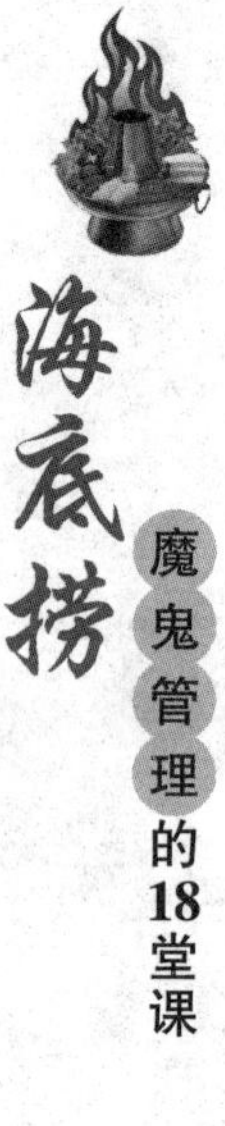

1.计划不要过于复杂。

2.目标不要定得太高,否则员工会觉得这是管理者的一个无法实现的骗局。

3.制定一系列业绩等级,什么是只能拿最低工资的业绩,什么是期望达到的业绩,什么是最佳业绩。

4.重点要明确,放在真正关系到餐馆正常运行的关键问题,通常三到四个目标就够了。

5.要员工彻底了解报酬制度,清楚怎样计算,怎样影响最终的报酬。

确定全部报酬的基本成分和浮动成分的比例是薪酬鼓励计划的关键,也就是说底薪和奖金的比例一定要合理。对于一家新开的餐馆,底薪可以低一些,把奖金的浮动额定得高一点,这是因为,新餐馆处于一个创业阶段,可能还在依靠贷款,底薪低一点可以令业主更好地控制成本。而新餐馆的员工大多数都年纪较轻,对于收入的稳定持久看得并不太重,较高奖金的刺激更能吸引他们,也更容易激发他们的积极性。

二是规矩早定以免后患。薪酬的发放可以较为灵活,但一定不要乱了规矩,不要造成员工对管理者的不信任。某中型餐馆是家庭式的经营,员工不多。店里有个习惯做法,每天打烊后老板都当着员工的面算账,然后把当天的营业情况告诉员工,到月底再根据整月的经营状况给员工发奖金。开始一段时间,由于这种方式明确地将餐馆的经营状况和员工的收入联系起来,所以大家的积极性都很高,工作非常努力。但时间长了,餐馆的营业额大大增加了,有些员工开始将每日的经营情况做粗略的统计,然后自己预算当月的奖金会有多少,可实际发下来的时候,员工发现比他预算的要少。虽然奖金已比过去有所增加,但该员工还是开始不满,在员工中散布受骗上当的舆论,使得其他员工的积极性也大受影响。其实,员工的奖金不可能也不应该和餐馆营业额的上涨幅度成正比,但员工之所以会有这样的期望是因为老板开了个头,给了员工这种暗示,这就是乱了规矩造成的恶果。

三是切忌一切用钱衡量。如果过度地强调薪酬,容易使人产生一种期望,即是良好的工作甚至是例行的工作都将会得到更多的金钱,员工中一种“你以后怎样对我”的态度,会在未得到收入的增加后产生不良的影响。管理者很容易陷入泥沼,不知道应该用多少钱来奖励某种业绩,员工肯定会暗中观察奖金的数量,互相攀比,并对薪酬产生更高的期望。所以,用薪酬的发展来留住员工是最容易生效,却最难持久,也是最容易产生副作用的,使用起来要谨慎。

提供挑战的机会

每个人都喜欢在心理上和生理上接受工作的挑战,他们希望能够超越一般的准则。做了从未做过或别人做不到的事,人们都会感到兴奋、激动。因此,许多员工会自行在工作中创造挑战的机会,试图超越自我,这时,管理者应该扮演的角色是允许并鼓励他们,还应该设计和创造一些挑战以刺激员工去追求更高的成绩,使他们产生简单的工作也能超越自我的信心。一般而言,餐馆的服务员,令人觉得其难以有挑战自我的机会,因为每天的工作都差不多,而且似乎不需要什么创造性,难以有所超越。但实际上,服务工作比人们想像的有更大的发展空间。

已有40多年历史的上海和平饭店,有一个平均年龄只有22岁的“三八”红旗集体——龙凤中餐厅班组,近几年以其优质的服务,创下了上海餐饮业人均创利最高的纪录。为了让客人满意,他们真是挖空了心思。本来,行业里已有了全套规范服务的标准,可是这里的服务员在这些标准之外,又找到了更多“客人的需要”。比如,客人就餐时顺手挂在椅背上的衣服,会马上被悄悄盖上一块布,以防弄脏;饭前饭后喝茶时,手边的茶壶下面总有一个保温的小蜡烛;客人有什么要求,往往没等开口,服务员已经走到了面前甚至代你先开口。

这是一种超前的服务境界,它要求服务员始终要用热情友好的目光关注宾客,预测客人要求,在客人提出之前,及时提供服务,令客人感到惊喜和高度的满意。同时,对于服务员来说,这样的行为把服务工作的档次和挑战性大大提高了,使千篇一律的按规定服务成为一种具有创造性的行为,服务员的工作虽然会因此更加繁忙,但也会更吸引他们

留在这个可以令他们自豪的岗位上。

聪明的老板应该使每一个餐馆的员工都明白，创新可以令工作更具吸引力。餐饮行业中，厨师创新挑战的机会比较多，管理者要鼓励厨师开发新菜式，但不要让他们觉得你在批评他们现在的菜做得不好吃，而是向他们表明他们可以做出更独特更有风味的菜品。当然，尝试新设想总有失败的风险，应尽量允许这种失败。员工并不希望失败，但得到支持的时候，他们会主动、大胆地尝试新事物、新方法。

不过，不要把挑战定得过高，因为进步是一点点、一步步实现的，如果目标太高，员工就会感到束手无策，失去了斗志。餐饮业不是什么能取得辉煌成就的行业，管理者要树立不断进步的理念，让员工明白，每天都做得更好，小小的成功能避免大溃败。

适当给员工压担子

其实，无论从事什么样的工作，每个人都希望自己的潜质得到最大可能的发挥，而发挥员工潜在能量的一个好办法，就是将其放到一个更重要的岗位上，让他有独立处理问题的机会和自由。在饮食业的管理层中，假如各成员缺乏真实的权利，只是虚有其表的挂衔工作，而一切人事安排、采购添置、财经调动、出品控制以及装潢设计如果都由经理一个人说了算，其他各部门的主管只有唯命是从，无权参与意见的话，餐馆的进步必然极其有限。员工的潜质的发挥遇到了障碍，会有压抑而且缺乏目标的感觉，有能力的必然纷纷另谋高就。

对于处于较基层的员工，不可能每个人都赋予重任，在这种情况下激发他们的创造性，为他们创造一个良好的学习环境，是令员工感到不断进步的重要方法。在这种环境下，员工会因为感受到自身的价值，同时预见到继续发展的可能而愿意留在你的餐馆。优秀的员工在鼓励其创造性、鼓励其寻找新方式的环境中能够更好地成长，当他们有在工作中进行创新的自由并得到支持，就会更愿意留在能够提供这种机会的雇主身边。

作为管理者应该建立一个鼓励员工提建议并认真对待这些建议的氛围。提出的建议和管理人员的反馈可以张贴在意见箱旁边的公告板上,解释清楚为什么有的建议不能被采纳,或难于实行。这是非常重要的,没有这种反馈,员工会认为根本就没人理会他们的建议。如果员工的建议得到采纳,他们会有超越自己的成就感,而他们也会清楚地知道是这家餐馆给了他一个机会,使他从一个只受过小学教育的服务员发展到向管理层提出可行性建议的"更重要的人"。

在厨房工作的学徒或初级厨师常常会有一些非常大胆的创意,但许多时候这些创意刚一提出就被名门正派的大厨否定了。服务员、洗碗工、清洁工们也面临着同样的问题,很多时候他们没有太多的机会同经理对话,而只能向其所在部门的基层管理人员提出他们的想法和建议,而很多时候这些想法根本没有得到认真的考虑就被否决了。这很不利于增加员工工作的积极性。所以,餐馆高层的管理者要尽可能和底层的员工直接交流,员工一旦感到自己的想法得到了重视,他们会产生被放到了更重要岗位的那种成就感和随之而来的责任心。

魔鬼管理训练课

帮助员工以最快的速度成长是非常重要的,不要担心当他们羽翼日益丰满时就有可能离开你。如果员工感觉到自己仍有余地发展,他就会留下来。

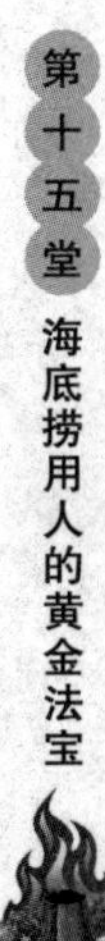

第十六堂

海底捞模式，你学的会

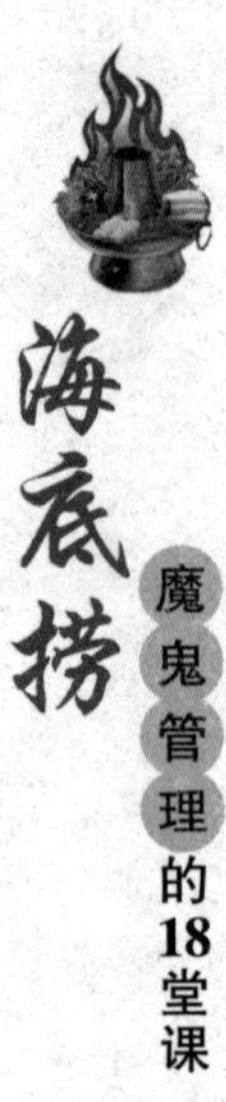

拥有核心技术是企业的根本

《海底捞你学不会》和风靡微博的"海底捞体"让这家川味火锅连锁店频添传奇色彩，其经营和服务理念也引发包括互联网企业在内的各行业厂商的偷师欲望。

近日，海底捞董事长张勇对话百度员工，坦言"拥有核心技术(服务能力)、专注精神以及良好人才机制和管理制度的企业，竞争对手才不容易学会"。

想偷师海底捞的互联网企业很多，不乏360、小米科技这样的知名企业，做海底捞式的浏览器和杀毒软件、做海底捞式的手机售后服务是它们的目标。但张勇透露，《海底捞你学不会》这本书他自己也未提前看到，也未曾想到海底捞式服务会成为关注的焦点。

"有人讲海底捞你学不会，我不这么认为，一家火锅店有什么学不会的"，张勇在与百度员工的交流中认为，作为最具代表性的中国互联网企业，百度有三点特质难以复制，值得从中取经。而百度CEO李彦宏也是张勇非常关注的中国企业家。

"首先，百度的核心技术很难学会。"张勇认为，有人说海底捞的服务做得很好，这点也许可以很快被学会。但互联网是高科技公司，拥有的核心技术尤其是背后的技术积累，是很难模仿的。经营好一家企业，这种核心竞争力是永续发展的关键。

"做生意，总会有一些让人心动的其他机会"，张勇说，"但百度一直专注做搜索引擎,不断改善用户的体验,做得非常成功。这样的专注值得海底捞学习。”今天,海底捞对于客户满意度的专注已闻名于业界,张勇给海底捞的专注所做的注脚也很简单：顾客的满意度是花钱买不到的。他同时认为任何企业都需要从专注中寻找竞争优势。

“好的服务不是仅仅依赖随意发挥的亲情和热情,必定有好的制度和机制保障”,张勇认为,“对于企业来说,最重要的是培养人的机制。一套制度好不好,关键是看你是扼杀了创造性,还是激励了创造性。”他指出,海底捞和百度的员工都很年轻,但百度聚集的是一批高学历、高素质的人才,如何把员工找对、留住、用好、形成制度化管理以及流程操作,这是企业要更多思考和解决的问题。

据悉,张勇对话百度员工源于百度的一个内部学习发展项目:“请进来走出去”,该项目始于 2008 年,由李彦宏本人发起,旨在邀请各界成功企业家、职业经理人、各领域知名人士与百度管理层和员工交流。往届嘉宾包括联想总裁柳传志、万科 CEO 王石、招商银行(600036,股吧)行长马蔚华、原惠普中国区总裁孙振耀、原 IBM 大中华区董事长周伟焜等知名人士。

不可否认,一个企业在创业之初,不可能有自己成熟的技术,只能依靠别人的技术进行生产、发展。但是,如果仅仅依靠别人的技术,企业的发展面临的是更多的未知数,更不要说做大做强。在国内,很明显的一个例子就是山寨生产厂家。

山寨手机、山寨数码相机等山寨产品,凭借着 IT 民间力量,通过盗版、克隆、仿制等手段,迅速占领中低消费者的市场。人们曾经寄希望于山寨厂家能够脱颖而出,依靠市场占有率,打造自己的品牌。但结果却是,随着一线品牌的不断发展和成本的降低,山寨厂家原来所占有的市场不断被挤占。

究其原因,最重要的在于,山寨厂家只是单纯的拷贝技术,利用别人现有的技术进行生产,并没有在原有的基础上进行技术的升级和开发。没有进行研发投入的结果只能是走别人走过的路,永远慢人家一步。其实很多的企业应该学习青岛海尔,用了近 30 年的时间,将从德国

利勃海尔引进的技术内化为自己的技术，并在此基础上不断地进行技术开发和创新。

社会学家艾君认为,山寨是市场经济培育期的必然现象。的确,一切创新的基础都是模仿,没有模仿就没有创新。但是,模仿的时间久了就成为了一种习惯,让人丧失了创新的勇气。当下的许多沿海企业,从创业之初到现在,更多的采用的是别人的技术,引进的也并非是最先进的生产线,而可能是被别人淘汰的技术。既然一直需要被扶着走,摔个跟头便是意料之中的事。

现在的很多企业,真正缺的不是资金,也不是人力资源,而是技术创新的意识和胆识。创新和创业有着很大的差别,需要有比创业更大的决心和勇气。需要根据自身的发展,不断进行技术创新,拥有自己的核心技术,增强竞争力。企业发展的核心在于技术创新,没有创新,企业也只会是昙花一现。

魔鬼管理训练课

一个企业想要生存,需要拥有自己的核心技术,增强竞争力。企业发展的核心在于技术创新,没有创新,企业也只会是昙花一现。

建立员工认同的企业文化

企业文化不是用来装饰企业的美丽外衣,它是企业里每个员工心目中的价值观念和行为准则,是工作生活的自然习惯,它需要企业每个员工的参与和认同。

据一项调查研究表明:世界500强企业成功的根本原因在于,他们善于给企业文化注入活力。而美国另一位权威学者甚至大胆预言:企业文化在未来十年内很可能成为决定企业兴衰的关键因素。可见,企业文化在企业的发展过程中起着十分重要的作用。

企业领导者必须不间断地向员工灌输本企业的企业文化,并使员工从心里认同企业文化。领导者若能创造出一种良好的企业文化氛围,就能凝聚起员工的人心和力量,员工就会与企业融为一体。

孙世尧是全国包装行业的龙头老大——山东丽鹏包装有限公司的董事长。他通过抓教育,构建健康向上的企业精神,增强员工的凝聚力和向心力的措施,一步步打造出了自己的企业文化,并用这种文化影响员工,使员工也将企业的事业看成是自己的事业。

孙世尧说:"文化作为丽鹏的指导系统,决定着企业的发展速度和状态。有什么样的文化,必然有什么样的企业。我们创造这样的气氛,绝不是为了搞形式,出风头,而是为了通过反复地灌输、熏陶,最终融入员工的灵魂,变成每个人的自觉行动,上下一心把丽鹏创造成具有敢闯精神和团结协作精神的一流企业。"

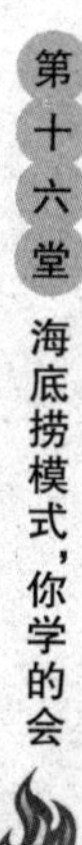

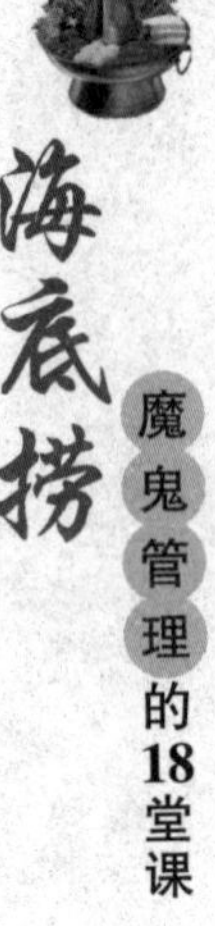

在丽鹏工作的员工一再表示,“丽鹏公司的领导好、环境好、风气好、学习好、娱乐好,我们在这儿工作,感到舒心、感到幸福。”

孙世尧之所以能让山东丽鹏包装有限公司从一个小作坊发展到今天的龙头地位。正是企业文化所起的作用。在企业文化的渗透下,员工们热爱自己的企业,愿意为企业贡献出自己的一切。

如今,越来越多的企业逐渐认识到无形的企业文化比有形的机器设备对企业发展更有力量,因为最先进的管理是用“文化”来实施的。但必须强调的是,企业文化不是用来标榜企业的美丽外衣,它是企业里每一个员工心目中的价值观念和行为准则,是工作生活的自然习惯,它需要企业中每个员工的参与和认同。如果每一个员工都能融入到企业文化中,企业的人性化管理就实现了。因而,只有当员工和企业的价值观保持一致并完全融为一体的时候,员工的潜能才能发挥到极限,才能创造出奇迹。

培养员工的认同感

一般来说,成功的企业都有自己独具特色的文化,并且非常注重培养员工的认同感,能够让员工尽快融入企业文化。

IBM公司创始人老托马斯·沃森早在1914年创办IBM时,就设立了“行为准则”:他希望他的公司财源滚滚,同时也希望能借此反映出他个人的价值观,于是,他把这些价值观标准写出来,让所有为IBM工作的员工都必须明白公司的文化:“必须尊重个人”“必须尽可能给予顾客最好的服务”“必须追求优异的工作表现”……IBM每位员工都将这些准则一直牢记在心中,任何一个行动及政策都直接受到这三条准则的影响。

后来的事实也证实了:“沃森哲学”对IBM公司贡献出的力量,比技术革新、市场销售技巧以及庞大的财力所贡献的力量更大。无疑,IBM公司的企业文化是成功的。

企业文化不能是一个标语,它应该真正渗透到员工的内心深处。

微软公司要求员工通过熟悉公司来融入企业文化中。对此，总裁比尔·盖茨说："熟悉本公司是每个员工的必修课，因为只有熟悉本公司情况，才有可能把公司情况介绍给客户，反之，必会引起客户的怀疑。"可见，微软对员工融入企业文化的要求是非常严格的。

文化的锻造就是必须让员工"亲身体验"到，让员工感觉到文化就在身边，跟自己的工作息息相关。

要让员工处处"感受"到企业文化

从员工接触公司的第一天、见到的第一个人起，他实际上就是在感受公司的企业文化了。诸如面试时有没有人热情接待，考官的态度，进入公司后主管和同事是否真心帮助他，是否让他感觉到公司的温馨，这些都还是初步和浅层次的文化融合。当他在公司工作了一段时间，业务开始熟悉时，就会深刻体会到公司的流程、制度、规范、考核、激励机制，等等，这些都是企业文化的深层次表现形式，也会使他逐步形成自己对企业文化的理解。公司只有在这些环节上都体现出"以人为本"，才能让员工认同。

魔鬼管理训练课

企业文化不是用来装饰企业的美丽外衣，它是企业里每个员工心目中的价值观念和行为准则，是工作生活的自然习惯，它需要企业每个员工的参与和认同。

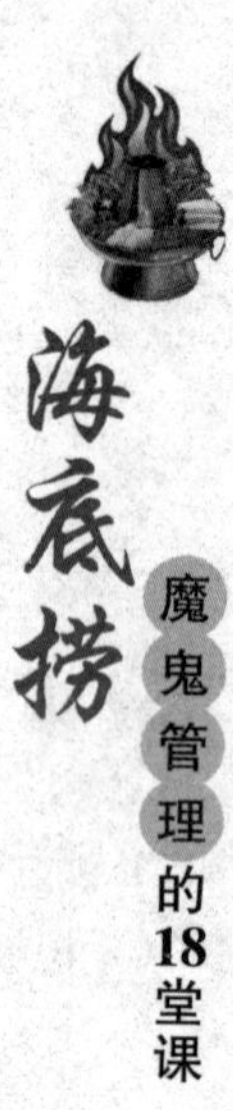

选择适合自己的商业模式

成功的模式不可简单地复制，但可以分享，并可以在此基础上加以创造性的发挥。在这个竞争手段、管理方法愈来愈同质化的今天，创造性地复制别人成功的经验是企业成功的一条捷径。做企业有很多的方法来做，就像游戏一样，有很多不同的游戏规则和方式，通用的成功模式是万能的制胜宝典。学习别人的成功之处，借鉴别人的成功经验，结合企业自身特点加以创造性地运用是站在巨人肩膀上的明智之举。

随着海底捞火锅店的名声大噪，海底捞的经营管理也蒙上了一层神秘面纱。越来越多的企业经营者对海底捞模式赞赏有加，言必称海底捞怎样怎样。海底捞，已经成为各行各业倡导服务经营提升企业核心竞争力的一个标志。甚至于个别理论专家还提出了极端观点："海底捞你学不会"，认为海底捞的经营管理是一种艺术，而艺术是无法复制的。仿佛只有"艺术"这两个字才能配得上"海底捞"，否则非一般人能驾驭得了。

海底捞的老板张勇的确是一个不简单的企业家。一个平平常常的火锅店，他硬是给开出了不同凡响的效果，实在让人叹服。这个来自于生活底层的餐饮老板，用自己对人生的深切领悟，建立起带领员工改变命运的信念，引导员工开辟出一条勤劳创富的道路。有这样一句话："人一生重要的不是所处的位置，而是所前进的方向。"商业模式，便是企业为自己规划的前进方向。企业今后的日子里究竟能走多远，往往决于商业模式是否优越。海底捞之所以能够快速裂变，模式本身的优越是其根本原因。

所谓模式，就是解决某一类问题的方法论，把解决某类问题的方法总结归纳到理论高度。模式一词的指涉范围甚广，它标志了物件之间隐藏的规律关系，而这些物件并不尽是图像、图案，也可以是数字、抽象的关系甚至思维的方式。模式强调的是形式上的规律，而非实质上的规律，是前人积累的经验的抽象和升华。简言之，就是从不断重复出现的事件中发现和抽象出规律，和解决问题的经验总结差不多。但凡是一再重复出现的事物，就有存在某种模式的可能性。

企业商业模式，就是对企业面对不同商圈的顾客群，根据自身条件，采取相应的经营方法的概括和总结。它是管理者多年经验的积累和形式的升华，既能够表现出自身的经营特点，又便于顾客识别和选择。常见的餐饮企业商业模式有烤鸭店、拉面馆、包子店、粤菜馆、川菜馆、火锅店、湘菜馆、烤肉店、海鲜店饭庄、大排档等。这些模式，为顾客带来了档次高低、价格贵贱、品种多寡、服务繁简等不同的体会，也为企业自身的生存培育了不同的生存土壤。有所成就的餐饮企业并不拘泥于这些传统商业模式，他们通常要在传统经营模式的基础上进行创新。同样是火锅店，海底捞增加了休闲效果的等位区，其模式功能就具有了明显不同的效果。企业经营的运营状态，本质上是由企业的供给与顾客需求是否能够实现良好对接来决定的。商圈内的顾客认同度高，企业的生意就兴旺；反之，生意就冷清。而商业模式是企业供给的一个浓缩体，它的形态、内涵、变化，对企业的经营理念、服务承诺和价值感受具有决定性的作用。不同的人群，对商业模式的认知也不尽相同。企业确定商业模式，要根据周边的具体情况，分清人群，瞄准需求，实现供给与需求的完美对接。近几年，随着社会财富的积累，居民消费需求产生了深刻变化，消费层次也更为多样化。层出不穷的餐饮人，创新出了养生会馆、私房菜馆、生态农庄、官府菜馆、个性餐吧休闲餐厅、城郊餐饮等多种商业模式，为企业发展带来勃勃生机。

模式引领战略，战略服务于模式。商业模式决定企业能否发展，经营战略决定企业如何发展，两者是影响企业发展进程的不同侧面。

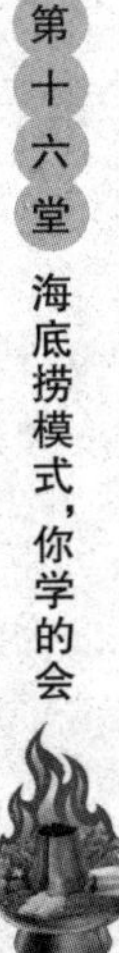

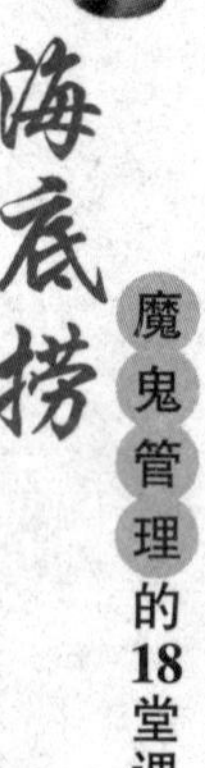

举个例子，同样是借鉴于川渝火锅模式的内蒙古小肥羊，靠创新打造了一个与海底捞模式异曲同工之妙的商业模式，在短短十几年的时间里，从无到有，做得风生水起。从最初的发展加盟店，到后来回收加盟店改造为直营店，再到整合企业资源打包上市，小肥羊不断调整布局，将小肥羊模式发挥到了极致。反之，如果缺少好的商业模式，即使拥有知名品牌也难以生存。

对于商业模式，如果要表达得更文雅一些，那么，你就必须要根据自身的情况去设计为帮助你培养自已的商业模式，魏清文在创业的过程中已经为我们做了具体的提示：

第一点：商业模式要具体。你对自已客户的描述越精确，收到的效果就越好。许多创业者担心如果商业模式不好就会沦落到失败的地步，因而在经营时想面面俱到，缺乏比较精确的针对性。然而，大多数成功的公司在开始创业时都能够瞄准具体的市场。例如，牟永辉打造的是不同的其他的异业产业联盟。比如在《超越极限》的平台上建立全球范围内的十大互动平台；比如说有做地产的、保健的、养生的等等。张坚栋是以饭店网统一天下。他的目标是直接PK大众点评。他是在无锡启动。他想把饭店网发展都各个领域，甚至在手机上都可以上饭店网找到国外的某家餐厅。他就是想做这样一个联盟——以饭店网打造食为天下的这样一个平台，同时在3G手机网上以手机方式完成的这样的一个联盟。

第二点：保持简单。商业模式应该用更少的文字来描述你的商业模式，这样有助于你在创业的过程中明白自己想要的是什么。例如，徐鹤的商业模式是打造销售冠军的联盟；刘娟做的是婚纱影楼这样的一个联盟；罗永琪做的是箱包方面的联盟；谢国渠他做的是酒店的联盟；吴秀丹打造的是电器的联盟；陈丽珍打造的是美容行业的联盟等，这些创业者的商业模式就这么简单，让大众一想就明白了。

第三点：让他人能够理解。商业活动盛行已久，时至今日，几乎每一种可行的商业模式都是可以挖掘的，而且挖掘出来之后能被人们很容易理解。例如，陈宝强是做建筑的，包括水龙头、管道方面的一些东西，他是想做建筑方面的一个联盟。他往往和地产商、物业管理是挂钩的。

一个地产商进入一个地产的同时其实相关的供应商也在同时进入，包括刷油漆的、装防盗门的、装电梯的他们基本都是同一战线的。所以，这一块也是一个联盟。

同样类型的企业即使用了同样的商业模式，最终也有可能呈现出完全不同的经营效果，有的甚至还会在市场的江湖中消失的无影无踪。

海底捞的商业模式固然优越，但如果单纯模仿或照抄海底捞模式，学会的恐怕只能是个皮毛。条条大路通罗马，有进取心的企业学习海底捞，应该通过海底捞的“表”，透过现象看本质，体会海底捞成功的精髓，根据自己企业的具体情况，摸索出适合自己的商业模式。

魔鬼管理训练课

条条大路通罗马，有进取心的企业学习海底捞，应该通过海底捞的“表”，透过现象看本质，体会海底捞成功的精髓，根据自己企业的具体情况，摸索出适合自己的商业模式。

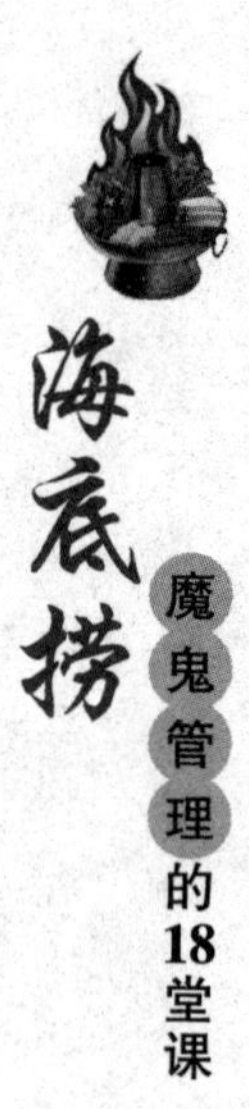

做好自己的定位，为顾客服务

什么叫做定位？企业经营定位就是告诉顾客企业是什么。同一个餐馆，同一个菜系，可以告诉顾客企业是酒店、酒楼、餐吧或休闲餐厅。定位不一样，留给顾客的想象空间和心理暗示就不同，由此产生出来的经营成果也大相径庭。

张勇为海底捞制定的广告语是“好吃的火锅会说话”，也就是说，海底捞的定位是“好吃的会说话的火锅”。把火锅分为会说话的和不会说话的，这还是头一次听说，张勇把自己的火锅说成是会说话的火锅，有点意思。会说话，那说什么？怎样去说？如果去定位的话，我觉得海底捞应该算作“新生代火锅”，即理念新（融汇南北火锅特色）、标准新（海底捞的锅底用油不是传统老油，而是单独包装的新油，符合现代人追求健康饮食的心理）、服务新（“变态”服务）、顾客新（年轻白领）、管理新（全新的绩效考核体系）。

海底捞正是在这几方面做出了自己的特色，才使得它的定位更加明晰起来：年轻、快捷、绿色、健康……这些统一都是为了一个最后的宗旨：做好自己的定位，为顾客服务。下面，我们一起看看在这样定位的背后，海底捞是怎么用实际行动去“让火锅说话”的。

用真情说话

张勇喜欢简单，喜欢真。张勇曾经对记者说过这样一段话："我看到有的餐厅训练服务员，微笑要露出八颗牙齿，嘴里夹着根筷子训练，我说那哪是笑啊，简直比哭还难受，那些僵硬的笑容，并不是发自内心的。海底捞从来不做这类规定，激情+满足感=快乐，这两条都满足了，员工自然就会快乐，并把这种情绪带到工作之中。"所以，海底捞的服务员对待客人的态度，确实由内而外散发出来的。笑是真笑，心是真心，只有真情才能换来顾客真诚的回报。

用品质说话

生意好的企业，商品的新鲜度通常都有保障。当天采购的原材料，最多第二天就可以销售完毕，商品的新鲜度自然可以达到标准。海底捞的原材料采购，可以用鲜、纯、香、短、嫩概括，即鲜度好、纯度高、香味厚、时间短、口感嫩。一般而言，成功的餐饮企业信奉"选好料、做好菜、应好客、卖好价"。在这种比较"低级"的问题上，海底捞当然不会出问题。

用诚信说话

很多餐饮同行听闻海底捞生意火爆，便组织单位骨干到海底捞考察。同行进门，从点菜开始便横挑鼻子竖挑眼，处处刁难。但海底捞用优质的服务给予他们有利的还击后，那些来"考察"的人临走时不由得坦言相告："我们是同行，你们做得真是不错！"其实，从那些人进门开始，服务员们就看出来他们是同行。做餐饮的人，通常有很强的判断力，海底捞信奉诚信，不论是普通顾客，还是到店考察的餐饮同行，只要是进店消费，都会以诚相待，无分别心。

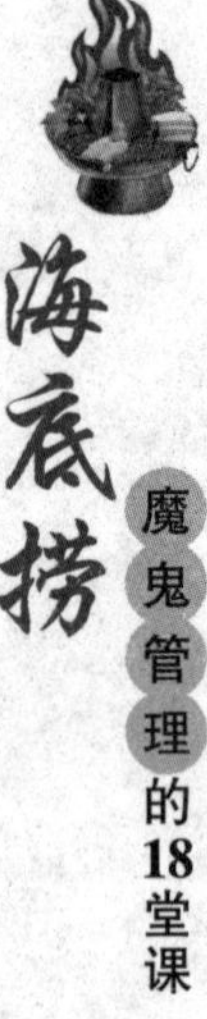

用忍让说话

餐饮人的"忍"功,确实非一日所能练就。自古以来,就有一种"花钱的是大爷"之说。因此,有些人到餐饮企业消费的时候,总是摆出高高在上的架势,吆五喝六,拿服务员不当人。在大多数情况下,海底捞服务员采取了端正心态、感动顾客的方法,多陪笑脸,多说好话,让客人乘兴而来,满意而归。遇到不讲道理的客人,尽可能忍气吞声,化解纷争,吃点亏也没什么。

市场竞争异常惨烈,要么胜,要么败,根本没有和平共处之说。一路走来,海底捞让若干个竞争对手纷纷知难而退。每当海底捞在某一区域开设分店,当地必然惊呼一片"狼来了"的喊声。这就是市场竞争,这就是优胜劣汰的自然法则,你不内壮,必然会被淘汰。不过,海底捞做得好,说得好像不是很到位。但不管怎样,它都紧紧围绕之前的市场定位踏踏实实地向前走,也是众多企业管理者应该学习的地方。

魔鬼管理训练课

海底捞做得好,说得好像不是很到位。但不管怎样,它都紧紧围绕之前的市场定位踏踏实实地向前走,也是众多企业管理者应该学习的地方。

第十七堂 海底捞面临的困境

如何解决人才流失的问题

人才聚，企业兴，这是每个企业管理者都明白的道理。人才流失成了困扰企业发展的重要因素，很多管理者总发出感叹："为什么人才总是留不住？"人才流失的原因很多，有深层体制的原因和传统观念的原因，很多企业管理者有"重物轻人"的思想。如果企业对人才缺乏吸引力、影响力和感召力，就会导致人才的流失。

海底捞虽然重视员工待遇，但是也不可避免地存在着人才流失的弊病。

海底捞的工作量大在业界是出了名的，工作时间也要比同行长一两个小时，在这种高负荷的工作压力下，再加上海底捞内部的淘汰和竞争机制的影响，人员的流失问题也日趋严重。

2009 年，仅北京区域，海底捞每个月的人员流动就达 300 人之多，其中有一家新店，刚刚营业两周，就因为服务质量不达标，而在一次总经理检查时被暂停营业，员工也一下子走了几十人。正是由于海底捞对人员素质要求过高，也才导致海底捞的人员流失始终不断，但这对于每个企业来说，也都是正常的，毕竟没有企业肯养不能创造利润的闲人。而这种情况，也迫使海底捞在人力资源和员工培训上更加大了力度。

从人才管理与开发的流程来看，人力资源的获取与规划、员工的职位与工作分配、绩效考评、薪酬管理与激励机制、员工培训与升迁制度、人力资源维护与保障等环节出现问题都会导致人才的流失。缺乏健全的人力资源管理体系和专业的管理者，是引发以上诸多环节问题的根本因素，因此，企业管理者应按照现代人力资源管理理论，结合企业的实际情况，建立起一套科学合理的人力资源管理体系。

面对人才流失，有些管理者认为，在人才市场供大于求的情况下，走了一个员工，再招来一个新的并不是什么难事。其实，他们低估了人才流失给企业造成的影响。新招来的员工并不能很快弥补老员工辞职造成的损失。企业需要投入人力物力对新员工进行培训，使其快速融入企业，快速适应职位和工作的要求。美国《财富》杂志做了一项调查发现，一个员工离职之后，从找新手到新员工顺利上岗，光是替换成本就高达离职员工薪水的1.5倍，如果离职的是高级管理人员，花费将更多。人才流失不仅仅意味着企业人力资本投资的失败，离开的员工还会带走企业的技术、资料和客户资源，使企业的无形资产遭受损失，甚至会导致企业核心技术的丧失和机密的外泄，给企业的产品和市场造成巨大的威胁。人才流失还会给其他员工造成心理上的冲击，影响企业的凝聚力和向心力，尤其是优秀人才流失，更加会扰乱军心。一个企业的人才流动保持在5%左右，并且是“优胜劣汰”，才是良性的人才流动状态。

在当今知识爆炸、技术进步的时代，人才对于一个企业来讲是极其重要的。要办好一个企业，能否吸引优秀人才起着决定性作用。这是中外企业家都必须遵循的一条规律，更是企业处理好内部公共关系的一项重要原则。

人才流失现象在中小民营企业最为常见。由于企业的人力资源管理制度不健全，内部管理混乱，缺乏基本的制度，组织结构不合理，从而导致员工无所适从，不知道怎样做才符合企业的要求，怎样才能获得自身的发展。由于没有明确的工作标准，员工即使再努力工作，也难以获得企业的认可。尤其是企业的薪酬绩效考核制度不健全，严重影响了人才价值的体现。还有相当一部分企业，实行原始的家族式管理，在工资、福利、待遇等方面，家族成员总比外人要高，在企业的诸多方面实行家族企业特有的双重标准。正确的做法是建立健全的人力资源管理系统，建立以岗位分析为起点、绩效考核为中心、薪酬分配为结果的人力资源管理体系，提

高管理人员的观念和技能,充分发挥人力资源管理的作用。

某日化产品企业业务发展一直很好,销售额逐年上升,但是企业的用人制度不健全,一到旺季企业就招聘大批销售人员,一到淡季就进行大量裁员。销售经理为此事向总经理提过几次意见,但是总经理认为:"人才市场有的是人,到旺季再招人很容易,只要我们给的薪水高,还怕招不到人吗?如果在淡季把员工养起来,费用太大了。"可想而知,这家公司的人员流动很大,销售人员来去自由,一些销售骨干也纷纷跳槽。总经理对那些销售骨干虽然试图挽留,但是表现得并不真诚,他仍旧相信可以从人才市场招到人来填补人才缺口。

终于有一天,总经理认识到了问题的严重性,跟随他多年的销售经理也提出了辞职,随后大部分销售人员集体辞职。虽然普通的销售人员可以从人才市场上招到,但是优秀的销售人才和管理人才却并不是那么容易找到。总经理来到销售经理家中,许诺给予具有诱惑力的年薪,希望他和销售骨干能够回到公司,但是遭到了拒绝。因为纯粹的物质上的补偿并不能留住人才,优秀的人才需要被尊重、被重视,显然这家公司的总经理没有做到这一点。

这家日化公司没有健全的人力资源管理制度和正确的人力资源观念。这家公司只是在办公室下设了一个人事主管,从事的只是员工的考勤、招聘、档案管理等简单的人事管理,人员管理是传统的以"事"为中心,而不是以"人"为中心。此外,这家公司重视短期投资回报率,没有树立长期人才投资回报观,这也正是中国民营企业普遍存在的现象。急功近利的人才观是民营企业的致命弱点,要想留住人才首先要树立正确的人力资源观念。正确的人力资源观认为对人力的投入不是一项花费,而是一项投资,而且这种投资是有产出的,并能不断带来更多的回报。很多著名的企业都重视对人才的投资,比如摩托罗拉公司前培训主任就说过:"我们培训的收益大约是所投资的30倍。"

企业要想留住员工,首先要满足员工的物质需求。员工选择跳槽的一个重要原因是对工资待遇不满意,因此,企业要给员工提供本行业平均水平的工资,才能保证员工不会因为对待遇不满意而辞职。有些企业为了保证企业利润而削减员工的工资，导致员工心理不平衡，最终选择离开。此外，企业还应该制订不同的工资标准和奖励制度，让员工的付出和回报成正比。如果付出多的员工得不到相应的回报，也会感到心理不平衡。

魔鬼管理训练课

企业要想留住员工，首先要满足员工的物质需求。此外，企业还应该制订不同的工资标准和奖励制度，让员工的付出和回报成正比。如果付出多的员工得不到相应的回报，也会感到心理不平衡。

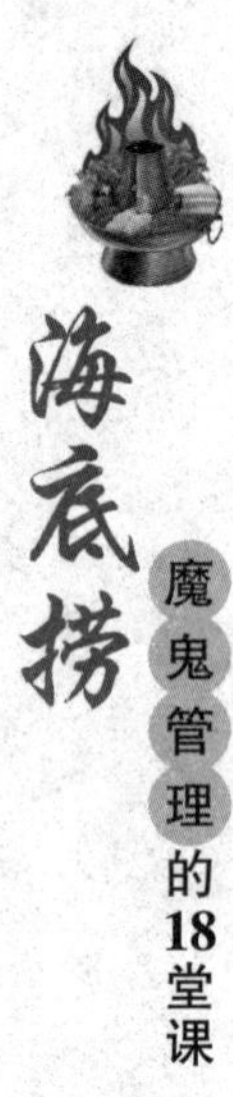

海底捞师徒制的回归

师徒制在我国由来已久，即老师带领学生进行学习、工作、生活，使学生更好、更快地融入工作当中的一种形势，曾一度成为青年掌握技能的重要途径。过去新工人进厂，均由企业指定技能高超的师傅进行传帮带，2~3 年学徒期满后，则由企业对其进行技能考核，确定徒弟的技能等级，达不到要求者还要延期出徒。

师徒制本是一个传统的传承方式，也是一种非常有效的方式，几百年来为各行各业所广泛运用。近年来，由于培训方式和教育方式的更新，很多企业逐渐摒弃了学徒制。当然，随着时代的进步，各行各业培训新人的方式也在变，但无论怎样变，能够有效传承企业精髓的不能变。

海底捞对人的培养是建立在师徒制传帮带基础上，比如，张勇是杨晓丽的师傅，杨晓丽是北京大区总经理袁华强的师傅，袁华强是林忆的师傅。这四个人中除了张勇无师自通之外，其他三人脱颖而出，都得益于师傅的发现和培养。

海底捞把利用师徒制培养人才这种方式用到了极致。每个小区经理必须带徒弟。当他下面的一个徒弟培养成熟出师后，一旦有新店开张，这个徒弟就会被任命为新门店的经理。这样，如果一个小区经理善于带徒弟，就可以多管几家门店。当小区经理源源不断地培养出合格的徒弟(能够胜任门店管理工作的管理人才)，就有机会成为大区经理。

海底捞目前总共有三个大区——郑州大区、北京大区、上海大区，由这三个大区来管辖下面的小区。奇怪的是，距离北京很近的天津小区，却不归北京大区管，而是归远隔千里的郑州大区管。这个怪现象就是由师徒制造成的。道理很简单，天津小区的经理是郑州大区的经理带出来的徒弟！

不仅是管理岗位，海底捞很多后勤业务职员也都是从服务员干起的。他们没有受过学校的专业教育，都是通过边做边学、师傅带徒弟的方式走上业务岗位的。

上海三店的张耀兰说：

“我来海底捞转眼就 3 个月了，刚来时店里让我清洁洗手间。在海底捞打扫洗手间和别的地方不一样，我还要在客人使用洗手间时，给客人提供服务，比如压洗手液、递纸巾和开门等。每当客人说‘海底捞的服务一流，洗手间也干净’时，我心里就很骄傲。

“可能是沈哥看我在洗手间同客人交流得不错，要把我调到服务组看台。我当时一口就拒绝了，因为我对当服务员一窍不通；再说我年龄大了，怕服务不好，让客人训斥，心里难受。后来沈哥找我谈，他说我一定能做好。看他这么相信我，我就下决心不辜负沈哥的期望，一定要把服务员工作学着做好。

“可是刚看台时非常紧张和害怕，客人来了之后，我都不知道该干什么，急得像热锅上的蚂蚁，同客人讲话也不敢说。看了一桌之后，胆子就慢慢大了，同客人沟通也就惯畅了。客人也不是三头六臂，没什么好害怕的。有时他们跟我开玩笑，我也敢跟他们开了。

“同客人谈话时，他们经常问，在这里吃住舒不舒服，家里有几个人？谈着谈着，就忘记了他们是客人，就像亲戚朋友聊天一样，不害怕了。”

在现代企业管理中，已经很少见到师徒制的踪影了。而海底捞对此的“痴迷”重新彰显了师徒制的魅力。海底捞的实践再次证明，师徒制的传帮带是一种既简便又有效的培养人才的方法。

作为企业来讲，员工的成长往往就是两个途径，一个是老员工的“传帮带”，还有一个就是职业技术的培训。实际上专业学校培养出来的学生走上工作岗位，仍然要经过“传帮带”这样一个环节，因为只有经过

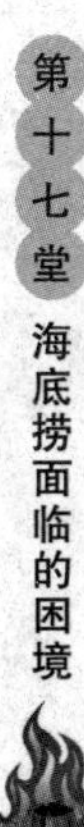

这样一个环节,才能够适应这种岗位工作的需要。

但在中小企业的"师徒制"管理当中,主要存在两个典型问题:一是老员工"不愿带",二是新员工"不愿跟",就是要么师傅不愿带徒弟,要么徒弟不愿跟师傅。这里面既有配合问题又有能力问题。俗话说:"没有不合格的徒弟,只有不合格的师傅。"一个师傅要带好新人,必须有"经营"意识,要做员工的平台而不是拐杖,要对员工真心实意地指点,而不是指指点点,要当员工的朋友而不是父亲,并从文化的高度去认识、统整,并落实到具体活动中,发挥出真正的效应,真正实现"传"出智慧、"帮"出成长、"带"出文化。而一个新人要学好本领,也是重在做好三点——多问、多学、多做,那就是嘴巴甜一点,脑子多转一点,手脚勤快一点。

师徒制不是对新型培训方式的否定,也不是升迁考的对立面,而是一种更加积极完善培育新人的手段,能够让新来的员工更快、更好地融入公司,和让后进的员工及时跟上团队的步伐,成团队的"梯队建设",也能让"师傅"体验到更多的职业成就感,有效锻炼了师傅的领导力。

人们不能因为现代的教育培训手段发达了,就把"传帮带"视为一种陈旧、过时的方法,相反,要从建立和谐人际关系的视角出发,从培养和造就一代新人的要求出发,加大"传帮带"的培养力度。这样,企业人才培养必会呈现青出于蓝而胜于蓝的大好局面。

魔鬼管理训练课

要从建立和谐人际关系的视角出发,从培养和造就一代新人的要求出发,加大"传帮带"的培养力度。这样,企业人才培养必会呈现青出于蓝而胜于蓝的大好局面。

过度授权的副作用

海底捞火了，一家火锅店开始越来越多地被人们关注和谈起，比普通消费者更加关注的则是无数做火锅的同行们。尤其是近年，许多火锅店都开始争相模仿海底捞，比如在顾客等待时为顾客提供娱乐方式和小吃，免费送给顾客一些小礼物，这些的确是想学就能学得来的，但只有一点是其他同行难以学到的，那就是海底捞的授权制度。

海底捞的授权之前已经多次提到，其中服务员的授权最为实用也最难管理。因为授权就意味着监管的松动和控制的放弃，海底捞在授权的一开始，就无法避免地要承担因此而产生的风险。这也无疑是对海底捞的监管机制、管理流程以及员工素质的一次极大的考验。

海底捞有没有滥用职权的现象呢？答案是肯定的。海底捞有一项针对员工的奖励机制，就是哪位服务员的"点台率"较高，就会得到当月的额外奖励，还会和日后的晋升挂钩。这"点台率"就是指熟客来吃饭时，会像在理发店里点理发师一样，指明要哪位服务员为自己服务，被点名的次数越多，就说明谁的顾客满意度高。

有了这一机制，就可以经常看到顾客在海底捞吃饭时，服务员会特别向顾客介绍自己，告之自己的绰号，并这样说道："大哥，我叫某某某，这是我送给您的金针菇和玉米饼，您下次来的时候还找我吧！"或者更加直接地说："大哥大姐，这次我给您多打个折，您下回来记得找我！"

这就是授权引发的副作用，如果说这样讨好顾客终归还是为公司

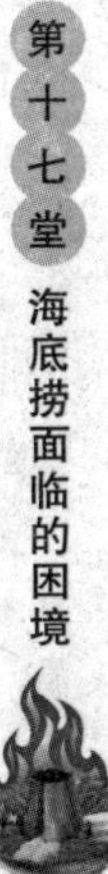

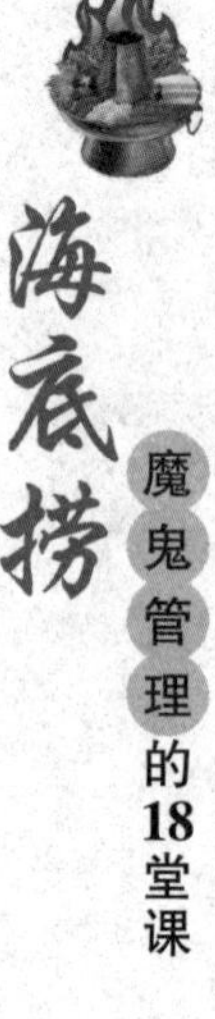

好的话，那么滥用职权从中获利，中饱私囊的话，就无法视为对公司有利了。因此授权其实是一把双刃剑，用得好与不好，全仗管理者自己把握，授权的目的在于增加效益，但绝不意味着放手不管。

高尔文是摩托罗拉创始人的孙子。1997年，他接任CEO时，就采取充分授权的管理模式，他认为自己应该完全放手，让高级主管充分发挥能力。

然而自2000年以来，摩托罗拉的市场占有率、股票市值、公司获利能力连连下跌。摩托罗拉原是通信器材界的龙头，如今市场占有率却只剩下13%，股票市值一年内缩水72%。2001年第一季度，摩托罗拉更创下15年来第一次亏损纪录。

产生这个结果的最大原因，就是高尔文过于放权，拖延决策，不能及时纠正下属出现的问题。

有一次，行销主管福洛斯特向高尔文建议，把业绩不好的广告代理商麦肯广告撤换掉。但高尔文对麦肯广告的负责人非常信任，所以迟疑了很久，表示应该再给对方一次机会。结果拖了一年后，麦肯持续表现不佳，高尔文才最后同意撤换。

充分授权本是好事，但授权后不管不问，在发现错误后还拖延纠正、优柔寡断，对企业是有非常大的杀伤力的。除此之外，高尔文放手太过，根本不会适时掌握公司真正的经营状况。他一个月才和高级主管开一次会，在写给员工的电子邮件中，谈的也只是如何平衡工作和生活。就算他知道情况不对，也不愿干涉太多，以免部属难堪，这都明显属于授权失误。摩托罗拉曾公开宣布，要在2000年卖出1亿部手机，而销售部员工几个月前就知道这一目标根本不可能实现，只有高尔文还不清楚发生了什么状况，最后当然是失败。

一直到2001年年初，高尔文才意识到问题的严重性，他害怕摩托罗拉的光辉断送在自己的手上，于是开始进行调整。他把组织重整，并开始每周和高层主管开会，改变自己“过于放权”的作风，才逐渐扭转了摩托罗拉公司发展的颓势。

凡事皆有度，授权也不能太过放任。想要企业雷厉风行，效率翻倍，必须把持"一手放权，一手控制"的授权之道，只有做到"软硬兼施"，才能使授权真正促成合理的管理和运营。

海底捞的张勇是个高明的管理者，他会对授权进行适当的控制，有放有收，做到张弛有度，因此他总能在最适当的时刻，用最恰当的方式，将偏离航道的海底捞大船拉回到正确的路线上来。但是，许多管理者往往掌握不好授权的"分寸"，结果在管理上漏洞百出。

魔鬼管理训练课

海底捞的张勇是个高明的管理者，他会对授权进行适当的控制，有放有收，做到张弛有度，因此他总能在最适当的时刻，用最恰当的方式，将偏离航道的海底捞大船拉回到正确的路线上来。

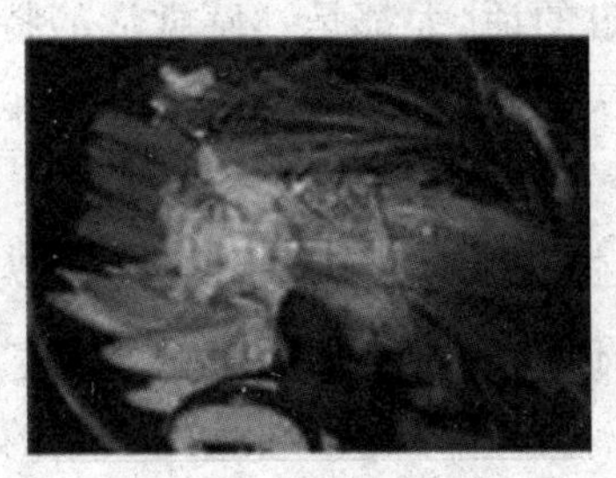

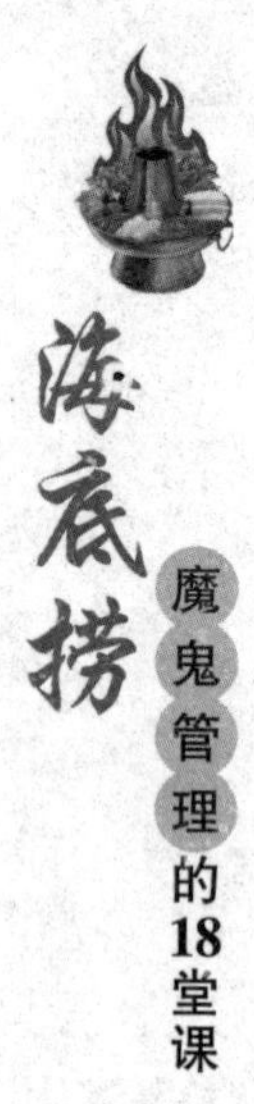

企业管理者要有忧患意识

世上无完人,做企业也是一样。海底捞尽管有很多优点,但是张勇也常常感觉危机四伏。其实这是做企业的人的一种常态。为什么会这样?一方面和中国的企业大多数是家族企业有关系,另一方面则与企业出现不可避免的问题有关联。

身为企业管理者,特别是成功企业的总裁,其实工作并不轻松。多年来我接触了很多老板,小老板、中老板、大老板应有尽有,有的是成功人士,有的在创业之中,有的失败了,落的灰头土脸。成功人士头上顶着七彩光环,“风光无限好”;同时,伴随自己的酸甜苦辣“如人饮水冷暖自知”,归结他(她)们说过的话,大都是:“感觉活的特别累,自己就象一只觅食的狼,饥饿孤独,又战战兢兢,惟恐被其它更凶猛的动物攻击和吞食掉。”

言之凿凿,令人心惊,仔细想想确是实情。作为企业老板,或是高层管理人员,如果没有危机意识,同样也会被狼吃掉。不论是产品质量,还是市场营销,概莫能外。在商界合作共赢是必要的,竞争的惨烈程度自然可想而知,尤其在同行之间更是如此。

众所周知,创建一个企业和养孩子是一个道理。当孩子小的时候只要照顾得当,摸清孩子的成长规律和生活习惯就行。但是随着孩子渐渐长大成人,有了自己的思想和性格,就不会一味地听家长的话,如果沾染了不好的风气,还可能走上歪门邪道。这时候,家长就会更加操心。

企业也是一样。管理者是企业的家长，企业是管理者的孩子。当企业很小的时候，很多事情还在管理者的可控范围内，但是随着企业的壮大，管理者就要操很多的心，会觉得力不从心，会由衷地叹一句："我真的累了。"

现在的海底捞就处于这样的状态之中。生意越来越大，张勇的烦恼就越来越多，他有一种强烈的忧患意识。他并不像外界说的有一副逍遥自在的样子，他放权并不代表不管不顾，而是在一种安静的状态下思考更多的事。当他以旁观者的身份去看海底捞的时候，就能看出更多的问题。反之，一旦企业的经营战略，墨守成规、一成不变，就会为竞争者提供击败你、吞并你的机会。

因此，作为企业的经营战略，最好要在同行中处于领先位置，至少也要有其他企业无法取代的优势，而做到这一点就需要企业决策者时刻保持清醒的头脑，要时时保持忧患意识。只有这样企业才能够存活，才能够发展壮大。这是成功人士的管理经验，是值得学习、领会和借鉴的！

企业决策者要时刻保持清醒的头脑，要时时保持忧患意识。只有这样企业才能够存活，才能够发展壮大。这是成功人士的管理经验，是值得学习、领会和借鉴的！

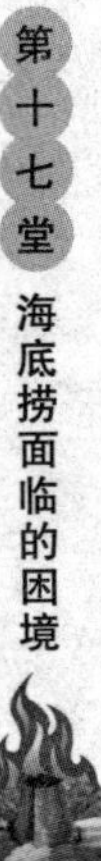

第十八堂

海底捞需在创新中谋发展

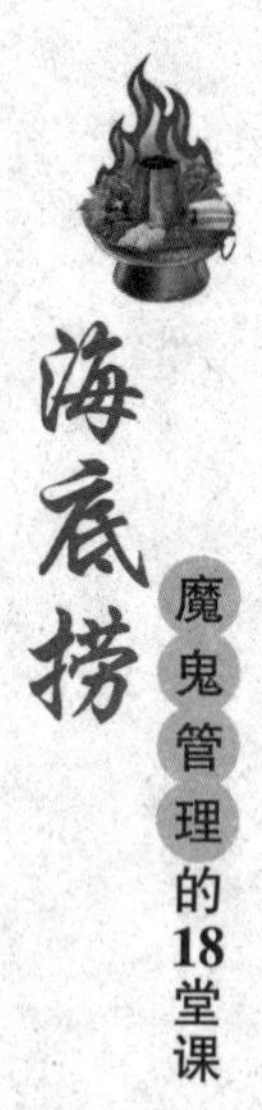

创新才能赢得天下

什么东西成了焦点，自然就引来人们评头论足，有人说海底捞火锅底料是不是有什么奥秘？很多同行偷偷把底料拿回去化验。还有人说，海底捞不知骗了多少贷款。要不，怎么这么大手笔扩张？海底捞每间店都在2000平方米左右，大店装修费就要上千万，小的也要几百万。

还有的说，说不定人家有什么旁门生意，是用火锅洗钱呢。

可海底捞不仅没有银行贷款，连找上门风投的钱都没要。曾经有一个做投资银行的朋友说："我们发现一个很有意思的公司，叫海底捞火锅店。我们主动给它送钱，那个老板硬不要。"

有人后来问张勇："这年头很多人就想圈钱，你为什么不要？"

张勇挺坦白，"如果用了投资银行的钱，就要按人家的计划开店。可是我觉得生意跟人一样，该干活就要干活，该吃饭就要吃饭，该睡觉就睡觉。不是每年你想开几个店就能开几个店。"

"你们从没有借过银行的钱？"

"我们也不是不想用银行贷款，可是贷款需要资产抵押。海底捞没什么值钱的资产，店面都是租来的，最贵的就是装修和锅碗瓢盆，可是这些不能作资产抵押，初始投资也就是四个股东浑身上下的八千元现金。"

又有人惊奇地问张勇："你是说海底捞的初始投资就八千元？"

"是的，就8000元。如果你不做餐馆，可能不知道：做火锅的确很辛苦，但做好了很赚钱。海底捞好的店半年就能收回投资；一般的店一年收回;不好的店,两年也差不多收回投资。一间店收回一半投资时,我们就有钱开始筹办第二个店,因为新店装修总要几个月。”我心里暗自想了一下,如果都按 1 年收回投资,海底捞办了 16 年,一生一,二生二,四生四……

照此推理,张勇说的是实话。

哪怕在海底捞干过一天的员工都知道“客人是一桌一桌抓的”这句张勇语录。

尽管每桌客人都是来吃火锅,但有的是情侣,有的是家庭聚会,有的是商业宴请,客人不同,需求就不同,感动客人的方法就不完全一样。

张勇开办火锅店初期,一天,当地相熟的干部下乡回来,到店里吃火锅。张勇发现他鞋很脏,便安排一个伙计给他擦了擦。这个小小举动让客人很感动,从此,海底捞便有了给客人免费擦鞋的服务。

一位住在海底捞楼上的大姐,吃火锅时夸海底捞的一种辣酱好吃。第二天张勇把一瓶辣酱送到她家里,还告诉她以后要吃海底捞随时送来。

这就是海底捞一系列“变态”服务的开始。

开连锁餐厅最讲究的是标准化,比如肯德基薯条要在一定温度的油锅炸多长时间,麦当劳汉堡包的肉饼有多少克重。可标准化保证质量的同时,也压抑了人性,因为它们忽视了执行者最值钱的部位——大脑。

让员工严格遵守标准化流程,其实等于雇佣一个人的双手,没雇佣大脑。这是亏本生意,双手可能是最低等的机器,而最值钱的是大脑,大脑能创造,能解决流程和制度不能解决的问题。

比如吃火锅,有的人喜欢自己涮,有的人喜欢让服务员给他涮。

有的人要标准的调料,有的人喜欢自己调;

有的人口味重,需要两份调料,有的人连半份都用不了;

一份点多了的蔬菜,能不能退?

既然是半成品,客人可不可以点半份,多吃几样?

一个客人想吃冰激凌,服务员能不能到外边给他买?

一个喜欢海底捞小围裙的顾客,想要一件拿回家给小孩用,给不给?

碰到这些流程与制度没有规定的问题, 大多数餐馆当然是按规矩

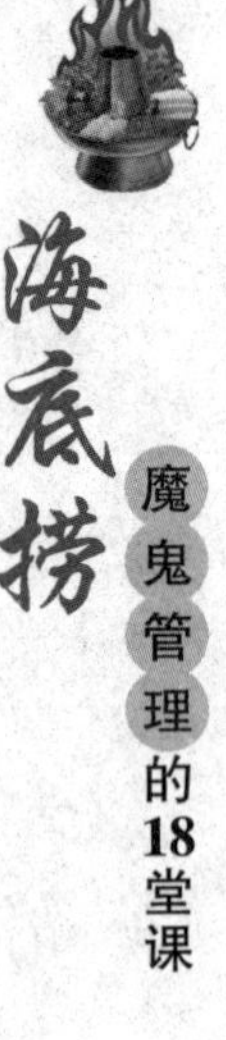

办——不行；在海底捞，服务员就需要动脑了——为什么不行？

海底捞上海三店服务员姚晓曼说，一次，她服务的11号雅间坐的是回头客郭女士。郭女士女儿点菜时问一份撒尿牛肉丸有几个？姚晓曼马上意识到，对方是怕数量少不够吃，便回问一句：姐，你们一共几位？她说10位。姚晓曼马上告诉她，一份本来是8个，她去跟厨房说一下，给他们的这份上10个。

上海三店张耀兰有这样的经历，某个星期六晚上生意特别好，7点半3号包房上来一家姓徐的客人，她发现徐妈妈把鹌鹑蛋上面的萝卜丝夹到碗里吃。

张耀兰觉得徐妈妈一定很喜欢吃萝卜，于是立即打电话给上菜房，让他们准备一盘萝卜丝。她又拿萝卜丝去调料台放上几味调料。当她把拌好的萝卜丝端到桌上时，客人很惊讶，她说，"我估计阿姨爱吃萝卜丝，特意拌了一盘送给阿姨吃，不知道你们喜欢吗？"

"他们当然十分高兴，边吃边夸我，还问这萝卜丝是怎么拌的。"最后徐阿姨的儿子要来一碗米饭，把萝卜丝盘子里的汤拌到饭里吃了，说这是他吃过最香的饭。接下来一个月，他们连续开了好几次，还把其他朋友介绍来吃饭。

一碗萝卜丝多神奇，海底捞的客人就是这样一桌一桌抓的。创新其实很简单，只要肯动脑，能用智慧，这就是创新，创新无处不在。"创新在海底捞不是刻意推行的，我们只是努力创造让员工愿意工作的环境，结果创新就不断涌出来了。没想到这就是创新。"张勇曾说，后来公司大了，他试图把创新用制度进行考核时，结果真正意义上的创新反而少了。"创新不是想创就能创出来的，如果你认为员工没有创新的能力和欲望，这是不信任的表现。"

什么是创新？

一个个鸡毛蒜皮的创新，就是海底捞员工每天做的一件件小事。独立看起来，都微不足道。可是一万个脑袋天天想着做这些事，作为同行，您怎么和海底捞竞争。

一个管理创新论坛请张勇去讲话，张勇说："我们的管理很简单，因为我们的员工都很简单,受教育不多,年纪轻,家里穷的农民工。只要我们把他们当人对待就行了。”管理者把员工当人看了,员工就会不自觉地把企业视为自己的家,也就会想方设法开动脑筋为企业出谋划策,那么创新的理念自然就出来了。

把人当人待,也算管理创新?

对,这就是海底捞最大的创新。下面截取张勇在一次员工会上所说的话,让我们细细品味其中的奥秘所在。

各位股东、各位同事:

去年我曾经说过这样一段话:“我们孝顺父母、忠于家庭、关心自己的员工。我实在想象不出凭什么在2005年我们不能取得更大的成绩”。命运是公平的,我们今年不仅让股东赚到了更多的钱,而且员工的福利待遇也提升了一个台阶。

我个人认为:未来的“海底捞”不论成功还是失败,都一定是从基层开始的,那么该怎么办呢?第一,公司将严格按照公司法的规定运行,逐步让一些优秀的管理人员成为真正的股东;第二,让我和片区总经理以上的干部一起在海底捞创造出一种工作环境,使杨晓丽、冯伯英、袁华强这些人为顾客提供的那种服务品质成为一般员工的服务标准,让我们的顾客觉得自己在海底捞是福气而不是运气;在那样的环境中,创造力和创意会源源而生。自然,利润也就源源不断。

拥有多少优秀的员工是我们成长的关键,如果我们让运气来决定我们是否能够雇佣到优秀的员工的话,那就太浪费顾客对我们的厚爱了。应该让最优秀的员工成为领班、大堂、经理。让我和这些人以及施永宏、杨晓丽、苟轶群、冯伯英、袁华强一起成为员工学习的楷模。去感化普通员工。让这些普通员工的一部分认同我们的理想,相信我们的价值观。通过时间和管理我们就会拥有越来越多的的骨干员工。

谢谢大家!

企业是大家的,每个人都有义务把这个企业经营好。要让这个家一直好下去,那就需要不断的创新和发展。对于海底捞的员工来说,创新是体现自己能力与主动性的最直接方式。而创新的方式是海底捞自上

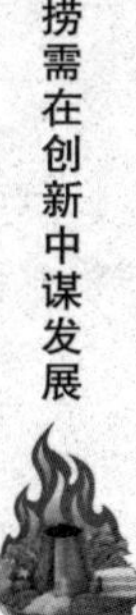

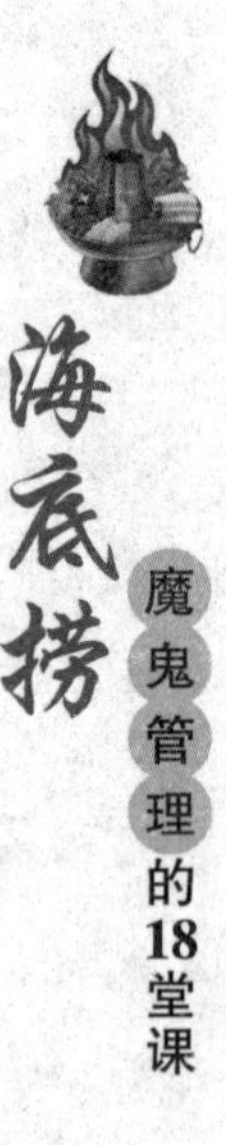

而下的带动结果。从萌生出擦皮鞋的想法,从免费给顾客提供上网、打牌、下棋的服务,免费提供小吃,免费带孩子等等,这都是员工开动大脑,主动创新的结果。

那么,海底捞的员工为什么热衷于创新?为什么能够做到主动创新?是因为这家企业给了员工主动创新的机会,提供了主动创新的动力和氛围。具体而言,有如下几个方面:

从上到下的创新氛围

为鼓励创新,海底捞专门成立了创新委员会。委员会成员由十区总经理组成,员工的创意被收集上来之后,上报给委员会,委员会筛选之后,再将创新的想法全面推广,并且还发放奖金,这不但能实现员工自身的价值,也表达了对他们的尊重。

各分店都会有一个“金点子排行榜”

通过对创新想法的评判,按照含金量高低,进行排名,公布张贴,员工也会有一种荣耀感,让他们感受到一种荣誉和自豪感,对于员工来说,这是一种极大的精神鼓励。

观察和了解员工的需求

谁对顾客用心,谁就能赢得顾客的心,谁才能真正想出满足顾客需求的金点子,谁就能有更多的创新。

创新锻炼了员工的思考能力

在海底捞,每一个员工都会思考这样一个问题;今天你思考了吗?

这反映的其实是一个人的工作态度和用心程度。我们大致可以从以下几方面入手进行思考。

我服务的顾客最需要的是什么？我能为顾客做什么？我怎样才能感动我的顾客？我如何才能做得更好？我如何才能让顾客记住我？我今天的服务有没有体现出企业的文化？我还需要有哪些新的服务思考？

通过思考这些问题，我们才能更好地做到为顾客着想，做出更好的以满足顾客需求的创新服务。

魔鬼管理训练课

管理者把员工当人看了，员工就会不自觉地把企业视为自己的家，也就会想方设法开动脑筋为企业出谋划策，那么创新的理念自然就出来了。

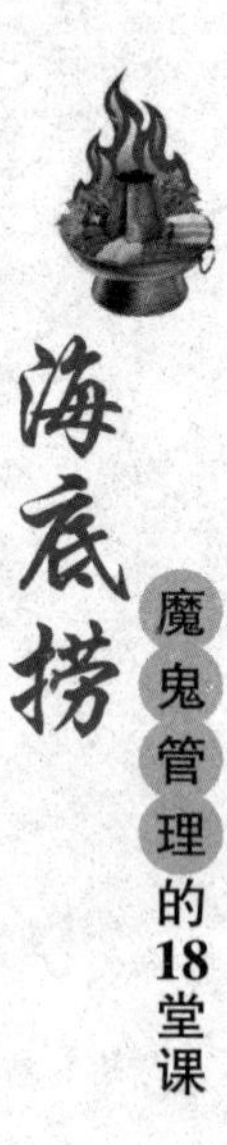

随机应变，以变制变

就像人们离不开清新空气、洁净活水一样，经济要想有效增长，社会要想和谐发展，就特别需要有效的制度供给。若真的还想要发展，就非得把创新放在首位不可。

管理创新，关键在于企业经营管理者的观念创新。墨守陈规，在一些企业的经营管理中形成了“老办法不顶用、新办法不会用、不敢用”的尴尬局面，究其根源，都是陈旧的观念所造成的结果。观念左右着人的意识。

而在海底捞，不拘一格的创新却在不断发生，从每年更新的服务项目，到层出不穷的花样菜品。当同行之间都开始竞相模仿海底捞的美甲、擦鞋、送眼镜布等点子的时候，海底捞依然会保持着卓尔不群和与众不同。因为特色服务可以模仿，但创新的精神和观念是无法模仿的。

从中国企业的现状看，情况似乎并不乐观。观念陈旧，制度僵化，管理落后，技术落后等等，与外部环境对企业的客观要求相比，着实令人担忧。根本原因，还是缺乏创新，尤其是在思想观念上的创新。所谓创新就是打破旧的规则、秩序、平衡，是对现有秩序的一种破坏，是人们对事物发展规律认识的深化、拓展和升华，而不是随心所欲的主观臆想和标新立异。概括起来，创新其实只有一个字，“变”，而且不是被动的变，是主动的变。而这种创新很大程度上取决于人们在观念上能不能允许、接受这种破坏，取决于观念能否创新。因此，观念创新是一切创新的前提和向导。

所谓制度创新，也就是用一种效率和效益更高的制度代替旧的制度。当前，制度创新仍是我国企业创新的一个瓶颈。可以说，制度创新是企业发展振兴之本，而企业制度创新又从观念创新开始。要实现制度创新，难的不是如何去做，而是如何改变人们的观念。

绝大多数人宁愿相信，遵守既定规则是非常重要的概念，否则，如果人人都想要打破规矩，岂不是天下大乱？然而，管理专家强调，这只是一种鼓励突破思考的方法，让你更准确、有效地达到目标。换句话说，“要打破的是规则，而不是法律”。

专门从事运动心理学研究的美国斯坦福大学教授罗伯特·克利杰在他的著作《改变游戏规则》中指出：“在运动场上，很多运动选手创造的佳绩，都是因为打破了传统的比赛方法。”杰出的运动选手普遍具有这种“改变游戏规则”的特征。

在 1993 年美国大选中，克林顿曾经说过一句话：“我们要改变游戏规则……”而布什总统却说：“我有丰富的经验！”也许布什落败的一个重要原因是输在“往后看”，而不是“向前看”。

在国外，那些处于鼎盛时期的企业还都在“未雨绸缪”，而我们有一些已经难以为继、濒临倒闭的企业，仍抱残守缺，安于现状，不求进取，怎么不令人担忧呢？

很多人总是在遭遇危机的时候，才想到要改变，但到了这一步已经太晚了，应该未雨绸缪，在最好的时候，发展最快、最得意的时候，就要考虑改变。一般人最可怕的心态是，习惯于某一种固定的模式，他们认为：“我过去做得很好啊！为什么要改变？”他们丝毫没有察觉，其实失败往往就从现在开始。

有句话说，最大的风险是不敢冒险，最大的错误是不敢犯错。大多数的人之所以不敢冒险，也不敢犯错，因为他们只相信看得见的事。那些他们还没见到的事，他们习惯用经验去分析，而经验告诉他们的答案往往令他们不敢轻举妄动。

但那些成功的人就不一样了。成功的人通常具有一种特征：喜欢做

梦,而且不怕尝试错误。他们相信,心中的梦是支撑他们勇往直前的力量,而不怕犯错,才能积累成功的资本。因为有了梦想,所以他们对失败与风险比较能持乐观的看法。而且,这些成功的人,通常是成功了两次——他们在潜意识里相信自己已经成功,然后他们真的就成功了!

同样道理,企业也是如此,一个企业敢于去打破既定的管理制度、管理规则,敢于尝试改变"游戏规则",那么,这个企业就会焕发出无穷的生命力和创造力。

做任何事在任何一个领域没有规则不行,但过于因循守旧、墨守成规也不行。适当之时,要善于改变众人所循的规则。

行业不同,规模不同,机制不同,人员素质不同……也就注定了不同的企业有其符合自身发展的管理模式,同一企业在不同时期的管理模式也不同。未来企业的管理模式应该是:以制度管理模式为基础,综合运用其它模式的有利因素。总之,企业要生存和发展,就要不断创新。因循守旧只能使企业停滞与萎缩,只有创新与开拓,才能使企业发展壮大。我们要打破国内与国际业务界限,要在世界范围内优化资源要素的配置,培植自己的国际化经营能力,赚取世界各国的财富。

在当代经济全球化、信息化、网络化、一体化趋势下,科学技术日新月异,经济生活瞬息万变。每个企业和企业家,都应当放眼世界,随时发现自己的弱点和缺点,以创新的思维和观念,不断改革和创新,不断追求卓越,方能赶上和超越,否则,随时都有被淘汰的可能。

魔鬼管理训练课

一个企业敢于去打破既定的管理制度、管理规则,敢于尝试改变"游戏规则",那么,这个企业就会焕发出无穷的生命力和创造力。

踏实地走自己的路

2005年海底捞在北京已经开了20多家分店，一跃成为京城知名的火锅品牌。但就在这时，海底捞的扩张计划突然放慢下来，从之前的每年开7、8家分店减少到只开3到4家，许多人表示不解，有人问张勇为什么不趁此大好势头突飞猛进，甚至还有融资专业人士劝导张勇早做上市打算。

张勇的回答是："车开得太快了，自己都掌控不了。"海底捞公司的北京大区经理袁华强是张勇手下的一名干将，他从门童做到大区经理只用了6年的时间。在海底捞大作扩张的时候，袁华强曾自主在一些非黄金地段开设分店，他觉得海底捞已经有了一整套完善的管理体系，不管在哪里开都会一样的成功，但事后却不得不遭遇关门的尴尬。因此袁华强曾向张勇建议，分店一定要在做好充足的准备后再开设，即使为此放慢发展的速度也在所不惜。目标一定要在切实可行的前提下才可能实现，否则就会滑向冒进的偏激。

关于目标与企业的关系，中国有句古语叫"人无远虑，必有近忧"。作为企业来说，切实可行、高瞻远瞩的企业战略目标是必不可少的。目标管理(MBOmanagementby-objectives)；是企业为了实现自身的任务与目的，根据企业所处的环境，从全局出发，在一定时期内，为企业组织各层面从上至下制定切实可行的目标，并且企业各层级人员必须在规定时间内完成的一种管理方法。目标管理作为现代化管理方法之一，在实践中不断发展，现已成为企业管理的重要组成部分，被誉为"现代企业之导航"和使企业起死回生的有效手段。

目标应该不是伸手可及，但也不可好高骛远。许多人在读过成功励志的书籍以后，往往会因一时激动而立刻拟订无法达成的大目标，结果

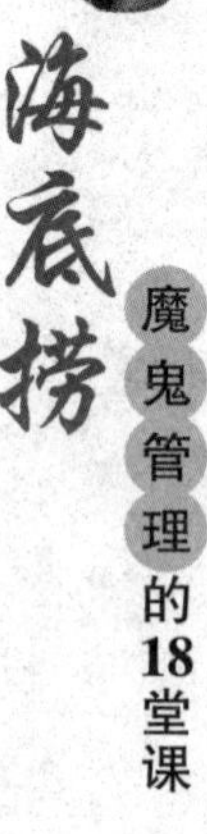

却大都是踌躇不前。做事情一定要量力而行、一步步来，设立目标也是同样的道理，目标只有切实可行才会有效，下面这个故事就说明了这样一个道理。

有一位大师隐居于山林中，平时除了参禅悟道之外，还对武术颇有研究。

听到他的名声，人们都千里迢迢来寻找他，想跟他学些武术方面的窍门。

他们到达深山的时候，发现大师正从山谷里挑水。他挑得不多，两只木桶里的水都没有装满。按他们的想象，大师应该能够挑很大的桶，而且挑得满满的。

他们不解地问："大师，这是什么道理？"

大师说："挑水之道并不在于挑多，而在于挑得够用。一味贪多，适得其反。"

众人越发不解。

大师从他们中拉了一个人，让他重新从山谷里打了两满桶水。那人挑得非常吃力，摇摇晃晃，没走几步，就跌倒在地，水全都洒了，那人的膝盖也摔破了。

"水洒了，岂不是还得回头重打一桶吗？膝盖破了，走路艰难，岂不是比刚才挑得还少吗？"大师说。

"那么大师，请问具体挑多少，怎么估计呢？"

大师笑道："你们看这个桶。"众人看去，桶里画了一条线。

大师说："这条线是底线，水绝对不能高于这条线，高于这条线就超过了自己的能力和需要。起初还需要画一条线，挑的次数多了以后就不用看那条线了，凭感觉就知道是多是少。有这条线，可以提醒我们，凡事要量力而行，而不要好高骛远。"

众人又问："那么底线应该定多低呢？"

大师说："一般来说，越低越好，因为这样低的目标容易实现，人的勇气不容易受到挫伤，相反会培养起更大的兴趣和热情，长此以往，循序渐进，自然会挑得更多、挑得更稳。"

挑水如同做事，领导者在为企业设立目标的时候也要循序渐进，逐步实现目标，才能避免许多无谓的挫折。

因此，为企业拟订目标时，首先要切合实际，兼顾理想与现实；其次是要尽量减少定为目标的事项。确定目标之前，要确信目标有利可图，了解行情之后确信企业有足够的竞争力与对手抗衡，员工有能力及潜质并能够齐心协力实现公司目标，所需资金能够获得，时间进度表安排合理等等。切实可行的目标是可以量化与测量的，是服从于切实可行的战略指导，是能够结合具体的方法以取得预期的效果的。切实可行的目标是由领导与员工一起制定与实现的，领导不是单单制定奖罚机制督促员工采取措施，而是与员工并肩作战，向他们解释目标设定的依据以及实现的途径。

企业发展不能搞一点激进，只有适时慢下来，才能走稳今后的每一步。

每个企业的成员包括管理者自身都要根据自己的情况来设定可行的目标，不能定得太高，也不能定得过低，要切实可行。只要你能定下切实可行的目标，然后按照这个目标去努力，目标就可以实现。

在当今社会，有的人就像上文中那个打了两满桶水的人一样喜欢好高骛远，这种人过于急功近利，往往事与愿违，很难达到自己的目的。做企业与人生一样，有许多成长发展的阶段，必须量力而行以做到循序渐进。人的成长要先学会翻身、坐立、爬行，然后才学会走路、跑步，每一步骤都十分重要，而且需要时间，没有一步可以省略。同样，企业的各个发展阶段也莫不如此。管理者了解了这一原则，根据企业每个不同时期的情况制定相应的目标计划，才能少受挫折，最大限度地去实现企业利润的最大化。

魔鬼管理训练课

做企业与人生一样，有许多成长发展的阶段，必须量力而行以做到循序渐进。企业发展不能搞一点激进，只有适时慢下来，才能走稳今后的每一步。

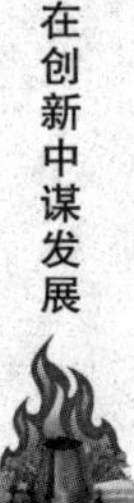

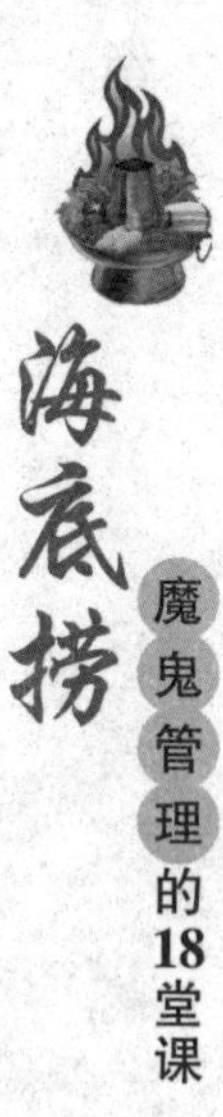

在危机中求生存、求发展

截止到现在,很多的跨国企业和国内知名企业,如:三鹿牛奶的三聚氰胺事件,双汇的瘦肉精事件,以及光明牛奶的返厂加工再销售事件,都使一个又一个的知名企业陷入到企业的危机中。

海底捞越做越大之后,张勇非但没有沾沾自喜,反而开始变得忧心忡忡,他说:"我总有一种无形的恐惧,我们海底捞是一个平民公司,没有任何根基,没有任何背景,做到现在这么大,生意越大,麻烦也就会越多。"张勇所指的麻烦意义很多,有强劲同行的竞争,有复杂的社会关系,还有来自商场和市场的未知动荡。张勇坐拥数亿身家,却还总是担心"自己苦心十几年的心血会毁于一旦!"

孟子云:"生于忧患,死于安乐。"人如此,企业发展也不例外。如果一个企业的管理者,一直沉溺于过去的辉煌,没有忧患意识和危机精神,顺境面前盲目乐观,因循守旧,不思进取,时间一长,就会被习惯性思维所控制,丧失锐气。而整个企业就可能对生存环境的变化浑然不觉,从而失去竞争力,待意识到变化来临,已无力应变,最终被市场淘汰。

全世界最成功的企业之一微软的总裁比尔·盖茨讲,微软离破产只有 180 天;海尔总裁张瑞敏讲"战战兢兢,如履薄冰";华为的总裁任正非大谈危机管理。这一切都不是危言耸听,因为只有真正看到风险的企业才能生存下来,而且还不一定都能存在下去。这些优秀而成功的企业的领导者已经意识到危机存在, 作为发展中的企业更应该看到危机的存在。如果连自己面对的危机都意识不到，那么，企业死亡就是迟早的事情了。

在这里我想到海洋的鱼类，为什么鲨鱼是海洋中的霸王。其实鲨鱼除了尖利的牙齿以外，没有什么优势条件，鲨鱼没有鱼鳔、鱼鳞等优越生存条件，但是鲨鱼一天到晚总是在游动，所以鲨鱼的体质更强健，它可以捕捉到更多鱼。如果鲨鱼停止了游泳。那么，鲨鱼肯定成为别人的盘中餐。

2003 年春夏之季，突如其来的非典型肺炎危机对政府、企业和每一个人来说都是一场非常严峻的考验。在此次非典的侵袭下，许多企业往往过多地依靠政府来解决危机，而自身却没有办法，使得正常的经营秩序遭到破坏。在 SARS 的阴影慢慢散去以后，企业应该重新审视自身对突发事件的应变能力，企业同样也需要建立危机事件的应变机制。一套完善的危机处理机制，在危机发生后，可以迅速启动，以保证企业的正常经营，把危机可能造成的损失降到最低。

2004 年的阜阳毒奶粉事件就首先暴露出企业危机管理的问题，但是并没有因此而引起各个企业的重视，以至于在今年接连出现多起事件，引发了消费者对品牌的信任危机，从而也使企业深深地陷入危机之中。截止到现在，许多的跨国企业和国内知名企业，如：雀巢的碘超标事件，肯德基的苏丹红事件，以及光明牛奶的返厂加工再销售事件，都使一个又一个的知名企业陷入到企业的危机中。

电脑界的蓝色巨人 IBM 当年的“惨败”就是一个生动的实例。当大型电脑为 IBM 带来丰厚利润，使 IBM 品尝到辉煌的甜头后，整个 IBM 都沉浸在绝对安逸氛围里，危机感尽失。在市场环境慢慢发生变化，更多的人们青睐于小型电脑时，IBM 却对市场出现的新情况不予理睬，麻木不仁，没有意识到市场危机的降临。或者说，在企业不断成长的过程中，IBM 没有注意到企业危机管理的重要性，依然沉醉于大型主机电脑铸就的辉煌中，按部就班，继续加大大型主机电脑的市场比重，最终自己打倒了自己。

可见，危机感不但是医治人类惰性和盲目性的良药，也是促成变革

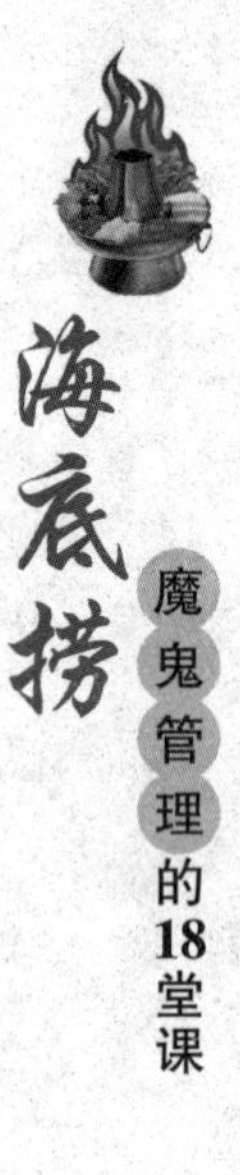

的最大动力之一。富于前瞻性、挑战性和创造性的危机制造以及危机解决,可以有效引导员工,强化凝聚力,提高企业竞争力。

在看到一个又一个的企业危机的出现以后,管理者就应该回想,自己的企业将这样的危机管理放在什么样的位置,有没有建立相应的危机管理体系呢?要杜绝和减少这样的问题出现后给企业带来的损失,需要做到以下几点:

管理者树立危机意识

企业管理者在做出任何一项决定的时候,需要分析会给企业带来什么样的危害,关注其优势和劣势,机会和威胁,确定给企业带来的伤害是暂时的还是潜在的。做到心中明明白白,尽量清楚威胁点,不要含糊地只知道有威胁,却不明白究竟会造成什么样的威胁。

管理者不但自己要树立危机意识,也要构建团队的危机意识。也许管理者没有发现某个隐藏的危机,但是企业的某个员工却能及时发现。要提倡员工敢于将企业内存在的危机大胆地讲出来,哪怕他讲的严重违反了管理者的意愿,哪怕是错误的,都必须认真倾听,并加以鼓励,树立团队的危机意识。

及时解决危机的意识

在发现危机以后必须及时将还处在萌芽状态的危机解决、处理掉。不能采取拖的方式,让其自由发展逐渐扩大。

理清危机思路的意识

企业有些危机的出现不是因为发现危机没有及时解决,也不是因为不知道是危机,而是企业自己因为利润或者其他的原因,自己制造的危机。比如有些企业为了降低成本,提高市场竞争力,就采取不正当的方式来盲目地降低成本,但是最后给企业带来的却是致命的伤害,多年的品牌经营在消费者的心目中一朝尽失。

“人无远虑,必有近忧”。在这个竞争残酷的时代,一切都是瞬息万变的, 任何企业都不能保证自己在任何时候都立于不败之地。居安思危、未雨绸缪才是高明之举。当代管理革命已经公认,有效的组织现在已不强调“有反应能力”,而应强调“超前管理”。环境可增强组织的“抗逆”能力,这就要求主管在日常的员工管理中,注重培养员工的危机意识,发挥员工主动性、创造性。如果企业满足眼前的一时辉煌,没有看到潜伏的危机,最后的结果只能是昙花一现,被市场所抛弃。

魔鬼管理训练课

各企业主管在日常的员工管理中,注重培养员工的危机意识,发挥员工主动性、创造性。如果企业满足眼前的一时辉煌,没有看到潜伏的危机,最后的结果只能是昙花一现,被市场所抛弃。